W0195717

CHRISTOPHER
KLOEBLE

# HOME
## MADE IN INDIA

Eine Liebesgeschichte
zwischen Delhi und Berlin

dtv

Ausführliche Informationen über
unsere Autoren und Bücher
www.dtv.de

Dieses Buch ist auch als eBook erhältlich.

Von Christopher Kloeble ist bei <u>dtv</u> außerdem lieferbar:
Wenn es klopft
Unter Einzelgängern
Meistens alles sehr schnell
Die unsterbliche Familie Salz

Originalausgabe
© 2017 dtv Verlagsgesellschaft mbH & Co. KG, München
Das Werk ist urheberrechtlich geschützt.
Sämtliche, auch auszugsweise Verwertungen bleiben vorbehalten.
Umschlaggestaltung: Sabine Kwauka
Gesetzt aus der Garamond
Satz: Fotosatz Amann, Memmingen
Druck und Bindung: CPI – Ebner & Spiegel, Ulm
Gedruckt auf säurefreiem, chlorfrei gebleichtem Papier
Printed in Germany · ISBN 978-3-423-26172-2

*Für Saskya*
*in Dankbarkeit und Liebe*

# INHALT

# Prolog

## EINE UNWAHRSCHEINLICHE LIEBESGESCHICHTE

Neu-Delhi, Dezember 2012. Im Garten tummeln sich zweihundert Hochzeitsgäste, aber der Bräutigam fehlt: ich. Mein aufgeregtes Zappeln macht es Jaswant, unserem Fahrer, nicht leicht, meinen Turban zu binden. Gegen meine Nervosität schenkt er mir sein charismatisches Lächeln. Das setzt er in den meisten unserer Konversationen auf. Manchmal bedeutet es: »Ich warte im Wagen.« Manchmal: »Keine Ahnung, was du versuchst zu sagen.« (Mein Hindi-Vokabular beschränkt sich auf alles, was mit Essen zu tun hat.) Und jetzt gerade: »Halt still, sonst sitzt der Turban schief.«

Als Jaswant fertig ist, trete ich vor den Spiegel: Der Mann in dem weiß leuchtenden *Sherwani* aus roher Seide erinnert kaum an den pausbäckigen Bub, der früher täglich über das Kopfsteinpflaster der Königsdorfer Hauptstraße zur Bäckerei Reindl radelte, um ein paar Pfennige gegen saure Drops zu tauschen.

Ich bin mir nicht sicher, ob der Bub und der Mann dieselbe Person sind. Ich weiß nur, Indien und eine Tochter Delhis haben viel damit zu tun, dass aus dem einen der andere geworden ist.

Draußen erwartet mich einer dieser nebligen Morgen, bei denen man nie weiß, ob man die Sonne am selben Tag nicht nur spüren, sondern auch sehen wird.

Der Turban sitzt erstaunlich fest, mein Herz klopft zwischen den Schläfen. Ich blicke mich nach meiner zukünftigen Frau um, kann sie nirgends entdecken. Anstatt in ihre Arme zu fallen, werde ich von Verwandten und Freunden der Familie in die Arme genommen, denen ich noch nie begegnet bin. Bisher habe ich kaum zwei Monate in Indien verbracht. Frauen zupfen meinen Schal zurecht, Männer klopfen mir auf die Schulter und alle beglückwünschen mich zu meiner Festkleidung. Ich bevorzuge sie gegenüber einer Lederhose. Als Tölzer Sängerknabe habe ich hinreichend oft bayerische Tracht bei volkstümlichen Konzerten getragen, um zu wissen, wie hartnäckig Wollstrümpfe kratzen und in die Kniekehlen schneiden.

Da lenkt ein Gast alle Aufmerksamkeit auf sich. So kann ich unbeobachtet den Turban lockern. Erst danach stelle ich fest: Der neue

Gast trägt einen Hochzeits-Sari. Für einen Augenblick verfliegt all meine Nervosität aus Vorfreude auf die Heirat mit Saskya.

»Chalo, Christopher!«, ruft ein nicht blutsverwandter Onkel, der mich zum Rest der Familie führt und mir mit einem Augenzwinkern versichert, ich werde das schon hinbekommen.

Also ziehe ich meine Schuhe aus und setze mich neben meine nach Jasmin duftende Braut ans obere Ende des *Mandap*, ein Pavillon aus Holz und Blumen, in dem die Zeremonie abgehalten wird. Der Priester, alias *Pandit,* begrüßt die Familie und es geht los. Den Turban spüre ich nicht mehr. Nur, wie fest Saskya meine Hand drückt.

Wir sind das vorläufige Ergebnis einer mäandernden Familiengeschichte. Saskyas österreichischer Großvater war Botaniker in Afghanistan, weshalb ihre Mutter unter anderem in Kabul aufwuchs, in einer Ära, als Frauen dort in Miniröcken Fahrrad fuhren. Während ihres Studiums in Heidelberg lernte sie einen ehrgeizigen Doktor der Kunstgeschichte aus Bombay kennen. Saskyas Vater stammt aus einfachen Verhältnissen. Heute gilt er als bedeutender Professor und Intellektueller des Landes. Er hat prominente Museen und Institutionen gegründet, in dieser Funktion Staatsgäste aus der ganzen Welt empfangen, er kennt die Gandhis persönlich, wird dementsprechend hofiert, sogar von der Kaiserfamilie Japans, und lebt dennoch bescheiden.

Seine Tochter wird nun den Urenkel des verschlagenen Pächters vom Löwenbräukeller in München heiraten, der aufgrund eines Bierschaum-Skandals nach Leipzig umsiedeln musste, wo er jahrzehntelang das Hotel Fürstenhof führte. Lola, sein zweites Kind, entpuppte sich, nicht nur im Rampenlicht, als willensstarke Theaterfrau, die einen zartbesaiteten Staatsschauspieler aus Karlsruhe verführte, welcher unter anderem den Mackie Messer in der Uraufführung der ›Dreigroschenoper‹ gegeben hatte. Als Konsequenz dieser dramatischen Verbindung konnte sich auch ihr älterer Sohn, mein Vater, dem Theater nicht entziehen. Der Schauspieler tobte sich lange Zeit auf der Bühne und in Frauenschlafzimmern aus, bis er eine Familie gründete sowie eine Produktionsfirma für Film und Fernsehen (auch wenn er immer Schauspieler blieb, also den Produzenten nur mimte). Diese beiden Rollen gab er mit Großzügigkeit, Leidenschaft, Verdruss und Witz, bis sein Herz ihn im Stich ließ. Fast ein Infarkt. Er setzte sich zur Ruhe und zog in eine Berliner Wohnung – zusammen mit seiner dritten und vierten Ehefrau, meiner Mutter, die nach vierzig Jahren als Hausfrau nun zum ersten Mal eine Anstellung hat, und zwar als beliebte, wenn auch gefürchtete Servicekraft eines Boutique-Hotels.

Die beiden Familienstränge haben so wenig gemeinsam, nur eine unwahrscheinliche Liebesgeschichte konnte sie miteinander verbinden.

Aber dieses Buch erzählt von mehr als einer Liebe. Bevor ich Saskya kennenlernte, war Indien für mich ein Land, von dem ich noch nicht einmal wusste, ob ich es besuchen wollte. Heute, während ich das hier schreibe, kann ich mir ein Leben ohne Indien nicht mehr vorstellen. Auch wenn es mich jedes Mal erneut wie ein Juggernaut überrollt: Ich liebe dieses Land. Die eine Hälfte des Jahres verbringen wir dort, die andere in Deutschland. Wir pendeln zwischen Saskyas Heimat und meiner. Das ist schwierig, zuweilen beängstigend und wunderbar. Es öffnet mir nicht nur die Augen für einen kompletten Kontinent, sondern auch für ein kompliziertes, widersprüchliches und exotisches Land: Deutschland. Ich lerne vieles zu schätzen, das ich bisher als gewöhnlich hingenommen habe; gleichzeitig stört mich inzwischen so einiges, was mir früher überhaupt nicht auffiel.

Dass ich Saskyas Heimat jemals ganz zu meiner machen kann, glaube ich nicht. Ebenso wird sie sich in Berlin niemals so zu Hause fühlen wie in Delhi. Unsere Heimat befindet sich nicht an einem Ort. Sie ist keine geografische Region. Vielmehr erschaffen wir diese dritte und wichtigste Heimat immer dort, wo wir zusammen sind.

Zumindest wünsche ich mir das. Ob uns das auf Dauer wirklich gelingt, wird sich noch zeigen.

# Teil I

# WIE ES DAZU KAM

# 1

## Ein Bub aus Bayern und eine Tochter Delhis

Zug'roaster
Der singende Klößle
Solange ich schreiben kann
Erste Begegnung und letzter Abschied
100 Seiten E-Mails
Wo es sich besser küsst

# Zug'roaster

In seinem pränatalen Stadium trug dieses Buch den Arbeitstitel ›Ein Bayer indischer Herkunft‹. Es gab noch andere Varianten. Jede von ihnen rückte den Kontrast zwischen Indien und Bayern in den Vordergrund. Modisch: ›Turban und Lederhose‹. Filmisch: ›Von Bayern nach Bollywood‹. Kulinarisch: ›Zwischen Curry und Wurst‹.

All diese Titel verwarf ich. Abgesehen von der Simplifizierung störte mich vor allem der Fokus auf Bayern. Ich bin mir nicht sicher, ob ich einer von dort bin. Manch ein Weißblauer würde mir widersprechen: Ich wurde in München geboren und habe die prägenden Jahre meines Lebens im Voralpenland verbracht – wie könne ich kein Bayer sein?

Lassen Sie mich ein paar Jahre zurückgehen, lassen Sie mich Ihnen einen molligen, hellstimmigen Bub vorstellen, dessen Augenfarbe – graublaues Grün – so unentschieden ist wie sein Verhältnis zu Bayern.

Im Sommer 1983 wagen meine Eltern einen radikalen Schritt. Noch in meinem ersten Lebensjahr ziehen wir von München ins Voralpenland: nach Königsdorf in Oberbayern. Meine Eltern wollen nicht, dass ihr Sohn in der Stadt aufwächst. Das Land, glauben sie, sei besser für mich. »Dort kennen sich die Leute, Kinder können im Freien spielen und die Schule ist nur einen Spaziergang weit entfernt!«

Doch meine Eltern unterschätzen, wie bayerisch dieses Land ist.

Stammtisch, Frühschoppen, Schützenmärsche, Erzkatholizismus, Alpenpanorama, Fußballhuldigung, Schweinsbratenaroma, weißblau geringelte Maibäume.

All diese Klischees entsprechen der Wahrheit und dem Leben in Königsdorf.

Dort wachse ich als Kind einer hessischen Mutter und eines badischen Vaters auf. Ich könnte ebenso aus dem Ausland kommen. Bin also ein »Zug'roaster«. Einer von woanders.

Als ich kaum drei Jahre alt bin, reißt ein aus der Wohnzimmerwand ragender Nagel ein Loch in meine Wange und heile Kleinkindwelt. An den Schmerz erinnere ich mich nicht. (Wir Kloebles sind ausgezeichnete Verdränger.) Der Arzt, der die Wunde flickt, verspricht meinen Eltern, sie werde spurlos verheilen.

Er irrt sich. Eine Narbe bleibt. Sie markiert die erste Verletzung meines Lebens. Die nächste folgt sogleich: Nachbarskinder nennen mich »Preiß«, Preuße. Und das, noch bevor ich lerne, wer oder was überhaupt ein Preuße ist. Instinktiv spüre ich aber, was die Bayern damit sagen wollen: Ich bin nicht von hier. Jemand, der von hier ist, geht sonntags zur Kirche, spricht nicht hochdeutsch und trägt einen Familiennamen, der sich auf mindestens einem Straßenschild in der Umgebung finden lässt.

Eine lieblichere Erfahrung schenkt mir die blonde Christine, als sie sich einverstanden erklärt, mich zu heiraten. Wir sind fast sechs Jahre alt und besuchen den Königsdorfer Kindergarten, unter dem Regime katholischer Ordensschwestern. Sie bezeichnen Coca-Cola als Teufelszeug und verdammen uns selbst im Hochsommer dazu, heißen, ungezuckerten Kamillentee zu trinken. Und Schwester Alfonsa, die Diktatorin, lässt uns keinmal aus dem Kindergarten, ehe wir nicht unsere Schnürsenkel selbst gebunden haben. (Ich trage ausschließlich Schuhe mit Klettverschluss.) Christina und ich versprechen einander, gleich nach der Schule vor den Altar zu treten. Und mindestens drei Kinder zu haben!

Leider wird daraus nichts. Eine Woche nach unserem Schwur teilt sie mir mit, dass sie sich nun doch für ihren Tischnachbarn Stefan entschieden habe. Der kann im Bastelunterricht nämlich besser als ich, alias Speckfinger, mit der Schere umgehen. Meine einzige Chance auf wahre Liebe – dahin. Tagelang weigere ich mich, den Kindergarten zu besuchen. Ich kann ja nicht wissen, dass fast 6.000 Kilometer südöstlich von mir meine zukünftige Frau aufwächst.

Saskya wird in Ahmedabad im indischen Bundesstaat Gujarat geboren, aus dem auch Mahatma Gandhi und der spätere Premierminister Narendra Modi stammen. In ihrem zweiten Lebensjahr zieht sie mit ihrer Familie nach Delhi.

Ausgerechnet 1984. Kurz vor einem Fernsehinterview mit Peter Ustinov wird Indira Gandhi von ihren Sikh-Leibwächtern erschossen, an denen sie trotz der Separationsbewegung der Sikhs festgehalten hatte. Ausgangssperren werden verhängt. Dennoch ziehen rachsüchtige Mobs durch die Straßen. Polizei und Politiker der regierenden Kongresspartei sehen weg. Rajiv Gandhi, Indira Gandhis Sohn, rechtfertigt die Ausschreitungen mit den Worten: »When a big tree falls, the earth shakes.« Saskya, ihr Bruder und ihre Eltern wohnen zu diesem Zeitpunkt im Stadtteil Jangpura, wo auch viele Sikhs leben, die nach der Teilung Britisch-Indiens dort Zuflucht gefunden haben. Aus Angst vor Übergriffen verbarrikadiert sich die Familie tagelang im Haus; nachts sammelt Saskyas Vater Ziegelsteine, um sie im Notfall vom Dach auf Angreifer werfen zu können. Es gehen Gerüchte um, dass der Mob das Grundwasser vergiftet habe. In den Tagen nach dem Attentat werden über dreitausend Sikhs ermordet.

In derselben Zeit veranstalte ich in Oberbayern mit der Nachbarstochter Schlangenspiele: Wir finden Gefallen daran, Seile über unsere nackte Haut gleiten zu lassen und dabei leise zu zischen.

Meine Welt damals beschränkt sich auf den Radius, in dem ich alle Viertelstunde die Kirchenglocken hören kann. Das Zentrum meines Daseins heißt Königsdorf. Hier erlebe ich jeden Tag Abenteuer, die meisten sind idyllischer Natur. Ich schminke unseren Hund mit Mutters Lippenstift von Cartier. Ich löse die Handbremse unseres Autos, das am Hang parkt. Ich ersticke fast in einer selbst gebauten Schneehöhle. Ich finde ein vierblättriges Kleeblatt. Ich stehle Abziehbildchen aus einem aufgeschweißten Kaugummiautomaten (und lege sie zurück, als mein Vater mich darauf hinweist, dass Undercover-Polizisten mich womöglich beim Klauen beobachtet haben). Ich rutsche beim Spielen auf dem benachbarten Bauernhof aus und lande in einem dampfenden Kuhfladen, sodass meine Mutter mich mit dem Gartenschlauch abspritzen muss.

Außerdem bemühe ich mich um Integration. Ich bin ein Zug'roaster mit hehren Intentionen! Aber meine Versuche, Bayrisch zu sprechen, bringen Einheimische bestenfalls zum Lachen. Ich vermag es nur, jemanden, der kein Bayrisch kann, davon zu überzeugen, dass ich Bayrisch kann.

Unsere Nachbarin Anni, eine Bäuerin, die mit ihren vierzig doppelt so alt aussieht, rät meiner Mutter und mir einmal, wir sollten ein Ohr in unsere Garage legen, damit der Marder die Gummischläuche unseres Autos nicht anknabbert. Meine Mutter und ich staunen. Woher sollen wir ein Ohr bekommen? Anni kann doch unmöglich ein menschliches meinen. Ein Schweinsohr vielleicht? Auf Nachfrage hin erläutert Anni: »A Hühnerohr.« – »Ein Hühnerohr?«, fragt meine Mutter. »Haben Hühner Ohren?« – »Naaa!«, ruft Anni über den Zaun, als würde sie mit Taubstummen sprechen, »a OA! A frisch g'legt's!«

Erst da begreifen wir.

Es ist aber nicht allein die Aussprache, die meinen Eltern und vor allem mir zu schaffen macht. Selbst wenn ich jedes einzelne Wort verstehe, kann ich oft nicht ganz folgen. Bayern kommunizieren anders miteinander als Nicht-Bayern.

An einem Nachmittag durchquere ich mit einer Gruppe Kinder einen Nachbarshof, da kommt der Bauer aus dem Stall und schimpft, wir sollen von seinem Grund und Boden verschwinden. Ich denke, er meint das ironisch. »Nein«, scherze ich, »wir gehen nicht!« Und grinse breit. Ich komme mir ziemlich witzig vor, fühle mich bestätigt durch das Kichern meiner Altersgenossen – die sich allerdings zurückziehen. Im nächsten Moment begreife ich, warum. Der Bauer jagt mich mit einer Mistgabel auf und davon.

Eine weitere meiner Anstrengungen, als einer von hier wahrgenommen zu werden: Fußballspielen. Es heißt schließlich immer, Fußball verbindet. Bayerische Buben können dribbeln, bevor sie sprechen lernen. Ungläubig beobachte ich die innige Beziehung ihrer Füße zum Ball. Fantastisch, wie sie in vollem Tempo rennen und dabei den Ball mit ihren Füßen scheinbar mühelos vor sich hertragen.

Bisher ist noch jeder Ball meinen Füßen davongesprungen. Dennoch strenge ich mich an, trainiere, weil ich denke, so kann ich Eindruck schinden. Im Dribbeln bin ich talentfrei, doch beim Elfmeterschießen im eigenen Garten verwandele ich fast jeden Schuss in ein Tor – mein Vater bekommt den Ball nie zu fassen.

Leider stellt sich bald heraus: Dies ist kein Beweis für mein Können, sondern für das meines Vaters. Seinem Sohn zuliebe wirft er sich jedes Mal darstellerisch überzeugend in die falsche Ecke. Seinen Trick durchschaue ich erst, als mir im Sportunterricht kein Tor gelingen will. Danach überrascht es mich nicht, dass Michi, der Kapitän meiner Mannschaft, mich bittet, möglichst nicht ins Spiel einzugreifen, um uns nicht unnötig zu schwächen. Meine Aufgabe lautet, hinter der letzten Abwehrreihe darauf zu warten, dass ein gegnerischer Stürmer sich dem Tor nähert. Ich soll nicht versuchen, ihm den Ball abzunehmen. Nein. Wie sollte ich, der Fußballantigott, das auch bewerkstelligen. Stattdessen soll ich mich ganz darauf konzentrieren, den Gegner aufzuhalten, indem ich ihn umrenne. Einen ganzen Menschen kann selbst ich nicht verfehlen. Wenigstens dieser Aufgabe bin ich gewachsen. Und zwar im wahrsten Sinne des Wortes: Ich bin »gesund« (meine Mutter), »stark« (mein Vater), »dick« (ich).

## Der singende Klößle

Mit zunehmendem Alter entwickle ich eine Sensibilität für meine voluminöse Erscheinung. Im Schwimmunterricht wird mir übel, weil ich, solange wir nicht im Wasser sind, die ganze Zeit über meinen Bauch einziehe, um mich chamäleonhaft meinen spindeldürren Altersgenossen anzupassen. Mit mäßigem Erfolg. Einer fragt mich aufrichtig interessiert: »Warum bist du eigentlich so fett?« Er meint das nicht böse. An seinem schmalen Brustkorb, um den ich ihn beneide, tritt jede Rippe einzeln hervor. Ein schlankes Bürschchen wie er kann einfach nicht nachvollziehen, wie es mir gelungen ist, schon in jungen Jahren so viel Ballast auf meine Rippen zu packen. Ich besitze ein Paar Brüste, richtige Bübchenbrüste, die wie zwei verdorbene Früchte trostlos nach unten deuten und den frühpubertären Mädchen in unserer Klasse Konkurrenz machen.

Wenn wir an heißen Tagen im Sportunterricht in Teams aufgeteilt werden, sorge ich stets dafür, dass Trikotleibchen zur Verfügung stehen, dank denen man die Gegner von ihren Mitspielern unterscheiden kann. Sind keine vorhanden, neigt unser Lehrer zur pragmatischen Lösung: Ein Team muss oben ohne spielen. Meine Brüste und meinen Bauch will ich keinesfalls schwabbelnd der Welt präsentieren. Ich hasse dieses Gefühl, wenn beim Laufen der Speck an meinem Körper wackelt, zerrt, eine sich wild formende, immer im Wandel befindliche Masse, die Aufmerksamkeit erregt. So überfallen mich in derlei Momenten oftmals dramatische Kopfschmerzen, Schwindelanfälle oder höllisches Zahnweh.

Bei Bergbesteigungen am Wandertag bin ich immer der Letzte, bei der Gesundheitsmusterung zu Beginn des Schuljahres empfiehlt mir der Arzt, ich solle mehr rausgehen, an die frische Luft. Der Frust über mein Äußeres regt meinen Appetit an – auf noch mehr Schokoladentafeln, in heiße Milch getunkte Kekse, saure Gummibärchen oder Sahnetorten.

Im Tölzer Knabenchor wird mir bald ein treffender, wenn auch nicht besonders ausgefallener Spitzname zugedacht: Klößle.

Seit der Grundschule bin ich Mitglied. Im Musikunterricht habe ich nach dem Vorsingen von einem netten Herrn einen Brief für meine Eltern zugesteckt bekommen und daraufhin bei der Aufnahmeprüfung »sehr ordentlich« gesungen.

Mehr als einmal bitte ich meine Eltern, einen neuen Familiennamen zu wählen.

Der von Saskya hätte mir gewiss mehr zugesagt: Jain[*]. Nicht nur

---

[*] Was man nicht ausspricht wie eine unentschiedene Antwort, sondern wie Tarzans Lebensgefährtin.

klingt er so viel schneidiger, er erinnert auch an einen Glauben, der älter und sympathischer ist als die meisten Religionen. Im Jainismus gibt es keine Götter, allein sogenannte geistige Führer, ähnlich wie im Buddhismus. Als oberstes Gebot gilt, Lebewesen möglichst keinen Schaden zuzufügen. Was bedeutet, dass strenggläubige Jains abgesehen von Fleisch, Fisch und Eiern nicht einmal Zwiebeln, Kartoffeln oder Knoblauch zu sich nehmen, da sie mit ihrer Wurzel geerntet werden. Auch wenn Saskyas Eltern weder religiös sind noch ihre Kinder so erziehen, entwickelt Saskya durch die Tradition, die mit ihrem Familiennamen verbunden ist, eine tief gehende Sensibilität für Leben – und für Nahrung.

Ich dagegen verspeise in Bayern mit leidenschaftlicher Lust Weißwürste und Leberkäse und Schweineschnitzel. Das Ergebnis dieser Ernährung begegnet mir täglich im Spiegel.

Meine Eltern trösten mich und versprechen, sich diese Jungs vorzuknöpfen, die es wagen, ihren gesunden, starken Bub zu malträtieren. Ich rücke aber keine Namen heraus. Ihr Eingreifen würde alles nur noch schlimmer machen.

Es kommt trotzdem schlimmer.

In der Vorweihnachtszeit reisen wir Chorknaben von einer mittelgroßen Stadt zur nächsten. Ein Schreiben des Bayerischen Kultusministeriums befreit uns den ganzen Dezember über vom Schulunterricht. So können wir vor ergrautem Publikum die »schönsten deutschen Weihnachtslieder« trällern und mindestens einmal täglich als Engelknaben bezeichnet werden. Während der Busfahrt zwischen zwei Konzertstationen proben wir die Lieder. Oder die Gesangslehrer testen stichprobenartig unser auswendig gelerntes Strophenwissen – und Weihnachtslieder haben verflucht viele Strophen. Stellt sich heraus, dass einer der Knaben ein Lied nicht Wort für Wort beherrscht, wird er mit Schelte und Geldabzug bestraft. Ja, Geldabzug. Wir Chorknaben erhalten nämlich bescheidene Honorare für unsere Auftritte. Wenige von uns – die herausragenden Solisten – streichen sogar nennenswerte Honorare ein. Sie kommen auf mehrere tausend Mark im Jahr. Und das im Alter von zehn, elf, zwölf Jahren. Allerdings wird eben auch jedes noch so kleine Vergehen mit Geldstrafen geahndet, die umgehend in einem Notizbuch festgehalten werden. Bleistift vergessen? Fünf Mark Abzug! Bettruhe gestört? Zwanzig Mark Abzug! Sich geprügelt? Fünfzig Mark Abzug!

Ich lerne schon früh die erzieherischen Vorzüge eines kapitalistischen Systems kennen.

Bei einer dieser Busfahrten ist der Chef – so nennen alle den Chorleiter – in dermaßen guter Laune, dass er mein Übergewicht nicht nur mit einem spitzen Kommentar bedenkt, nein, er lässt seiner Kreativität freien Lauf. Der Chef widmet mir den umgedichteten Refrain eines Volksliedes, das wir gemeinsam einstudieren: ›Das Fass von Königsdorf‹. Munter und aus voller Kehle singen alle Knaben die Zeilen nach. Nur gelegentliches Kichern oder Lachen hält sie davon ab. Manche beobachten mich mit Schadenfreude. Andere zwingt ihr schlechtes Gewissen, die Augen niederzuschlagen. Ich sehe aus dem Fenster. Im Glas spiegelt sich ein dicker Junge, der sein Weinen nicht unterdrücken kann. Je mehr ich mir in Gedanken sage, dass es mir nichts ausmacht, desto mehr weine ich.

Danach – als wir im Hotel ankommen und uns aufgetragen wird, in fünf Minuten auszupacken, zu duschen und bettfertig zu sein, sonst, Sie ahnen es, drohe Geldabzug – will kein Knabe auf ein Zimmer mit mir. Jeder fürchtet, meine Opferrolle sei ansteckend. Am Ende teilt der Chef mir einen Zimmergenossen zu, der darüber nicht sonderlich erfreut scheint. In weniger als fünf Minuten habe ich alles erledigt und liege im Bett. Ich starre ins Dunkel und schwöre mir, nie mehr zuzulassen, dass mich jemand so fertigmacht. Dies war das letzte Mal.

Es bleibt nicht das letzte Mal. Sechs Jahre lang bin ich ein Tölzer Sängerknabe.

In Delhi übt Saskya sich im indischen Tanzstil *Kathak* – in Bayern lerne ich, mich gegen Spott zu verteidigen. Ich entdecke ein effektives Antidot: Humor. Menschen stellen sich gern auf die Seite dessen, der sie zum Lachen bringt. Wenn ich schnell genug einen guten Witz mache, am besten über mich selbst, manchmal aber auch über frische, in der Hackordnung des Chors noch weiter unten angesiedelte Knaben, dann lässt das jeden Witz von anderen über mich verblassen. Ein erfolgreiches Überlebensmodell. Und Überleben bedeutet in diesem Fall: es bis zum Stimmbruch schaffen. Dieser ereilt mich zu meinem Glück bereits mit elf Jahren. Ich verlasse den Tölzer Knabenchor. Er hat bestätigt, was sich schon früh andeutete: Obwohl ich nie eine andere Heimat als Bayern gekannt habe, bin ich nicht von dort.

## Solange ich schreiben kann

Längst habe ich einen Ort entdeckt, an dem ich mich viel mehr zu Hause fühle. Jedes Mal, wenn ich ihn aufsuche, sieht er anders aus – aber immer genau so, wie ich will. Ich kann ihn überall betreten. Dafür brauche ich nur einen Stift und ein Blatt Papier. In Leipzig, so höre ich, kann man Kreatives Schreiben studieren. Also bringe ich das Abitur hinter mich, bewerbe mich am Deutschen Literaturinstitut und siedle nach bestandener Aufnahmeprüfung um gen Sachsen. Dreieinhalb Jahre später darf ich mich einen diplomierten Schriftsteller schimpfen.

Davon lässt sich leider niemand beeindrucken. Ich verfasse einen Roman, verschicke ihn an zahlreiche Agenten sowie Lektoren und mahne meine Hoffnung zur Geduld.

Ein Absagebrief trudelt ein. Und dann noch einer. Und noch einer. Die Mappe, in denen ich die zahllosen »Nein« aufbewahre, schwillt an.

Weil meine damalige Freundin sich an der Freien Universität eingeschrieben hat, ziehe ich mit ihr nach Berlin. Mein erster Eindruck von der Stadt: miserabel. Den größten Teil meines Lebens habe ich in einem Dorf verbracht. Dort kann man, egal wo man sich befindet, binnen einer halben Stunde den gesamten Ort hinter sich lassen. Berlin dagegen spinnt ein Netz endloser Straßen um mich. Es fehlt nie an Menschen und immer an Ruhe. Der Alltag meiner Mitbewohner ist verwoben mit meinem: Jedes Türklingeln, Spülen, Hämmern erinnert mich an die Präsenz anderer – und vor allem daran, dass ich, ob ich es nun will oder nicht, ebenso ein Teil ihrer Leben bin. Da ich kaum Geld besitze, wohne ich in einem zugigen, vollgestellten WG-Zimmer, in dem ich bald so modrig rieche wie meine niemals vollständig getrocknete Wäsche. U-Bahn-Fahrten meide ich, um das Geld für Tickets zu sparen, was man an meinen abgetretenen Schuhsohlen ablesen kann. Ich trage freiwillig die Flaschen und Dosen der WG zum Supermarkt, damit ich die paar Cents einstreichen darf. Beim Einkaufen lautet meine oberste Regel, nicht mehr als fünf Euro auszugeben. Ich esse viel Nudeln mit Tomatensoße. Glücklicherweise sieht man mir das nicht an. Dank meiner Größe von 1,90 Meter wurde mein Kinderspeck gedehnt und verteilt sich nun gleichmäßig auf meinem Körper. Das vermittelt den Eindruck, ich sei schlank. Fast täglich gehe ich laufen: Ich renne vor einem dickeren Ich davon – und meine Freundin bald mir. Sie hat jemanden kennengelernt. Er ist allein mit dem Motorrad durch den Irak gereist. Da kann ich nicht mithalten. Mir gelang es nicht einmal, auf einem Moped Königsdorf zu durchqueren. Eine Sternstunde für mein Selbstmitleid. Ich bin nun allein in Berlin. So allein, wie man sich nur an einem Ort mit vielen Menschen allein fühlt. Aber ich habe ja das Schreiben. Solange ich schreiben kann, ist alles nicht so schlimm. Ich verfasse noch einen Roman. Und dieser findet tatsächlich ein Zuhause. Mein zweites Buch wird mein erstes und erscheint im Herbst 2008. Ich bin nun also ein Autor. Leute geben mir Geld für mein Schreiben. Eine, wie ich finde, ungeheuerliche Sache: Man bezahlt mich dafür, dass ich lüge. Damit meine ich nicht die Geschichten. Nein. Ich meine, ich behaupte ja nur, ein Autor zu sein. Ich weiß nicht wirklich, was ich tue. Ich setze einen Satz nach dem anderen, ohne einen blassen Schimmer, wo mich das hinführen wird, und wenn ich irgendwann ausreichend

Sätze beisammen habe, bezeichne ich das Ganze als Roman, Zeitungsartikel, Drehbuch. Ich habe nichts mit richtigen Autoren gemein. Richtige Autoren sind Denker. Sie lenken die Worte. Mir scheint es eher, als lenkten die Worte mich. Ich folge ihnen und komme selten dort an, wo ich hinwill – und dafür erhalte ich dann auch noch Geld! Im Prinzip bin ich ein Hochstapler. Es ist nur eine Frage der Zeit, bald wird mir jemand auf die Schliche kommen.

Bis dahin will ich bloß schreiben, so viel wie möglich schreiben.

## Erste Begegnung und letzter Abschied

Im März 2011 erhalte ich eine Nachricht von Anderson Literary Management aus New York, einer Literaturagentur, die Autoren vertritt. Eine gewisse Saskya Iris Jain schreibt mir: »I was very excited by your work which I believe stands out in the landscape of writing coming out of Germany today.« Den Satz lese ich mehrmals. So einen Satz bekommt man als Autor selten serviert. Ich mag diese Saskya Iris Jain auf Anhieb. Sie füttert mich in dieser E-Mail mit weiteren Schmeichelhäppchen und offeriert mir, mich zusammen mit ihrer Chefin, Kathleen Anderson, auf dem englischsprachigen Buchmarkt zu vertreten. Weniger als drei Prozent der Neuerscheinungen in den USA sind Übersetzungen. Da Englisch der Schlüssel zu Lesern auf der ganzen Welt ist, kämpfen viele Autoren um einen Platz unter diesen drei Prozent.

Ich bin damit aufgewachsen, bei jedem Amerikabesuch mit meinem Vater in einem Barnes & Noble einzufallen und ihn erst wieder zu verlassen, wenn wir Beute, also mindestens ein Dutzend Bücher, erlegt hatten. Nie hätte ich es damals gewagt mich der Hoffnung hinzugeben, eines Tages könnten mit meinen Wörtern gefüllte Seiten auf einem dieser Büchertische zu finden sein. Was hatte ich schon jemandem in New York, San Francisco, Chicago mitzuteilen? Ich war schließlich bloß das Fass von Königsdorf.

Die Bereitschaft einer Literaturagentin aus Manhattan, mich zu vertreten, würde meine Chancen erheblich steigern, auf einem dieser Büchertische zu landen. Trotz der hohen Zahl an Agenturen in den USA wählt jede Agentur ihre Autoren, und als ausländischer Autor lässt sich noch schwerer ein Platz ergattern. Umso euphorischer bin ich ob der Nachricht dieser Saskya Iris Jain – auch wenn ich das ihr gegenüber verberge. Sie ist ja sozusagen mein neuer Geschäftspartner.

Ich schreibe ihr, dass ich mir *eventuell* vorstellen kann, von einer US-Agentur vertreten zu werden. Ein paar E-Mails später vereinbaren wir ein Treffen.

Ein sonniger Tag. Ich warte, umgeben von den Düften des Curry 36 und von Mustafas Gemüsekebap, am Mehringdamm, wo wir uns verabredet haben. Saskya ist beruflich in Berlin. Unter vier Augen lässt sich viel besser über das Manuskript des Romans sprechen, der im Jahr darauf in Deutschland erscheinen soll und den Anderson Literary Management in Amerika vertreten möchte.

Ich überlege, ob ich bei der Begrüßung erwähnen soll, dass gleich nebenan Gottfried Benn seine Praxis geführt hat. Ein bisschen Eindruck schinden mit Lokalwissen. Mein E-Mail-Verkehr mit Saskya hat mir deutlich gemacht, dass sie eine gebildete, präzise arbeitende, verlässliche Frau mit scharfsinnigem Humor ist. Deshalb glaube ich, sie könne nicht besonders attraktiv sein. Diese fragwürdige Folgerung legt mir meine bescheidene Erfahrung nahe. Ich stelle mir Saskya als kräftig gebautes Mädchen vor, das seine Freizeit lieber online als in Clubs verbringt und aus Einsamkeit zig Schokoladenriegel verdrückt. Ich habe sie nicht einmal gegoogelt. So überzeugt bin ich davon, dass sie unansehnlich ist.

Sie ist alles andere als unansehnlich. Wir spazieren zur typischen Kreuzberger Variante eines italienischen Restaurants, mit gepiercten Kellnern und Klappstühlen, und ich kann mich nicht davon abhalten, sie ausführlich zu mustern. Es ist schwer, einen schönen Menschen nicht zu betrachten. Ihre Lebendigkeit und Schlagfertigkeit, verbunden mit formvollendeter Höflichkeit, lassen mich sofort alle beneiden, die Saskya zu ihren Freunden zählt. Dabei ist sie erst wenige Minuten zuvor dem Anschlag eines Gasofens entkommen. Eine Stichflamme hat ihre Haare versengt. Was mir allerdings nicht auffällt – sie hat dunkles Haar.

Alle kritischen Anmerkungen Saskyas zu meinem Roman sind klug und erhellend. Sie werden, das weiß ich sofort, das Buch erheblich verbessern. Unser Gespräch verläuft so angenehm, als würden wir uns schon lange kennen. Wenig später sehe ich auf die Uhr. Drei Stunden sind vergangen.

Ich erlaube mir nicht darüber nachzudenken, wie es wäre, sie privat wiederzusehen. Wir leben so weit voneinander entfernt. Zudem habe ich ja keine Ahnung, was sie von mir hält. Und nicht zuletzt haben wir beide angedeutet, dass wir derzeit jemanden sehen.

Benutzen wir absichtlich diesen Anglizismus? Um anzudeuten, dass wir nicht in festen Händen sind?


Bei meinem letzten Aufenthalt in den USA, im heimeligen Iowa, habe ich Lindsay kennengelernt. Auf den ersten Blick eine klassische Frau aus dem Mittleren Westen. Blond, hübsch, mit einem Häuschen in »Suburbia«, das sie abbezahlt. Lindsay arbeitet an verschiedenen Highschools als Betreuerin schwer erziehbarer Kinder und geht sonntags zur Kirche.

Aber das ist nur eine Seite von Lindsay. Andere Facetten lerne ich mit der Zeit kennen. Sie ist passionierte Zigarrenraucherin. An einem Teil ihres Körpers, der nur selten dem Licht ausgesetzt wird, trägt sie zwei Tattoos. Ein Fischsymbol und ein Cinderella-Schuh. Ersteres erinnert sie an ihren geliebten Jesus, Letzteres an den nicht minder geliebten Papa. In einem Disput über Waffenbesitz – sie als Tochter eines Jägers ist dafür, ich als pazifistischer Oberlandbub dagegen – teilt Lindsay mir mit, ich würde bei ihr über einer Schusswaffe schlafen. Sie bewahrt ihren Revolver unter dem Bett auf. Dieser hat verblüffende Ähnlichkeit mit dem Monster, mit dem Jack Nicholson im ersten ›Batman‹-Film Michael Keaton in seinem Batwing vom Himmel holte. Der Lauf ist so lang wie ein Bratspieß.

Ich weiß nicht, ob ich mich auf diese amerikanische Liebe eingelassen habe, weil ich mit einem Vater aufgewachsen bin, zu dessen ersten Erinnerungen ein Soldat der US-Armee gehört, der ihm von einem Panzer Hershey-Schokolade zuwarf, einem Vater, der mir eine ungebrochene Begeisterung für dieses Land vorgelebt hat, das mir so viel Furcht und Hoffnung einflößt. Obwohl ich spüre, dass Lindsay und ich nicht dazu bestimmt sind, eine Beziehung zu führen, will ich mir das nicht eingestehen. Sie bedeutet mir etwas. Ich habe mich nicht in sie verliebt, vielmehr geht von ihr und ihrem Leben eine Anziehungskraft aus. Und inzwischen liebt ein Teil von mir einen Teil von ihr. Dieser Teil drängt mich dazu, mir Mühe zu geben. Ich muss versuchen, sie zu verstehen. Vielleicht wird es ja dann mit uns dreien klappen: ihr, mir und Iowa als neuer Heimat. Also schlage ich einen Kompromiss vor: einen Ausflug zur Shooting Range.

Dort gibt es fünfzig Kugeln für zehn Dollar; dort steht auf einer Plastikhandgranate: *Complaint Dept. Take a number*; dort rät Lindsay mir, die anderen Schießenden eine Weile zu beobachten und, falls jemand verdächtig wirke, lieber wieder zu gehen; dort horcht der Ladenbesitzer auf, als er meinen deutschen Akzent bemerkt, und sagt, das gehe aufs Haus. »How come?«, frage ich. »We go way back«, meint er. Die Frage, wie weit way back, will er nicht beantworten.

Das nächste und letzte Mal sehe ich Lindsay in New York. Wir führen zahlreiche Diskussionen während dieser Tage. Ihr wiederholter Vorwurf: Ich sei »no fun«. Was ich mit meinem Deutschsein verteidige. Ich muss ab und zu debattieren und vor allem korrigieren, das ist ein oft unsympathisches, pragmatisches und wesentliches Stückchen meiner germanischen Seele.

So verbringen wir den Abend unseres letzten gemeinsamen Tages, der gleichzeitig mein 29. Geburtstag ist: Ich werfe der christlichen Lindsay an den Kopf, Menschen würden nur an Gott glauben, um sich ihrer Verantwortung entziehen zu können. Es gibt überhaupt keinen Gott, schimpfe ich auf dem Heimweg zum Hotel und mache mich mit jedem Gefühlsausbruch kleiner, er ist nur eine Erfindung von Menschen, die nicht mit der Tatsache klarkommen, dass jeder von uns allein auf der Welt ist.

Als sie verstummt, tut es mir leid. Ich will das Ende mit einem guten Glas Wein retten. Kaufe eine Flasche. Rechne aber nicht damit, dass unser Hotel keinen einzigen Korkenzieher besitzt. Bei einem leichtsinnigen Öffnungsmanöver bleibt der Korken im Flaschenhals stecken. Also trinken wir zum Abschied Leitungswasser und vergeuden unsere finalen Stunden mit Vorwürfen. Ich gebe eine dramatische Performance und drohe damit, in einem anderen Zimmer, ja, in einem anderen Hotel zu übernachten. Lindsay weist mich auf die Uhrzeit hin. Draußen dämmert es bereits. Wir wachen bis zum Sonnenaufgang nebeneinander, zu erschöpft, um zu streiten oder zu schlafen. Ich bringe sie zum Taxi. Der Abschied ist zärtlich und endgültig.

## 100 Seiten E-Mails

Am Abend desselben Tages habe ich einen Termin in einer Bar in Brooklyn. Saskya Jain, meine neue Agentin, will mir Aaron Kerner vorstellen, einen potenziellen Übersetzer für meinen Roman. Sie kennen sich von Saskyas Creative-Writing-Studium an der Boston University.

Aaron ist ein schlanker, zwei Meter großer Hüne mit einem nervösen, freundlichen Lächeln, sensiblen Augen und einem Purzeln in der Stimme, als hätte er seinen Stimmbruch erst vor Kurzem überwunden. Er hat sich die deutsche Sprache angeeignet, weil er vor Jahren einmal einen Essay von Walter Benjamin lesen wollte, der nicht auf Englisch übersetzt war – woraufhin Aaron das kurzerhand selbst übernahm. Wort für Wort. Ich bin tief beeindruckt von seiner Sprachbegabung. Der Essay von Benjamin würde mir selbst auf Deutsch viel Mühe abverlangen.

Wir sitzen im Hinterhof einer schrattigen Bar in Williamsburg.

Die Luft ist erfüllt von Cannabisgeruch und dem Sirenengeheul etlicher Ambulanzen. Das Bier und mein angeknackstes Herz lassen mich zu viel reden. Die beiden wissen nicht, wie ihnen geschieht. Ich hetze von einer Anekdote zur nächsten und fühle mich durch ihr Lachen sowie ihre tadellose Aufmerksamkeit darin bestätigt weiterzumachen. Munter plappere ich und nutze aus, dass ich zwei so interessierten wie höflichen Menschen gegenübersitze. Ihnen würde es nicht im Traum einfallen, mich zu unterbrechen oder auf die Uhrzeit hinzuweisen. Wie so oft, wenn viel geredet wird, sage ich nur wenig. Als der Abend zu Ende geht, spüre ich deutlich eine Sehnsucht: Könnte ich nur länger hierbleiben, in diesen muffigen Sesseln mittelmäßiges Bier schlürfen und weitere Stunden mit Saskya und Aaron teilen. Aber irgendwann muss selbst ich die Klappe halten. Der Flughafen ruft.

Wenige Tage später wohne ich als Trauzeuge im Königsdorfer Rathaus der zweiten Hochzeit meiner Eltern bei. Danach schlafe ich eine letzte Nacht in dem dreihundertfünfzig Jahre alten Bauernhaus, von denen wir fast dreißig mit ihm verbracht haben, ehe meine Eltern den Käufern die Hausschlüssel überreichen und wir der oberbayerischen Gemeinde den Rücken kehren. Es ist ein großer Umbruch für meine Familie. Meine Eltern ziehen gemeinsam mit meiner Schwester Anna, die gerade ihr Abitur bestanden hat, nach Berlin. Ein wichtiger Lebensabschnitt geht zu Ende.

Ich bin mir nicht bewusst, dass ein neuer längst begonnen hat.

Saskya und ich, wir schreiben einander. Anfangs sind es kurze Nachrichten, die Arbeit am Roman betreffend, manchmal begleitet von neckenden Kommentaren, für die ich in einem persönlichen Gespräch niemals den Mut aufbringen würde. In den Botschaften, die ich über den Großen Teich sende, an eine Frau, die ich womöglich nie wiedersehen werde, in diesen Botschaften bin ich weitaus abenteuerlicher in meiner Wortwahl. Und nicht nur ich. Immer wieder überrumpelt Saskya mich mit Provokationen, vieldeutigen Anspielungen, die ich dieser Frau gar nicht zugetraut hätte.

Wir schreiben einander nur auf Englisch. Dabei könnte Saskya ebenso gut auf Deutsch schreiben. Oder auf Hindi. Französisch. Oder Farsi. Saskyas Sprachtalent lässt mich an meinen Fähigkeiten zweifeln. Ich beherrsche ja nicht einmal Bayrisch. Wieso wir Englisch wählen? Ich glaube, weil es die Sprache ist, mit der wir gestartet sind. Unsere Verbindung ist so fragil. Wir wollen sie nicht unnötig mit Deutsch belasten. Auf Deutsch würden wir anders miteinander kommunizieren. Ich würde in ein größeres Vokabular flüchten. Meine limitierten Englischkenntnisse zwingen mich dazu, meine Gedanken klarer zu formulieren. Auf Englisch fällt es mir leichter, mich neu zu erfinden. Ich bilde mir sogar ein, auf Englisch humorvoller zu sein. Und höflicher. Im Deutschen entwischen mir viel öfter grobe, unpassende, verletzende Aussagen.

Andererseits: Vielleicht hat es überhaupt nichts mit meiner Verwendung von Sprache zu tun, sondern bloß mit den Gesprächspartnern. Durchaus möglich, dass englischsprachige Personen besser darin sind, meine problematischen Kommentare mit einem Lachen zu entschärfen – wohingegen allein das Stirnrunzeln meiner Landsleute ausreicht, um mich daran zu erinnern, dass ich in ein Fettnäpfchen gesprungen bin.

Saskya eröffnet mir, sie sei ebenfalls Autorin. Derzeit schreibe sie ihren ersten Roman. Zwei Schriftsteller beim Schreiben! Unsere Botschaften wachsen mit der Zeit beträchtlich an. Ein romantischer Ernst stiehlt sich hier und da in einen Satz. Auch nimmt die Häufigkeit zu. Bald verfassen wir jeden Tag seitenlange Nachrichten. Für diese benötige ich stets ein paar Stunden. Was vermutlich an meinem Englisch liegt – und der Tatsache, dass ich, um mir Gelassenheit einzuflößen, mit Whiskey nachhelfe. Irgendwann erwähne ich das Saskya gegenüber. Darauf beichtet sie, beim Schreiben der E-Mails ebenfalls an einem Glas Jameson zu nippen. Diese Frau, die ich interessanter finde als alle anderen Frauen in meinem Leben, verblüfft mich stets aufs Neue. Obwohl wir beinahe gleich alt sind, hat sie schon so viel mehr erlebt. Aufgewachsen ist sie in Delhi, mit sporadischen Besuchen bei den Großeltern in Deutschland. Hat in Berlin, New York und Boston zwei Studiengänge mit Bestnoten abgeschlossen. Arbeitet als wissenschaftliche Lektorin für die FU, als Literaturagentin und Babysitterin, um fern ihrer Heimat ein unabhängiges, selbstbestimmtes Leben zu führen. Und schreibt quasi nebenbei ihren ersten Roman – sowie Hunderte charismatischer E-Mails an einen Kerl aus Bayern, der ihr keinesfalls das Wasser reichen kann.

## Wo es sich besser küsst

Ich ertappe mich bei der Wunschvorstellung, Saskya wiederzusehen. E-Mails reichen mir nicht mehr. Ich frage mich, ob es Saskya ähnlich ergeht. Bisher haben wir kein einziges Mal telefoniert – oder diese Möglichkeit erwähnt. Nicht, weil wir zu scheu sind. Eher, weil wir Autoren sind. Was wir in unsere Zeilen und dazwischen stecken, würde ein Ferngespräch niemals zulassen. Wir führen eine Briefbeziehung wie in einem Jane-Austen-Roman des 21. Jahrhunderts: Ohne uns zu hören oder zu sehen, kommen wir uns über Monate hinweg näher.

Nur auf eine Art. Wir haben noch nicht einmal Händchen gehalten, sind aber gemeinsam unsere Lebenswege abgeschritten und wissen intimste Geheimnisse voneinander. Was alles Körperliche betrifft, Küsse, Gerüche und so weiter, können wir nur hoffen. Das gruselige Glucksen meiner Wohnungsnachbarin beim Sex füttert meine Fantasie mit unangenehmen Szenarien.

Ein Wiedersehen muss her! Dank einer Einladung an die Columbia University werde ich bald New York besuchen. Ich schlage Saskya vor, ein paar Tage dranzuhängen. Sie erwidert: Warum nicht gleich drei Wochen bleiben? Also packe ich meine Sachen und suche meine Eltern auf, um ihnen mitzuteilen, warum ich so lang verreise.

Als ich Saskyas Heimat erwähne, fällt mir meine Mutter ins Wort: »Indische Männer sind die schönsten Männer überhaupt!« Auf dem Flug betäube ich meine anwachsende Nervosität mit Cognac. Wir sind für den Abend verabredet. Saskya soll mich in Harlem abholen, dort hat mich die Universität in einem Hotel untergebracht. Aber was, wenn dieses Treffen in einem Fiasko endet? Dann muss ich zwanzig Tage in New York ohne Hotel überleben. Es ist ja eigentlich kein Wiedersehen, eher ein Neusehen – wir werden uns diesmal auf eine Weise sehen, wie wir uns bei den ersten beiden Treffen nicht gesehen haben. Hoffentlich wird Saskya nicht sofort auffallen, wie wenig ich über Indien weiß. In den E-Mails war es ein Leichtes, mein Unwissen zu verbergen. Ich weiß so wenig, ich kenne gerade einmal Klischees: mehr Farben als in einem Regenbogen, Gandhi (das lächelnde Antlitz von Ben Kingsley), Elefanten, die East India Trading Company, die Affenhirnszene im zweiten ›Indiana Jones‹-Film, das Taj Mahal (von dem ich glaube, es sei Hindu-Architektur). Ich nehme mir vor, nichts davon Saskya gegenüber zu erwähnen. Sie soll mich nicht für einen dieser weißen Jungs halten, deren Ignoranz sie bisher davon abgehalten hat, dem größeren Teil des Erdballs Aufmerksamkeit zu schenken. Auch wenn ich genau so einer bin.

Was ich nicht ahne: Inzwischen hat Kathleen Anderson, Saskyas Chefin, von unserem amourösen Verhältnis Wind bekommen. Doch anstatt Einspruch zu erheben, nahm Kathleen Saskya beiseite. Kathleen ist eine blond gefärbte, stämmige Frau in ihren späten Fünfzigern, mit glasklaren blauen Augen und einer herzlichen, enthusiastischen Aura, die mitunter ins Hysterische kippt. Eine Umarmung von ihr ist gleichzeitig eine Drohung, dass sie nie mehr loslassen wird. Ihre Agentur befindet sich in ihrer Wohnung unweit vom Union Square. Dort haust sie mit einem haarenden Golden Retriever, den sie besser behandelt als ihre Assistenten, die im Monatstakt wechseln. Sie trägt vorzugsweise Cowboystiefel und neigt zu Superlativen. »You're going to be a star!«, schreibt sie mir einmal. Ich bin erstaunt, dass es noch Menschen gibt, die solche Sätze verwenden. Schließlich wissen wir beide, dass ich nie ein »Star« sein werde. Dafür ist es schon zu spät. Ich bin ja ein Autor.

Kathleens Rat an Saskya lautet, sie soll sich daran erinnern, wie Kate Prince William geangelt hat: mit einem durchsichtigen Kleid. Als Saskya mich in der Hotellobby abholt, trägt sie kein durchsichtiges Kleid. Ihres verbirgt und enthüllt genau die richtigen Stellen. Wir lachen nervös, umarmen uns, eilen nach draußen. Ich ergreife ihre Hand. Das fühlt sich fremd und schön und beängstigend an. Später am Abend, nach dem Dinner, spazieren wir in Richtung Hudson River. Wir harren eines stimmungsvollen Ortes am Wasser. Von diesem schneidet uns jedoch ein Highway ab. Trotzdem küssen wir uns dort zum ersten Mal. Seitdem kann ich Highways nur empfehlen. Es küsst sich dort so viel besser.

Wir essen Soup Dumplings bei Joe's Shanghai, Chicken & Waffles bei Pies 'n' Thighs, Octopus Balls bei Otafuku und Banh Mi Sandwiches im Saigon Shack. So wunderbar das schmeckt, wir könnten auch täglich Zwieback verdrücken. In Saskyas Gegenwart mundet alles. Wir tanzen im Le Poisson Rouge, wo ich Saskya die eigenwilligen Bewegungskünste eines ungelenken Hünen demonstriere und sie mich trotzdem nicht auslacht. Wir treffen Nassia und Sheida und Lilly, Saskyas New Yorker Gang glanzvoller, witziger und angenehm verrückter Frauen, die mich mit Ironie herausfordern, ehe sie Saskya ihre Zustimmung geben. Wir fahren mit dem Bus nach Montauk, wo wir in einem klammen Motel einchecken, überteuerten Hummer bestellen, eine Flasche Maker's Mark nachts am Strand leeren, unsere Hotelschlüssel im Sand verlieren und am Tag darauf wiederfinden. Wir schlafen in Saskyas WG-Zimmer in Bushwick auf einer Matratze am Boden vor einem Fenster, das sich nicht ganz schließen lässt. Jedes Mal, wenn draußen einer der Stadtbusse mit gewaltigem Zischen hält, werde ich aus dem Schlaf gerissen. Aber obwohl ich einen leichten Schlaf habe, macht mir das überhaupt nichts aus. Ich bin glücklich. Und dieses Glück lässt mich so gut schlafen wie noch nie.

# 2

## Mein erstes Mal

# Der feine Unterschied zwischen Writer und Author

Nach New York wollen Saskya und ich uns bald wiedersehen. In Indien.

Dem steht nichts im Wege, bis auf das Visum. Die erste indische Erfahrung mache ich noch auf deutschem Boden. Bei Cox & Kings, der Agentur für Indienvisa mit dem Namen, der an einen mittelalterlichen Pornofilm erinnert, fülle ich brav das Antragsformular für ein Touristenvisum aus und gebe an, ich sei ein »Writer«. Die Dame am Schalter will wissen, was für eine Art Writer. Ich erwähne meine Prosa und Drehbücher. Ihr Fazit: »So you work in the media?« Ich hätte nicht nicken sollen. Sie fordert eine Bestätigung meines Arbeitgebers, dass ich in Indien keine journalistischen Aktivitäten unternehmen werde. Ich lasse mich gar nicht erst auf die Diskussion ein, dass ich als freischaffender Autor keinen richtigen Arbeitgeber habe. Stattdessen wende ich mich an Günther, meinen stets hilfsbereiten Lektor, und schicke der Dame ein entsprechendes Schreiben.

Daraufhin erhalte ich eine E-Mail: »Congratulations! You can now apply for a journalist visa!« Ich bin nicht so glücklich über die Botschaft wie die Ausrufezeichen nahelegen. Mit einem Journalistenvisum einzureisen, würde mich lebenslang als Journalist brandmarken. Das bedeutet nicht nur höhere Gebühren, sondern auch einen umständlichen Anmeldeprozess bei jeder Einreise. Ich suche die Dame auf und insistiere, kein Journalist zu sein. »Either you come as a journalist«, erwidert sie, »or you don't come.« Ich bin verzweifelt, rufe Saskya an. Sie verspricht mir, die Sache auf indische Weise zu regeln. Dank einem Kontakt ihrer Familie kann ich einen Termin mit dem Kulturattaché der indischen Botschaft vereinbaren.

Professor H.S. Shiva Prakash ist ein massiger Mann mit lustigen Augen und schütterem Haar. Er besitzt die Ausstrahlung eines freundlichen Walrosses. Von seinem Büro in der Botschaft hat er einen weiten Blick über den Tiergarten. Bei der Begrüßung teilt er

mir mit, eigentlich sei er kein Diplomat, vielmehr Akademiker –
vor allem aber Lyriker und Dramatiker. Ein in seinem Heimatstaat
Karnataka durchaus geachteter Dichter, wie ich später erfahre. Aufmerksam hört er mir zu, als ich meinen Fall schildere. Er lacht auf
und meint:»Sie wollen dir also eine neue Identität geben?! Das ist ja
wie in einem Roman von Kafka!« In meiner Anwesenheit führt er
ein paar Telefongespräche auf Hindi und empfiehlt mir dann, Mister G. von Cox & Kings aufzusuchen. Was ich umgehend tue. Im
Büro von Mister G. sitze ich flankiert von einem großflächigen Bild
des Taj Mahals auf der einen Seite und des Kölner Doms auf der anderen. Mister G. telefoniert wie wild. Schließlich setzt er ein Sieger-
lächeln auf. Er verkündet mir, die Sache sei geregelt. Ich könne nun
als Tourist nach Indien. Das Missverständnis beruhe auf meiner falschen Angabe. Nächstes Mal solle ich nicht»Writer« ankreuzen,
sondern»Author«.

## Indien beginnt

Anfang Januar 2012 fängt die Reise an – und Indien bereits in München. Dort muss ich umsteigen. Am Gate des Anschlussflugs herrscht
eine undeutsche Atmosphäre. Kein Zeitungsrascheln oder Verlegen-
heitsräuspern – es finden lautstarke Unterhaltungen statt. Fremde
Menschen setzen sich nebeneinander, obwohl sie drei freie Sitzplätze
belegen könnten, und beginnen fast augenblicklich eine Konversation. Auch wenn ich kein Wort Hindi verstehe, habe ich den Eindruck, dass die Leute sich bloß locker unterhalten – würden Deutsche
in dieser Lautstärke kommunizieren, man müsste von einem Streit
ausgehen. Lebendige Gesten sind ein essenzieller Teil des Gesprächs.
Handflächen, ausgestreckte Zeigefinger oder das weltberühmte, für
Ausländer missverständliche Kopfschütteln, das eigentlich gar kein
Kopfschütteln ist, vielmehr eine Geste der Aufmerksamkeit, ein
Kopfnicken.

Nach dem Aufruf zum Boarding setzen sich alle in Bewegung. Ein deutsches Paar drängelt sich auf klassische Weise vor: Zaghaft schieben sie sich vor mich, als könnten sie nichts dagegen tun und hätten mich übersehen. Die südasiatische Anstehvariante ist direkter: Jeder bahnt sich seinen eigenen Weg. Berührungsängste kennt dabei kaum einer. Ein Mann positioniert sich so nah hinter mir, dass sein *Potbelly* – die indische Version des Bierbauchs – meinen Rücken wie ein Heizkissen wärmt. Jedes Mal, wenn ich zurückweiche, rückt er nach, als hätte ich ihn aufgefordert, mir zu folgen. Wir tanzen uns tiefer in die Traube von Menschen. Die Deutschen vor mir werden fortgespült. Von hinten und links und rechts wird geschoben. Aber alle schieben mehr oder weniger gleich viel. Ich gebe mich dem Strom hin. So werde ich von ihm ins Flugzeug befördert.

Wie beschämend wenig ich auf eine Reise nach Indien, einen Besuch in Saskyas Heimat, vorbereitet bin! Ich hätte mich besser informieren sollen, zumindest Sachbücher wälzen, mir einen ›Lonely Planet‹ besorgen und ein paar Statistiken auswendig lernen. In wenigen Stunden treffe ich auf Saskyas Familie. Sie werden mich sofort als provinziellen Burschen entlarven. Ihre Eltern sind Akademiker, Kunsthistoriker! Mein Wissen beschränkt sich auf das, was mich deutscher Schulunterricht gelehrt hat. Also auf so gut wie nichts. Was die asiatische Welt betrifft, hat sich mein Bildungshorizont seit Kindertagen nicht sonderlich erweitert – damals, als ich ein großer Fan des ›Dschungelbuchs‹ war, Balu, den Bären, lustig fand und den Tiger Shir Khan gemeingefährlich. (Inzwischen wurde ich von Saskya aufgeklärt, dass auf Hindi »bhalu« Bär heißt sowie »sher khan« Tigerkönig.)

Die einzigen Vorbereitungen für Indien, die ich getroffen habe, sind neurotischer Natur: Ich bringe tonnenweise Befürchtungen mit. Familie und Freunde haben mir großzügig Warnungen zugesteckt. Darum ließ ich mich zum ersten Mal seit zwanzig Jahren impfen. Jetzt können selbst tollwütige Hunde mir wenig anhaben. Ich solle, rieten mir die Besorgten, bloß vorsichtig sein. Besonders wenn ich etwas zu mir nähme. Indisches Wasser sei so was von unrein. Die Bakterien hätten es geradezu auf deutsche Jungen mit bescheidenem Immunsystem abgesehen. Darum genieße ich mein letztes unverdächtiges Mahl im Flugzeug. Lufthansa gibt sich Mühe, indisches Essen nachzuahmen. Mit indisch oder Essen hat der grünlich-graue Matsch unter der Alufolie allerdings wenig zu tun. Über Afghanistan holt eine füllige Dame in der Reihe neben mir eine Tüte Snacks von Haldiram's hervor und nascht so viel, dass der Snack zur Hauptmahlzeit wird. Unter den Reisenden herrscht eine nahezu euphorische Stimmung. Ist es Vorfreude? Sie lachen und rufen und palavern wie Deutsche auf einem Flug zu einem Feriendomizil.

Ich vertiefe mich ins Filmangebot. Die Hälfte davon besteht aus Bollywood-Streifen. Nie zuvor habe ich einen gesehen. Ich bin kein großer Anhänger von Performanceeinlagen. Was vermutlich daran liegt, dass ich selbst kaum drei Schritte tanzen kann, ohne zu stolpern. Ich klicke mich durch die Millionenproduktionen. Mein erster Eindruck: Die Hauptdarstellerinnen sehen deutlich besser aus als ihre männlichen Gegenparts, insbesondere in den historisch anmutenden Hindi-Filmen. Bei so manchem Helden spannt das Hemd, deutet das Kinn eine Verdopplung an oder lichtet sich die Mähne. Die Frauen dagegen sind von einnehmender Schönheit.

Die Landung wird eingeleitet. Es ist nach Mitternacht und Delhi unter uns ein kompliziertes Sternbild orangener Lichter. Nachdem das Flugzeug aufgesetzt hat, erheben sich Passagiere und öffnen die Stauräume, um ihre Taschen zu entnehmen. Stewardessen bitten sie, sich wieder zu setzen und anzuschnallen.

Die Angesprochenen setzen sich nicht, sondern beginnen eine Diskussion, die so lange andauert, bis die Anschnallzeichen erloschen sind.

Im Flughafen eile ich einen Korridor nach dem anderen entlang. Das bunte Teppichmuster unter meinen Füßen ist die perfekte Camouflage für den internationalen Schmutz an den Sohlen der Reisenden. Ich frage mich, ob ich noch oft in Delhi ankomme werde. Oder nie mehr. Saskya und ich verbinden hohe Erwartungen mit meinem Besuch. Sie hat mir deutlich gemacht, wie viel ihr Delhi bedeutet. Eine Beziehung mit einem Mann, der nicht zumindest einen Teil seines Lebens in ihrer Heimat verbringen möchte, kann sie sich nicht vorstellen. Müsste sie sich zwischen Delhi und mir entscheiden … darüber will ich gar nicht nachdenken. Deshalb habe ich mir, trotz aller Warnungen, fest vorgenommen, offen zu sein. Ich will versuchen, keine voreiligen Urteile zu fällen. Ich weiß, das wird mir nur bedingt gelingen. Ich bin ein Reisender, als solcher werde ich diesem Impuls kaum widerstehen können. Wovon ich mich garantiert nicht abhalten kann: genauer hinzusehen. Gleichzeitig wünsche ich mir, das Gesehene als gewöhnlich wahrzunehmen. Im Sinne von: Ich bin daran gewöhnt, ich kenn das schon. Wäre das nicht wunderbar? Würde das nicht vieles erleichtern? Indien seit Langem ein Teil meines Lebens, meiner Heimat.

Ein Mini-Auto überholt mich. Der Fahrer hat sichtlich Freude am Steuern. Mit dem Rücken zu ihm sitzt seine Fracht: die füllige Snack-Frau aus dem Flugzeug hockt steif und mit stoischer Miene.

Ich erreiche die Passkontrolle. Die Polizeibeamten dort sehen einander erstaunlich ähnlich. Und das liegt keineswegs bloß an ihrer Uniform. Jeder trägt Potbelly und Schnauzer.

Ich erhalte die nötigen Stempel im Pass und werde weitergewunken. Um zur Gepäckausgabe zu gelangen, muss ich einen grell erleuchteten Duty-Free-Shop durchqueren. Bombay Sapphire Gin, Teacher's, Chivas Regal – der eine oder andere Reisende stockt hier noch seine Alkoholvorräte auf. Es dauert eine Weile, bis mein Koffer aufs Laufband plumpst. Ein schmächtiger junger Mann springt leichtfüßig zwischen dem Reisegepäck umher und ordnet es.

Am Zoll werde ich erfreulicherweise nicht aufgehalten. Ich habe Weißwürste, Brezeln und süßen Senf im Gepäck. Mein Gastgeschenk für die Jains. Noch nie habe ich jemandem Weißwürste, Brezeln und süßen Senf mitgebracht. Ich fühle mich in Berlin mehr zu Hause als in Bayern. Aber das drückt sich nicht kulinarisch aus. Zudem wäre eine Currywurst in Indien ein gewagtes Präsent.

In der Vorhalle wartet Saskya auf mich. Um dorthin Zugang zu erhalten, musste sie Eintritt zahlen. Dieser dient offiziell dazu, größere Sicherheit zu gewährleisten. Inoffiziell hält er viele Leute draußen – vor allem jene, die es sich nicht leisten können. Die meisten Abholer beziehen vor dem Gebäude Stellung.

Ich bin froh, von ihr empfangen zu werden. Dadurch fühlt sich alles Neue nicht allzu neu an: der Geruch des Smogs, als wir an die Nachtluft treten. Das Konzert gequetschter Autohupen. Der von feinem Sand überzogene Asphalt. Die Offerten der Taxifahrer, die Saskya kühl zurückweist:»Nahin, driver hä.«Nein, wir haben einen Fahrer. An der Hand zieht sie mich zum weißen Maruti ihrer Eltern. Dem entsteigt Jaswant, der mich kurz mustert und lächelnd begrüßt, ehe er mit dem Gepäck hilft. Saskya und ich springen auf die Rückbank. Zu dritt brausen wir davon.

Während der Fahrt sprechen wir miteinander, aber alles, was wir sagen, werden wir zu einem späteren Zeitpunkt wiederholen müssen. Für mich gibt es so viel zu sehen, was ich noch nie gesehen habe.

Saskya sitzt glücklich neben mir. Endlich bin ich dort angekommen, wo sie herkommt. Ich sehe ihr die Vorfreude an, mir alles zu zeigen. Gestatten? Das ist Christopher und das ist meine Heimat. Ich hoffe, ihr werdet euch gut verstehen!

Ich hoffe das auch.

Eine selbstsichere Ausstrahlung geht von Saskya aus. Sie kennt diesen Ort besser als jeden anderen. Delhi macht ihr keine Angst. Das kann ich von mir nicht behaupten. Die Stadt wächst um uns herum wie ein geduldiges, gewaltiges Wesen, das keine natürlichen Feinde kennt.

Es hat etwas für sich, bei Nacht an einem fremden Ort anzukommen. Das ist ein wenig so, als würde man jemandem in einer intimen Situation erstmals begegnen. Trotz Dunkelheit kann man nachts von der Stadt ebenso viel sehen wie tagsüber.

Im diffusen Licht der Straßenlaternen fahren wir nach Osten. Nebel liegt über der Stadt. Die Luft ist dick und kühl. Rikschas, Kleinwagen, Lkw und Fahrradfahrer fließen entlang einer schmalen Straße – rechts begrenzt durch eine meterhohe Betonmauer, links durch eine Häuserzeile. Mobilfunkhändler, Gemischtwarenläden, Copyshops, ein Friseur, eine Reinigung. Alle geschlossen. In einer Nebengasse verkauft jemand gefüllte Teigtaschen, *Samosas,* an Rikschafahrer. Dann wieder dunkle Abschnitte, nahezu ohne Straßenbeleuchtung, in der nur die Scheinwerfer des Marutis uns vor Passanten warnen, die an ungünstigen Stellen die Straße überqueren. Dicht stehende Bäume drängen sich am Straßenrand. Gefolgt von zehnstöckigen Glasbauten. Eine Kirche. Unbeachtete Ampeln. Sehr hohe Bürgersteigkanten. Jaswant schlängelt sich durch den Verkehr wie das wendigste Mitglied einer Herde.

Nach weniger als dreißig Minuten biegen wir rechts ab und passieren ein Schild: Vasant Kunj. In diesem Stadtteil, wo sich vor allem die wachsende Mittelschicht angesiedelt hat, leben Saskyas Eltern. Etwas südwestlich des Zentrums. Wenn man den von der englischen Krone errichteten Connaught Place als Zentrum betrachtet.

Jaswant beschleunigt noch einmal, ehe er vor einer Schranke bremst und hupt. Ein Wächter, der es sich in einem Plastikstuhl neben seinem Wachhäuschen bequem gemacht hat, erhebt sich schleppend und öffnet die Schranke. Wir müssen nicht, wie eigentlich üblich, unser Ziel angeben. Er kennt den Maruti der Jains. Behutsam steuert Jaswant den Wagen über monströse Bodenschwellen. Noch zweimal abbiegen. Endlich angekommen. Saskya und ich steigen aus. Die Luft ist kalt, nicht wärmer als in einer deutschen Herbstnacht. Es riecht nach Feuer. Ein anderer Fahrer wärmt sich die Hände an einem brennenden Haufen Laubblätter. Ein imposanter Banyanbaum erhebt sich neben dem Parkplatz. Hunde schlafen auf den Dächern parkender Autos. Und der Mond! Ich wundere mich. Er liegt. Die Sichel formt kein gespiegeltes C, sondern ein U. Wie das Grinsen der Cheshire Cat aus ›Alice im Wunderland‹. Saskya sagt, das sei normal. Was normal ist und was nicht, darüber werden wir noch viele Diskussionen führen.

Jaswant lässt es sich nicht nehmen, meinen Koffer zu tragen. Wir steigen die Treppe hoch in den ersten Stock und drücken die Klingel – es folgt der panische Hilfeschrei eines tropischen Vogels. Damals, als die Türklingel ausgewählt und installiert wurde, waren die Jains unglücklicherweise nicht zu Hause; so traf kurzerhand einer der Handwerker die, wie er fand, perfekte Wahl.

Saskyas Eltern empfangen mich herzlich. Ihre vorsichtigen Fragen, wie mein erster Eindruck sei, ihre fürsorgliche, zuvorkommende Art und ihre kritischen Kommentare zur schlechten Luft, dem Verkehr oder Müll, legen nahe, dass in der Vergangenheit nicht jedem Besucher die Ankunft leichtgefallen ist. Ich spüre ihre Sorge. Ihnen liegt viel daran, dass ich mich entspanne, und in dieser Sorge drückt sich ihre Liebe zu Saskya aus. Ich bedeute Saskya etwas. Also bedeute ich ihnen etwas.

Wir nehmen Platz im Wohnzimmer, trinken Ingwertee und lachen darüber, dass ausgerechnet Lufthansa mir mein erstes »indisches« Gericht serviert hat. So gelöst wie in dieser Stunde habe ich Saskya noch nicht erlebt. Ihre Familie bedeutet ihr viel. Es bereitet ihr Glück, dass ich mich rege mit ihren Eltern unterhalte.

Gleich nebenan befindet sich das Esszimmer, um das sich alle weiteren Wohnräume gruppieren, ähnlich einem Berliner Zimmer. Steinböden. Massive Regale voller Bücher. Dunkle Holztöne kombiniert mit Farbtupfern: Vorhängen, Bezügen, Teppichen. Fenster und Balkontüren sind mit Moskitonetzen versehen. Werke von Künstlern, über die ich in den kommenden Monaten viel lernen werde, zieren Wände und Beistelltische. Sie alle erzählen zwei Geschichten: die des Werks und die der Beziehung der Jains zu den Künstlern.

Jutta, Saskyas Mutter, trägt ein knielanges Gewand (eine *Kurta*, wie ich später erfahre) über einer Hose und das lange Haar offen. Beim Sprechen umspielt ein Lächeln ihre Lippen. Ihre Eltern stammen aus Österreich, darum zog sie ihre Kinder vor allem mit Deutsch auf, was die intime Sprache der Familie ist, während der Alltag draußen auf Englisch und Hindi bestritten wird. Die verschiedenen Sprachen deuten darauf hin, dass Jutta, wie so viele Frauen, mehr als eine Karriere verfolgt.

Dank Jutta fühle ich mich wie zu Hause, sie strahlt mütterliche Wärme aus. Sie besitzt ein Talent dafür, alle noch so kleinen Falten eines Moments frühzeitig zu erkennen und zu glätten: Als ich mich nach einer Serviette umblicke, reicht Jutta mir eine, bevor ich danach fragen kann. Nie würde es ihr einfallen, Disharmonie zu verbreiten. Ich glaube sogar, sie kann das gar nicht. Jutta versteht genau, was man sagen muss, um eine Situation zu entschärfen, und sie versteht vielleicht noch besser, was man nicht sagen muss. Nicht nur diese Fähigkeit kommt ihr als Mitarbeiterin der Kulturabteilung der Deutschen Botschaft zupass. Sie verfügt über mehr und bessere Kontakte, als Entsandte aufbauen könnten. Ihre Wärme macht sie zu einer idealen Gastgeberin. Sie verbindet Menschen miteinander, jeder fühlt sich in ihrer Gegenwart umsorgt und entspannt sich. Nie gibt sie mit ihren Verdiensten an – eine Besonderheit unter den Intellektuellen der Delhi Society. Dabei könnte Jutta prahlen: Als promovierte Kunsthistorikerin leistete sie Pionierarbeit auf dem Gebiet der indischen Wasserarchitektur. Jahrelang unterrichtete sie Kunstgeschichte am National Museum. Veröffentlichte Essays und Bücher zur Miniaturmalerei, zu Silber sowie zur indischen Ikonografie der Füße. Da sie Sanskrit, Gujarati und Hindi beherrscht, kann sie Originaldokumente analysieren und muss sich nicht auf die wenigen und manchmal ungenauen Übersetzungen ins Englische verlassen. Derzeit wendet sie sich in ihren Forschungen den Deutschen zu, die im 19. Jahrhundert auf den Subkontinent gereist sind, und trägt damit zur Diskussion über Deutschlands Orientalismus bei. Kurzum: In indischer Kunstgeschichte macht ihr so schnell keiner was vor. Außer vielleicht einer.

Saskyas Vater Jyotindra umgibt eine elegante Aura. Sein sauber gekämmtes Haar und seine farblich aufeinander abgestimmte, schlichte Kleidung – Pullover, Hemd, Hose – legen nahe, dass er jemand ist, der sich im Spiegel kontrolliert, bevor er das Haus verlässt. Beim Sitzen schlägt er die Beine übereinander und wippt mit dem Fuß. Saskya meint: ein Zeichen, dass er sich wohlfühlt. Er wählt seine Worte mit Bedacht. Auf jeden Scherz von mir weiß er eine gelungene Erwiderung. Oder er lacht. Ich glaube, manchmal lacht er, auch wenn er meine Scherze gar nicht so lustig findet.

Jutta stellt kleine Tonschalen mit Mandeln, Cashewnüssen, Pistazien und anderen Knabbereien, *Namkeens,* vor uns auf den Tisch. Beide fordern mich auf, ich soll zulangen. Erst danach beugt Jyotindra sich vor, scheint vorsichtig abzuwägen, was er auswählen soll, pickt schließlich eine Mandel heraus und lässt sie mit einer ausgefeilten Wurftechnik in seinem Mund verschwinden. Dabei lächelt er verschmitzt. Seine Selbstironie nimmt mich sofort für ihn ein. Zudem habe ich noch nie gesehen, wie jemand mit so viel Sorgfalt einen Snack isst.

Akribie und Präzision haben einen hohen Stellenwert in Jyotindras Leben. Als kleiner Junge hielten sie ihn in Bombay am Leben, wenn er den Raum zwischen den Rädern eines rollenden Zuges anpeilte und hindurchkroch. Auch eignete er sich mit ihrer Hilfe ein breitgefächertes Wissen über volkstümliche, klassische, populäre Kunst an, die seinen wissenschaftlichen Veröffentlichungen ihre Strahlkraft verleiht. Und ohne sie hätte er nicht jahrelang das National Handicrafts and Handlooms Museum in Delhi leiten können.

Dass ein Professor der Kunstgeschichte wie Jyotindra den Posten übernahm, gilt als Ausnahme. Allzu oft ergattern Technokraten die Direktion solcher Institutionen. Auch wenn sie wenig Ahnung von der Materie haben. Sie reißen sich um den Job, weil er Prestige und gewisse Annehmlichkeiten mit sich bringt: eine geräumige Unterkunft auf Staatskosten sowie ein Auto samt Fahrer.

Jyotindra interessieren solcherlei Dinge wenig. Als er einmal von einem der Wachmänner des Museums wissen wollte, wieso er eine leere Zigarettenschachtel nicht entsorge, die direkt neben seinen Füßen lag, verteidigte sich dieser, dafür sei nicht er verantwortlich, sondern die Reinigungskraft – woraufhin Jyotindra kurzerhand zum Besen griff und den Eingangsbereich fegte, verfolgt vom beschämten Wachmann, er möge bitte aufhören, der Direktor dürfe solch niedrigen Aufgaben nicht nachgehen!

Ein anderes Mal reagierte er auf einen Angestellten, der ihm vorwarf, dass er sich für etwas Besseres hielt, indem er sein Dienstfahrzeug stehen ließ, sich ein Fahrrad schnappte und damit zur Arbeit fuhr. Der Angestellte sah ihm ungläubig nach. Neben Jyotindra rollte der Ambassador, aus dem sein Fahrer ihm zurief, er könne als Direktor doch unmöglich das Fahrrad nehmen, was sollten die Leute denken! Ihnen schlossen sich zunehmend andere Angestellte auf ihren Fahrrädern an, die denselben Arbeitsweg hatten. Keiner von ihnen wagte es, den Direktor zu überholen. So bewegte sich die Fahrradkolonne samt Ambassador langsam zum Museum. Danach war er bekannt als der Direktor, der sich nicht für etwas Besseres hält.

Jyotindras Arbeit bescherte ihm zahlreiche schlaflose Stunden – und dem Crafts Museum glanzvolle Tage. Noch heute erinnern sich viele an seine Ausstellung ›Other Masters‹: Werke von fünf Volkskünstlern, die sich in ihren Arbeiten mit der Moderne auseinandersetzen. Die vielleicht prominenteste: Ganga Devi. In der Schule, aus der sie hervorging, malten und zeichneten die Künstler seit Generationen tradierte Motive wie etwa Fruchtbarkeitssymbole – Schlangen, Vögel, Schildkröten. Ganga Devi erforschte neue Gebiete – Achterbahnen und nationale Flaggen und nicht zuletzt den Ventilator an der Decke eines Krankenhauszimmers (lange musste sie einen solchen anstarren, nachdem sie an Krebs erkrankt war).

Die Kunstwelt zeigte sich begeistert. Das war durchaus eine Überraschung – aber nicht wegen der Qualität der Ausstellung. Verblüffend war, dass all die Kunstaffinen der Hauptstadt plötzlich so viel Wertschätzung für die volkstümliche Kunst Indiens aufbrachten, die sie üblicherweise als minderwertig abtaten.

Jyotindras Schaffen erregte die Aufmerksamkeit der Mächtigen. Sonia und Rajiv Gandhi, Hillary Clinton, Joschka Fischer oder Japans Kronprinz Naruhito ließen sich von ihm durchs Crafts Museum führen.

Die glanzvollen Tage fanden ein jähes Ende, als Jyotindra weiterzog, um die School of Arts and Aesthetics an der Jawaharlal Nehru University (JNU) in Delhi aufzubauen.

Heute herrschen im Crafts Museum wieder die Technokraten.

Ausstellungsräume sind geschlossen oder befinden sich in einem bedauerlichen Zustand. Risse in den Wänden. Herabfallender Putz. Notdürftig isolierte Stromleitungen. Ganga Devis Wandgemälde wurde unwiederbringlich zerstört. Viele Museumsgäste haben nur ein Ziel: das Restaurant.

Jyotindra konzentriert sich inzwischen mehr auf seine Forschungsarbeit, hält Vorträge in Los Angeles, Berlin, Kapstadt und natürlich in Indien. Mehr denn je suchen Künstler wie Kunstsammler seine Nähe und bitten ihn um seine Expertise. Trotz alldem hat ihm der Ruhm nicht die Bescheidenheit geraubt. Der Mann, der mir gegenübersitzt und genüsslich eine Mandel verzehrt, schmückt sich nicht mit seinen Errungenschaften. Einer Einladung des Premierministers zu einem Staatsdinner folgt er zwar. Glück aber bedeutet für ihn etwas anderes: ein hausgemachtes *Dal*. Spazierengehen. Die Entdeckung einer Kostbarkeit auf dem Trödelmarkt. Und nicht zuletzt: Abende im engen Familienkreis.

Schlafenszeit. Saskya stellt sicher, dass unser Moskitonetz exakt mit der Bettkante abschließt. In letzter Zeit gab es zunehmend Fälle von Denguefieber.

Wir legen uns auf die angenehm harte Matratze. Noch immer erstaunt mich, wie kalt die Luft ist. Es braucht drei Baumwolldecken, um mich warm zu halten. Schwer und steif liegen sie auf meiner Brust. Ich darf mich nicht bewegen. Sonst entsteht eine Lücke und ein Schwall kalter Luft rauscht unter die Decke. Auf Mitleid hoffend erkläre ich Saskya, dass ich eben verwöhnt sei, was meine Schlafsituation angehe. Sie sagt: »Stimmt.«

Draußen schwillt ein Klacken an. Darauf folgt Pfeifentrillern. »Der Wächter macht seine Runde«, klärt Saskya mich auf. Mit seinem Stock schlägt er in regelmäßigen Abständen auf den Boden, um sich anzukündigen. Tack-Tack-Tack-Tack-Tack. Wie das Metronom, zu dem ich einst Klavierspielen lernte.

Nach drei Takten schlafe ich ein, bevor ich denken kann: Ich bin da.

# Guten Morgen, Delhi

Jemand ruft. Oder niest lautstark. Wieder und wieder. Ich wache auf. Blicke zu Saskya. »Ist nur der Gemüsehändler«, sagt sie. »Was ruft er?«, frage ich. »Saaaaabzi!«, sagt sie, »Sabzi heißt Gemüse.« Kurz darauf von draußen der Klang eines Glöckchens. Ich deute zum Fenster. »Ist er das wieder?« – »Nein«, sagt sie und schmunzelt, »das ist der Ting-ting-Wallah.« – »Ting-ting? Ist das Hindi?« – »Das ist unser erfundenes Wort für den Brot-und-Eier-Händler, weil er immer ein Glöckchen benutzt.« Er ist nicht der Letzte. Etliche Händler durchqueren das Viertel mit ihren Werberufen und -klängen. Man muss nur zum Fenster oder auf den Balkon treten und den jeweiligen zu sich bitten. Das spart den Weg zum Markt.

Der *Kabadi-Wallah* sammelt wiederverwertbaren Müll; er trägt einen Panamahut und hat den beschwingten Gang eines Menschen, der einer enthusiastischen Melodie lauscht, die niemand sonst hören kann.

Der *Sabzi-Wallah* führt eine Auswahl an: grünen Chilis, großen und kleinen Bananen, Tomaten, roten Karotten, grünen Bohnen, Gurken, Auberginen, Blumenkohl, Brokkoli, winzigen Knoblauchzehen, roten Zwiebeln, frischem Koriander und Ingwer. Daneben aber selbstverständlich auch, saisonbedingt: Papaya, Sitaphal (Zimtapfel – Saskyas Lieblingsfrucht, die wie eine saftige Marzipanvariante schmeckt), Guaven, kinderfaustgroße Äpfel, Mandarinen.

Mein persönlicher Favorit aber ist der *Jhaadu-Wallah*. Er bewirbt seine Anwesenheit mit zartem Saitenklang und reitet auf einem Fahrrad, das mit Dutzenden von Hand- und Stielbesen bestückt ist, wie ein südasiatischer Don Quixote gegen den Schmutz an.

Das Mittagessen wird mein Frühstück. Ich habe zu lange geschlafen. Der Jetlag beträgt viereinhalb Stunden. Die ominöse halbe Stunde dient unter anderem dazu, sich von Pakistan abzugrenzen. (Was 2008, als Pakistan mit Sommer- und Winterzeitumstellung experimentierte, dazu führte, dass das Land, obwohl es westlich von Indien liegt, diesem temporär eine halbe Stunde voraus war.)

Ich lerne die Seele des Hauses kennen: Urmila. Oberflächlich betrachtet könnte man sie für ein zahmes, harmloses Wesen halten. Doch Urmila ist nicht nur Mutter, Hausfrau, Haupternährerin ihrer Familie und die Haushaltshilfe der Jains, sie trägt auch dazu bei, das Leben der Menschen in ihrer Umgebung aufzuhellen. Selten bin ich jemandem begegnet, der so unnachgiebig und selbstverständlich freundlich durchs Leben geht. Sie ist Christin, ihr Ehemann Hindu. Dieser hat keine feste Anstellung, er steuert wenig zum Haushalt bei. Es sei denn, man betrachtet seine Mutter als Beitrag. Mit dieser führt Urmila eine angespannte Beziehung. Die Familie ihres Mannes hält wenig von Urmilas Religionszugehörigkeit. Ihrem Mann zuliebe beachtet sie hinduistische Fastentage, auch bei Rekordtemperaturen. Sie nimmt die damit verbundenen Strapazen scheinbar ebenso mühelos auf sich, wie sie sich jeden Tag dem überlasteten öffentlichen Verkehr Delhis stellt, um pünktlich Vasant Kunj zu erreichen. Dort kocht sie bis zu vier Mal täglich, kauft Lebensmittel ein, kämpft fegend und schrubbend gegen den penetranten Staub Delhis, empfängt Gäste an der Tür, stellt sicher, dass morgens genug Wasser in die Tanks der Wohnung gepumpt wird, wäscht, gießt die Pflanzen und findet zwischendrin noch Zeit, die Familie mit Tee zu verwöhnen. Da sie kein Englisch spricht, beschränkt sich unsere Kommunikation auf Blicke und Gesten – abgesehen von ein paar Brocken Hindi, die Saskya mir nach dem Mittagessen beibringt, damit ich Urmilas Kochkünste loben kann. Sie lacht fröhlich. »Thank you, bhaiyya!« Ich bin jetzt ihr Bruder. Also nicht ihr richtiger Bruder. Aber so was wie ein Brother. Ihre Armreifen und Fußkettchen klimpern stetig, eine liebenswerte Melodie. Als Saskya und ich die Wohnung verlassen, ruft Urmila »Bye!« mit so viel Enthusiasmus, dass ich am liebsten noch einmal zurückgehen und mich erneut verabschieden möchte.

## Ein Spaziergang durch die Zukunft

Saskya zeigt mir Vasant Kunj. Noch mehr als das: Sie zeigt mir ihre Heimat. An der Hand zieht sie mich hinter sich her. Hier und da sprudeln Anekdoten und Erläuterungen aus ihr heraus, was mich davor schützt, naive Fragen zu stellen. Sie möchte, dass ich verstehe, wirklich verstehe. Auch wenn sie kein Wort darüber verliert, spüre ich, wie sehr sie sich wünscht, es gefalle mir hier. Das ist ein Spaziergang durch ihr Leben, ihre Erinnerungen, Sorgen, ihre Sehnsüchte. Vielleicht sogar ein Spaziergang durch unsere Zukunft. Denn eins steht bereits fest: Bald wird sie New York verlassen. Es ist zu weit entfernt. Würde sie es als ihre neue Heimat annehmen, müsste sie sich dafür von ihrer alten Heimat distanzieren. Dazu ist Saskya nicht bereit. Ihr Plan lautet, nach Delhi zurückzukehren. Dort lebt ihre Familie, dort fühlt sie sich zu Hause. Wenn das mit uns weitergehen soll, muss ich offen für ein Leben in Delhi sein.

Vor dem Haus liegt ein ummauerter Garten mit einer Rasenfläche, die schon bessere Zeiten gesehen hat. Jedes Jahr im Winter wird sie von Sand erobert – und der Gärtner ist den Anwohnern zufolge auch weniger tüchtig, als er sein könnte.

Der Parkplatz daneben ist voll. Um nicht zu sagen: überfüllt. Als die Siedlung in den Siebzigern gebaut wurde, rechnete keiner damit, dass eines Tages Haushalte der Mittelklasse sich dadurch definieren würden, wie viele und große fahrbare Untersätze sie besitzen.

Fahrer schlagen mit Lappen den Staub von den Autos ihrer Arbeitgeber. Spatzen waschen sich in einer Sandpfütze. Neben ihnen liegen Blüten von Nachtjasmin. Die Luft riecht nicht so neu wie an einem Morgen in Königsdorf, wenn die Betten zum Lüften aus dem Fenster gehängt werden; sie duftet opulent, hat eine Menge mitzuteilen.

Im Zentrum des Parkplatzes betreibt ein Bügelmann sein Geschäft. Täglich klopfen seine Frau oder Kinder an die Türen der Bewohner von Vasant Kunj, um deren Wäsche einzusammeln. Gegen

Abend wird sie dann frisch gebügelt zurückgebracht. Das Bügeleisen erhitzt der *Istry-Wallah* mit heißen Kohlen. Nach seiner Behandlung riechen Hemden, Kurtas und Hosen dezent, aber nicht unangenehm nach Ruß.

Streunende Hunde überall. Sie kauern in Ecken und schauen unschuldig drein. Davon lassen wir uns nicht täuschen. Passiert ein Auto den von ihnen bewachten Betonquader an der Hauptstraße, in dem Müll zwischengelagert wird, fletschen sie die Zähne und jagen diesem kläffend hinterher. Über zwanzigtausend Menschen im Land sterben jährlich an Tollwut, sagt Saskya. Insofern halten wir lieber Abstand.

Aus der Ferne dringt das allgegenwärtige Hintergrundrauschen des Stadtverkehrs, überlagert vom schrillen Geschrei grüner Papageien, die in den Bäumen kaum auszumachen sind. Sie streiten mit Tauben, Krähen und Greifvögeln um die Vorherrschaft über Delhis Luftraum.

Ein Affe wandert gelassen über den Parkplatz und ignoriert einen heranpreschenden Honda. Der Fahrer muss bremsen. Aber er steigt nicht aus, um ihn zu verscheuchen. Aus gutem Grund, erklärt Saskya. Mit den Makaken legt man sich besser nicht an. Wenn eine ganze Bande über ein Viertel herfällt, ist nichts und niemand vor ihnen sicher. Als sie das letzte Mal Vasant Kunj heimsuchten, drangen sie in Wohnungen ein und bissen Bewohner. Auch sie können Tollwut übertragen. Saskya wurde Zeuge, wie einer der Affen einen knallroten Luftballon aufblies. »Wenn er ihn jetzt noch zuknotet«, dachte sie, »dann haben wir ein echtes Problem.«

Gegen die Plage half nur eines: der *Monkey-Wallah*. Er brachte einen grau-weißen Languren mit. Dieser größere Affe verscheuchte die Makaken durch seine bloße Präsenz. Als Belohnung erhielt er Bananen und Gemüse von den Anwohnern.

Inzwischen hat allerdings ein tierlieber Gerichtshof verfügt: Languren dürfen nicht mehr zu solchen Zwecken eingesetzt werden. Darum tragen die neuen Monkey-Wallahs nun Languren-Masken, die an Fasching erinnern, und verscheuchen die Makaken, indem sie den Ruf der dominanteren Affen nachahmen. Angeblich arbeiten gleich drei von ihnen, um die Residenz des Premierministers zu schützen.

Viele der Gebäude in Vasant Kunj, zwischen denen wir spazieren, wurden von der Delhi Development Authority errichtet, einer staatlichen Behörde. Schlichte, kantige Betonkonstruktionen, teils frisch gestrichen, teils gezeichnet vom Schmutz, den der letzte Monsun heruntergewaschen hat. Die Immobilien gelten als qualitativ hochwertig. Trotz stolzer Preise – eine 150-qm-Eigentumswohnung kostet locker 200.000 € – befindet sich die Nachfrage auf einem Allzeithoch. Denn die sogenannten DDA-Flats sind vor allem eines: legal. Eine Besonderheit in der Hauptstadt. Dort leben 70 bis 80 Prozent der Bevölkerung in illegalen Behausungen. Und mit illegal sind keineswegs nur Slums gemeint.

Gleich neben Vasant Kunj liegt Bhawani Kunj. Dort reiht sich ein privat errichtetes vierstöckiges Haus ans andere. Balkons, Terrassen, Innenhöfe und verzierte Einfahrten – solange die Besitzer die richtigen Beamten schmieren, können sie nach Lust und Laune bauen. Zwar gehen sie dabei das Risiko ein, dass jederzeit ein Bulldozer auftauchen kann, der im Auftrag der Regierung ihr Zuhause wegreißen soll. Aber sie setzen auf schleichend langsame Bürokratie und ein beliebtes Wahlversprechen der Politiker: illegale Bauten als legal einzustufen. Meist geht diese Rechnung auf.

Währenddessen wächst die Bevölkerung im Großraum Delhi ins Unermessliche – man spricht von fünfundzwanzig Millionen.

25.000.000.

In Königsdorf leben 2.909 Einwohner. Das sind im Prinzip mehr oder weniger drei bayerische Familien. Verteilte man sie über Delhi, würde man sie nie wiederfinden.

In Anbetracht solcher Molochzahlen wird weiter kräftig gebaut. Möglichst günstig. Also zu günstig. Viele der Arbeiter sind Leute vom Land, sie wollen auch ein Stück vom Kuchen des Wirtschaftsbooms – bekommen aber nicht mehr als einen Hungerlohn. Dabei errichten sie die Gebäude mit ihren bloßen Händen, sieben Tage die

Woche, bei vierundvierzig Grad im Schatten und die ganze Nacht über, im Licht generatorenbetriebener Scheinwerfer. Frauen erhalten oft weniger Bezahlung als Männer. Auch wenn sie mehr leisten. Während sie auf ihrem Kopf einen mit Steinen gefüllten Korb transportieren, führen sie an der Hand ihre Kinder.

Der florierende Markt illegaler Behausungen schafft kuriose Konflikte: Ein Bekannter von Saskyas Familie vermietete während eines langen Auslandsaufenthalts sein Haus. Als er nach Indien zurückkehrte und seine Straße betrat, konnte er dieses jedoch nicht finden. Es dauerte eine Weile, bis er begriff, dass er direkt davor stand. Warum er es nicht erkannt hatte: Dem Gebäude war eine Etage hinzugefügt worden. Noch dazu wohnte eine ihm unbekannte Familie dort. Wie sich herausstellte, hatte jener Angestellte, der sich während seiner Abwesenheit um das Anwesen hätte kümmern sollen, die Immobilie weiterverkauft und danach das Weite gesucht. Da das Haus illegal gebaut worden war, besaß der Hintergangene keine offiziellen Papiere, die ihn als Besitzer auswiesen. Es blieb ihm nichts anderes übrig, als sein eigenes Haus zurückzukaufen. Für einen stolzen Preis, versteht sich.

Aber die wirklichen Probleme von Delhis Immobilienmarkt beginnen erst nach dem Einzug. Viele illegale Haushalte haben keinen Anschluss an die öffentliche Wasserversorgung. Darum müssen mehrmals wöchentlich Wasserlieferanten mit ihren Lkw vorbeikommen, um Frischwasser in die Tanks der Wohnungen zu pumpen. Viel Aufwand für viel Geld.

Auch sind etliche der Straßen, wo jene Behausungen entstehen, eigentlich keine richtigen Straßen, vielmehr von Fahrzeugen platt gewalzte Wege. Die Infrastruktur illegaler Viertel kümmert den Staat nicht. Darum legen die Bewohner, wie etwa in Bhawani Kunj, schon mal zusammen, um eine Straße für ihre Wohnsiedlung teeren zu lassen. Ein Ausnahmefall. Es scheint, als ließe sich der Wohlstand eines Viertels am Feinheitsgrad des Sandes in dessen Straßen ablesen: je reicher die Menschen, desto monströser deren Karossen und umso feiner der Sand, über den sie täglich rollen.

Auch im legalen Vasant Kunj – wo es strengere Vorschriften darüber gibt, was die Bewohner am Eigentum ändern dürfen und was nicht – leben nicht nur gesetzestreue Bürger. Schon an den Fassaden einiger Wohnungen lässt sich erkennen, welcher Besitzer zur Extrawurst neigt: in einen Wintergarten verwandelte Balkone. Durch palastähnliche, kitschige Portale ersetzte Eingänge. Mit ausgefallenen Mustern geflieste Gehwegabschnitte. In solche »Verbesserungen« investiert so mancher. Man muss ja irgendwie sein Schwarzgeld loswerden.

Saskya und ich verlassen die geschlossene Wohnanlage und folgen der Hauptstraße. Wir sind nie allein. Selbst wenn ich denke, es sei gerade keiner in der Nähe, entdecke ich doch hier und dort eine Person. Ein Rikschafahrer pinkelt gegen eine rissige Mauer. Kinder in Schuluniform steigen in einen Bus. Zwei Männer gehen nebeneinander her und halten lose Händchen – was ich, bis Saskya mich aufklärt, für mehr nehme als das, was es ist: eine Geste der Freundschaft.

Mein Freund Chandrahas – ebenfalls Autor und außer Saskya der einzige Mensch aus Südasien, den ich vor meinem Besuch in Indien kennenlernen durfte – hat einmal gesagt: »In meiner Heimat gibt es so viele Menschen, dass ich sie selbst noch mit geschlossenen Augen sehe.«

Ich verstehe jetzt, was er meint. Dieses Gefühl, zu keiner Zeit ganz für sich und immer Teil einer größeren Maschinerie zu sein. In Deutschland spüre ich das nicht so stark. Dort kann ich mich besser der Illusion hingeben, ein unabhängiges Individuum zu sein.

Wir erreichen den Anand Store. So eine Art Tante-Emma-Laden. Leuchtstoffröhren erhellen den hinteren Teil des Geschäfts. Zwei schmächtige Jungen stapeln Waren mit artistischem Geschick.

In den Regalen findet sich das eine oder andere Produktüberbleibsel aus der Planwirtschaft der Vergangenheit. Saskya zeigt mir die grüne Spülmittelseife Vim Bar (nicht zu verwechseln mit dem geläufigen Kürzel für »Vintage Military Bolt-Action Rifle«). Herr

Anand führt auch Toilettenpapier, das mehr kostet als in einem Berliner Supermarkt, was vermutlich daran liegt, dass die meisten Menschen in Indien ihrer Hygiene mit Wasser nachgehen – und nicht mit ein paar Lagen semi-weichen Papiers.

Ebenso in den Regalen: Eier, Snacks, Toast sowie Butter, Scheiblettenkäse und köstliche Milcheiskrem des Herstellers Amul, der in den Siebzigern wesentlich zur »White Revolution« beitrug, die aus einer Nation mit bescheidener Milchproduktion das Land mit der weltweit größten machte.

Importwaren wie Lasagneplatten, Erdbeeren, Würste oder Käse anderer Produzenten sind Mangelware im Anand Store. Diese erhält man eher in den Einkaufszentren, welche im Wesentlichen von Vertretern der Oberschicht und Ausländern frequentiert werden. Angestellte preisen Produkte an, die sie sich selbst nicht leisten können. Wegen der mageren Anzahl an Kunden liegt bei vielen Lebensmitteln das aufgedruckte Produktionsdatum weit zurück. Schmuckbehangene Frauen lassen sich in ihren SUVs zu den Malls kutschieren und kaufen dort Avocados für umgerechnet fünf Euro das Stück. Warum? Weil sie es sich leisten können. Aus demselben Grund gibt es Kundschaft bei Walmart in der Satellitenstadt Gurugram (früher Gurgaon) oder McDonald's am Connaught Place (wo selbstverständlich kein Rindfleisch angeboten wird, dafür aber eine Auswahl vegetarischer Kreationen wie der »McAloo Tikki«). Die Kunden gefallen sich darin, internationale, oft westliche Produkte zu erwerben. Selbst wenn diese von minderwertiger Qualität sind und im Vergleich zu heimischen Produkten ein Vielfaches kosten – der Preis eines »Maharaja Mac« entspricht dem eines Mittagsmahls in einem durchschnittlichen Straßenlokal Delhis. So tief sitzt die Sehnsucht in vielen Menschen aus allen Schichten. Man möchte Teil dieses neuen, aufstrebenden Indiens sein. Um jeden Preis.

Seit Anfang der Neunziger die Wirtschaft liberalisiert wurde, öffnet das Land seinen Markt zunehmend für ausländische Investoren. Die Regierung hält das aggressive Vorgehen internationaler Konzerne nur deshalb in Schach, weil sie befürchtet, Wählerstimmen zu verlieren – Millionen Inder verdienen wie Herr Anand ihren Lebensunterhalt mit kleinen Geschäften.

Trotzdem ziert so manche Häuserzeile ein Burger King oder Domino's Pizza. Im Straßenverkehr wird man von Mercedes-Limousinen geschnitten. In Privathaushalten stößt man auf Siemens-Geschirrspüler.

In wenigen Tagen wird der FC Bayern in Delhi gegen die indische Nationalmannschaft antreten – weniger aus Interesse an einem sportlichen Wettkampf, vielmehr aus Interesse an Millionen potenzieller Bayernfans, die Trikots, Schals und Kaffeetassen in Rot-Weiß erwerben.

Alle großen Malls in Delhi führen Markenprodukte von Gucci, Boss, Prada. Auf dem Preisschild einer Handtasche von Louis Vuitton prangen so viele Nullen, dass man sich arg konzentrieren muss, um die korrekte Zahl zu ermitteln. Der Preis in Rupien entspricht umgerechnet dem Preis der Tasche in den Champs Élysées oder der Fifth Avenue. Ob die Putzfrauen in den Malls wohl manchmal innehalten und die Preisschilder in den Nobelläden lesen? Sie trennt mehr als eine Schaufensterscheibe von den Produkten. Wenn sie dazu in der Lage wären, ihr ganzes Leben lang ihren Tagelohn zurückzulegen, könnten sie mit dem gesparten Betrag noch immer nicht annähernd die Kaufsumme für so ein Handtäschchen aufbringen.

Saskya und ich lassen den Anand Store hinter uns. Die Sonne hat ein kräftiges Orange angenommen. Der Straßenverkehr schwillt an. Wir weichen Motorrädern aus, die einer Rikscha ausweichen, die Autos ausweicht, die einer Kuh ausweicht.

Saskya führt mich zum nahe gelegenen Sports Complex. Ein beschaulicher Park mit einem verschlungenen Pfad plus Spielplatz und Fitnesscenter, ausgestattet mit Laufbändern, Kraftmaschinen, verspiegelten Wänden und Klimaanlage. Mitten auf der größten Rasenfläche erhebt sich ein riesiger Hochspannungsmast. Er summt bedrohlich. Kinder rasen auf Fahrrädern der Marke Hero vorbei an pummeligen Damen, die sich in Sneakers und Kurtas den Pfad entlangschieben, in hüftbetonter Fortbewegungsschunkelei und nicht allzu hohem Tempo, damit die Puste noch zum Tratschen reicht.

Eine Umrundung des Geländes mit gemäßigter Geschwindigkeit dauert vier Minuten. Als die ersten Schweißtropfen auf ihre Stirn treten, beenden sie das Ganze und nehmen Platz in ihren Autos, um zu ihrem zehn Minuten entfernten Haus zu fahren.

Zurück zur Wohnung gehen wir über Schleichwege, vorbei an nummerierten Wassertanks, und machen halt in einem Hinterhof, auf dem sich zwei Badmintonplätze befinden.

Zwar liebt die Nation Cricket. Aber Badminton ist der inoffizielle Freizeitsport der wachsenden Mittelklasse. Man kann es an vielen Orten und einfach mal zwischendurch spielen. Wenn man nicht möchte, muss man sich dabei auch nicht übermäßig anstrengen – ein besonders attraktiver Aspekt für eine Gesellschaft, die wenig athletische Ambitionen hat. Hier hätte ich aufwachsen sollen! Ich wäre kein Opfer romantisch verklärter Naturverbundenheit gewesen. Bergsteigen, Skifahren, Fußballkicken, bis zur Erschöpfung Leistung bringen, auch wenn's wehtut, »da muss man halt durch« – in Delhi wäre ich davor bewahrt geblieben. Diese Einstellung hat im Übrigen nichts mit Faulheit zu tun (abgesehen von den Fällen, in denen sie mit Faulheit zu tun hat). Der Subkontinent schreibt einen anderen Biorhythmus vor. Wer sich dem nicht anpasst, bekommt das schnell am eigenen Leib zu spüren. So wie ich.

Saskya und ich spielen eine Runde. Gegen den ehemaligen Badminton-Champion der Wohnsiedlung Kaka Nagar habe ich keine Chance. Als Tennislaie hätte ich nicht gedacht, wie schwer es mir fallen würde, auch nur einen Punkt gegen jemanden zu erzielen, der kleiner ist als ich und weniger Kraft besitzt. Die zierliche Frau hetzt mich über den Platz. An dessen Rand unterhalten sich Haushaltshilfen. Sie verstummen, als sie Zeuge meiner unkoordinierten Bewegungen werden. Rasch folgt meine Niederlage. Ich schiebe meine schlechte Verfassung auf den Jetlag. Nach zehn Minuten fühle ich mich so erschöpft wie nach einem anderthalbstündigen Lauf. Für eine Revanche bleibt zu meinem Glück keine Zeit. Das nächste Paar wartet schon: ein Großvater und seine Enkelin. Wir ziehen uns zurück und sehen ihnen zu. Der Großvater ist agiler als ich. Jede seiner Bewegungen scheint mühelos. Und ist dabei doch so fließend. Der Federball saust mit einer Geschwindigkeit übers Netz, dass ich ihm mit bloßem Auge kaum folgen kann.

Das Tageslicht schwindet, die Temperaturen fallen spürbar. Ein Trompeter der nahen Kaserne bläst zum Zapfenstreich. Er konkurriert mit dem Ruf des Muezzins der benachbarten Moschee. Mit einem Mal ist die Sonne verschwunden. Die Enkelin und ihr Großvater setzen ihre Partie im Flutlicht fort.

Wir kehren in die Wohnung zurück. Im Bad wasche ich mir den Schweiß von der Haut. Danach stärke ich mich mit Käsetoast, von Urmila zubereitet. Das bescheidene kulinarische Erbe der einstigen Kolonialmacht. Ich gucke Fernsehnachrichten. Auf ›Times Now‹ brüllt Arnab Goswami, ein prominenter Moderator mit dem Seitenscheitel-und-Brillen-Antlitz eines verwöhnten Lieblingssohnes, seine Talkshowgäste nieder. Er ist sein eigenes Echo. Mit seiner penetranten Stimme feuert er Wortsalven auf seine Gäste à la: »You did? Did you not? Did you? Or did you not? You didn't? Ah! You did! Didn't you?« Mein Herzschlag beschleunigt schneller als beim Badminton. Ich schalte um. Auf ›NDTV‹ ist der Bildschirm in acht Abschnitte unterteilt. Jeder zeigt einen Politiker oder Journalisten, zugeschaltet aus einem anderen Teil des Landes. Einer hockt versonnen grinsend in, wie es scheint, seinem Wohnzimmer. Ein anderer döst hinter einem Schreibtisch vor sich hin. Zwei weitere liefern sich ein Schreiduell von epischen Ausmaßen. Weniger der Inhalt der hier geführten Debatten, sondern deren Form erinnert mich an Deutschland: Jeder ist ein Experte und hat zu allem eine Meinung.

Als draußen der Wächter wieder Metronom spielt, fragt Saskya mich, wie mein erster Eindruck sei. Sie blickt mich aufmerksam an. Ich weiß, worauf sie hinauswill. Sie hofft, die Erkundungstour durch Vasant Kunj war nicht nur für sie ein Spaziergang durch die Zukunft.

Ich überlege kurz, bevor ich antworte. Ich sage ihr, dass es mir vorkommt, als wäre dies nicht mein erstes Mal in Indien. So fremd dieses neue Umfeld auch sein mag, dank ihr fühle ich mich nicht fremd.

Saskya lächelt erleichtert. Eine gute Antwort.

Auch wenn sie nicht der Wahrheit entspricht. Ich fühle mich durchaus fremd. Aber wie soll ich ihr mitteilen, dass ich mir nicht so richtig vorstellen kann, eines Tages mit dem Sabzi-Wallah auf Hindi den Preis einer Mango zu verhandeln oder mit Makaken um einen Parkplatz zu kämpfen oder im Sports Complex trotz neunzig Prozent Luftfeuchtigkeit zu joggen?

Ich liebe diese Frau. Ich will sie nicht verlieren.

## Hochzeiten

Am nächsten Tag sind wir zu einer Hochzeit eingeladen. Einer Punjabi-Hochzeit. Saskya warnt mich, das werde ein traumatisches Erlebnis. Punjabis gelten als die unangefochtenen Könige des Pomp. Man trifft sie vor allem in ihrem Heimatstaat Punjab an (von dem es eine Variante in Pakistan und eine in Indien gibt), aber dank ihrem stark ausgeprägten Selbstbewusstsein gepaart mit Unternehmergeist begegnet man ihnen ebenfalls überall sonst – auf dem Subkontinent, in einem kanadischen Taxi, auf einer Milchfarm in der Toskana oder in einem Lokal an der Ostsee.

Ich gebe mich sorglos. Wie schlimm kann es schon sein. Schließlich bin ich unter deutschen Punjabis aufgewachsen: in Bayern. Als die Tochter einer Freundin meiner Mutter in Königsdorf heiratete, musste sie auch die unpopulären Zug'roasten auf die Gästeliste setzen. Zur Hochzeitszeremonie suchte meine Familie an einem Samstagmorgen die Kirche auf – ein exotischer Ort für mich, das Kind atheistischer Eltern. Normalerweise verschlug es mich nur in die Kirche, wenn meine Klasse zum Jahresbeginn dem katholischen Gottesdienst beiwohnte. (Trotzdem wurde es mir keinmal erlaubt, den Leib Christi zu essen.)

Bei der Hochzeitspredigt hallte die Stimme des Pfarrers finster. Jemand unterdrückte ein Husten. Kirchenbänke ächzten unter dem

Gewicht bayerischer Pfundskerle. Die andächtige Stimmung unterschied sich meiner Meinung nach nicht wesentlich von der bei einer Beerdigung. Das Kleid der Braut sah aus wie jedes andere, ein löwenzahnpollenweißes, raschelndes Büschel. Der Pfarrer wies das Brautpaar darauf hin, dass sie von nun an immer zu dritt seien. Man sieht ihr die Schwangerschaft gar nicht an, dachte ich. Die Erläuterung des Pfarrers verdeutlichte, dass ich eine unfromme Erziehung genossen hatte: »Ehemann, Ehefrau und Gott.« Ich stellte mir einen weißbärtigen Mann im Bett des Brautpaars vor. Hin und wieder musste die Hochzeitsgesellschaft aufstehen und laut »AMEN!« sagen. Anders als meine heidnische Familie schienen die meisten Leute zu wissen, zu welchem Zeitpunkt. Oder gab es ein geheimes Signal? Ich imitierte andere. Einmal rief ich an falscher Stelle: »AMEN!« Niemand drehte sich zu mir um. Die abgekehrten Rücken vor mir waren noch strafender als Blicke. Orgelmusik setzte ein. So festlich die Melodien auch waren, ihnen haftete etwas Bedrohliches an. Der Bräutigam bekam beim Verlassen der Kirche Reis ins Auge und musste mit Augentropfen behandelt werden. Glückliche Tauben entsorgten den Reis auf den Steinstufen. Die Gesellschaft wanderte zu Fuß zum Gasthof. Dort empfing uns Blasmusik. Jeder Musiker hatte ein halb leeres Bierglas neben sich stehen. Dutzende Schweine hatten für diesen Tag ihr Leben gelassen, die Bedienungen servierten ausladende Teller voller Knödel, Bratensoße und Fleisch. Freunde des Bräutigams zeigten mit einem Diaprojektor Privatbilder aus seiner pubertären Vergangenheit: Heavy-Metal-T-Shirt, spröde Langhaarfrisur, eng sitzende schwarze Lederhosen (nicht die bayerische Variante), zierlicher Oberlippenbart. Schadenfrohes Gelächter folgte, an dem sich insbesondere Alleinstehende und unglücklich Verheiratete beteiligten. Kurz darauf war die Braut verschwunden. Jemand hatte gesehen, wie sie mit ein paar männlichen Freunden aus dem Saal geschlichen war. Brautklau! Der Bräutigam brach zur Suche auf. Nach ein oder zwei Stunden fand er sie in einer Wirtschaft, wo sie mit den Männern zechte. Die Rechnung musste der Bräutigam bezahlen. So gewann er die Braut zurück. Eine lustige Tradition. Für alle außer den Bräutigam.

Der Abend der Hochzeit in Delhi beginnt dort, wo jeder Abend in Delhi beginnt: im Auto. Feierabendverkehr? Nein. Stau ist in der Stadt ein Dauerzustand. Welche Dimensionen dieser annehmen kann, darauf haben mich zahllose Dokumentationen über das »bunte, chaotische Indien« im deutschen Fernsehen vorbereitet. Während unserer, ja, Reise zur Hochzeit gehe ich einer aus dem Zeit- überschuss geborenen Zerstreuung nach: Auf den Straßen lassen sich wie an keinem anderen Ort Delhis alle sozialen Schichten beob- achten. Der Stau ist eine gerechte Instanz, jeder wird von ihm gleich behandelt. Ferraris bewegen sich im gleichen Tempo wie Mulis, die Karrenwagen mit Geröll hinter sich herziehen. Kaum einer beachtet die Straßenverkehrsordnung. Die allgemeine Regel lautet: Solange es uns voranbringt, ist es erlaubt. Das Treiben aber als Chaos zu be- zeichnen, wäre falsch. Der Strom aus Fahrzeugen bewegt sich orga- nisch fort: Rikschas, auf deren Rückspiegeln Bollywood-Stars kle- ben, die ihre Fahrgäste verführerisch anlächeln. Ein BMW mit verdunkelten Fensterscheiben, die nur heruntergelassen werden, als der Besitzer sich einer Dose Red Bull entledigt. Lieferantenjungen von McDonald's auf Motorrädern. Eine Ausnahmeerscheinung: ein suizidaler Fahrradfahrer der Mittelschicht, den man an seinen Knieschützern, seinem aerodynamischen Fahrradhelm und nicht zu- letzt dem blitzblank geputzten Mountainbike erkennt. Handbemalte, kunstvoll verzierte Trucks, die allesamt mit individuellen Melodien zum Hupkonzert beitragen. Denn jeder hupt bei jedem Manöver. Man könnte meinen, ganz Delhi sei zur Hochzeit unterwegs. So manche Ampel bleibt fünf Minuten lang rot. Das ideale Zeitfenster für Kinder, um gegen die Fensterscheiben zu klopfen und Zucker- watte, Angry-Bird-Luftballons oder Handy-Ladegeräte anzuprei- sen, die man in Zigarettenanzünder steckt.

An einem Kontrollpunkt werden wir von der Delhi Police ange- halten. Eine Einsatztruppe aus Schnauzern und Potbellys, die Klon- brüder der Flughafen-Grenzkontrolle. Auf ihren Straßensperren steht:

TRUE WE SLOW YOU DOWN.
BUT WE TRY NOT TO LET CRIMINALS SLIP BY.

Sie überprüfen, ob Fahrer und Beifahrer angeschnallt sind. Ein relativ neues Gesetz. An einer Straßenkreuzung verkauft ein Mann weiße T-Shirts mit aufgedrucktem schwarzem Gurt, damit man angeschnallt aussehen kann, ohne es sein zu müssen. Nach fast zwei Stunden erreichen wir die angegebene Adresse. Saskya gibt Jaswant Geld, damit er sich warmes Abendessen besorgen kann. Der Veranstaltungsort befindet sich ein paar Kilometer entfernt vom Parkplatz. Alle Gäste werden mit Golfcarts befördert. Saskya darf neben dem Fahrer Platz nehmen, damit ihr Sari nicht verrutscht. Als echter Kerl soll ich hinten stehen, wo sonst die Golftaschen abgestellt werden. Ich klammere mich am Dach fest. Wir rasen eine beleuchtete Heckenallee entlang und stoppen vor einem Springbrunnen mit phallischen, wasserspritzenden Blütenfontänen. Zwei Männer mit Turbanen verbeugen sich und halten uns den Eingang zum Festzelt auf. Drinnen gruppieren sich über tausend Gäste um Heizpilze. Draußen sind zehn Grad Celsius. Das lässt sich keine der anwesenden Punjabi-Damen anmerken. Zugegeben, manche sind angesichts ihres Winterspecks gut isoliert. Sie tragen mehr Goldschmuck als ein Weihnachtsbaum Lametta. *Mehndi*, kunstvolle Bemalung mit Henna, ziert ihre Hände, Dutzende Armbänder panzern ihre Unterarme. Kellner reichen uns Whisky, Black Label, und scharfes, köstliches *Chicken Tikka*. Auf einer Bühne am anderen Ende des Zeltes ertönt Musik aus meterhohen Lautsprechern. Mannigfarbige Scheinwerfer. Das Brautpaar läutet Tanznummern ein: Auf ›My Heart Will Go On‹ folgt ein Song aus dem aktuellen Blockbuster ›The Dirty Picture‹. Wie kann die Braut so herumwirbeln, ohne dabei über ihr *Lehenga*, ihren langen Hochzeitsrock, zu stolpern? Die perfekte Choreografie erinnert mich an Musikvideos von Michael Jackson. Die Hochzeitsschar jubelt. Unterhaltungen finden im Ruf-Modus von Nachtclubs statt. Stunden später wird das Buffet eröffnet. Drei Dutzend Gerichte dampfen und locken die

Gäste an. Südasien und der Westen vereinigen sich in einem golfballgroßen, vegetarischen Curry-Hamburger. Alle langen zu – und gehen dann. Nicht aus Unhöflichkeit. Das Essen markiert den Höhe- und Schlusspunkt des Abends.

Auf der Heimfahrt bin ich still. Mein Bauch ist so voll wie mein Kopf. Das war alles ein bisschen viel.

Saskya fragt: »War das alles ein bisschen viel?« Sie klingt besorgt. Ich demonstriere mein überzeugendstes Kopfschütteln.

Draußen fliegt die Stadt vorbei. Jaswant drückt aufs Gas. Die Straßen sind leer und er will nach Hause.

»Nicht jede Hochzeit ist so«, sagt Saskya. Selten hat mich jemand so leicht durchschaut. Diese Frau ist beängstigend schlau.

»Willst du irgendwann heiraten?«, frage ich sie.

»Ich hatte es nie vor.«

»*Hatte*?«

Sie unterdrückt ein Grinsen.

»Du hast recht«, gestehe ich, »das war ein bisschen viel. Wer waren all diese Leute?«

»Geschäftspartner, ehemalige Schullehrer, Freunde von Freunden von Freunden«, sagt sie. »Einer davon: du.«

»Wie kann man so viele Menschen kennen?«

»Du klingst neidisch.«

»Ich *bin* neidisch«, sage ich.

»Brauchst du nicht sein. Das Brautpaar kannte wahrscheinlich nicht mal die Hälfte der Gäste. Aber bei diesen Hochzeiten geht es ja auch nicht ums Brautpaar, sondern um deren Familien. Sie demonstrieren ihren sozialen Status. Größe und Quantität sollen klare Signale senden.«

»Für meine Hochzeit«, sage ich, »würden mir kaum hundert Personen einfallen. So viel zu meinem Signal.«

»Willst du irgendwann heiraten?« Ihr Schmunzeln sagt, dass sie mich aufzieht. Ihre Augen sagen etwas anderes.

»Ich hatte es nie vor.«

# Die Unmöglichkeit eines Mädchens

Ich hatte auch nie vor, Indien zu besuchen. Ich hatte nie vor, eine Beziehung mit einer Schriftstellerin zu führen. Und ich hatte ganz sicher nie vor, eines Tages nach Delhi zu ziehen.
Aber ich hatte auch nie vor, mich zu verlieben.

Als ich siebzehn Jahre alt war, verbrachte meine Familie jeden freien Tag auf Menorca, genauer gesagt in Binidali, einer Wohnsiedlung auf der Südseite der Insel, wo sich saisonbedingt mehr Engländer, Schweizer und Deutsche als Spanier aufhielten. Die weiß gestrichenen Ferienhäuser sahen aus, als seien sie einer Raffaello-Werbung entsprungen. Nach einem Sturm mussten Wände und Terrassen mit Hochdruckreinigern sauber gewaschen werden, weil sie vom roten Sand der Sahara überzogen waren. Ansonsten gestaltete sich die Zeit in Binidali berückend ereignislos – außer dem einen Mal, als der gewagte Sprung meiner Mutter in Plateauschuhen von einer hohen Mauer ihr ein Loch im Schädel, eine Nahtoderfahrung und etliche Wochen in einem verdunkelten Krankenzimmer auf der Nachbarinsel Mallorca bescherte. Abgesehen davon galten ein entflohener Winddrachen oder Quallen in der Bucht von Binidali als Neuigkeit, über die man mit den Nachbarn palaverte. Da ich ein unsportlicher Jugendlicher war – mich nicht um naheliegende Aktivitäten wie Schnorcheln, Tauchen, Wasserski scherte, ja, selbst so einfachen Vergnügungen wie Plantschen im Pool mit anderen bloß nachging, um der Sorge meiner Eltern entgegenzuwirken, ich sei autistisch veranlagt –, vertrieb ich mir die Zeit überwiegend mit dem Aufstellen einer mächtigen Armee. Ich baute die Zinnsoldaten eines Science-Fiction-Strategiespiels zusammen, in dem sich die Völker des Universums bekriegten. Orks gegen Menschen, Menschen gegen Mutanten, Mutanten gegen Orks. Detailversessen bemalte ich sie mit einer Auswahl an Dutzenden von Feinhaarpinseln und über hundert Farbtöpfchen und studierte bis tief in die Nacht hinein die Regelbücher dieses so kostspieligen wie zeitaufwendigen Hobbys.

Manchmal waren meine Finger vom Sekundenkleber so verkrustet, dass ich mit einem Taschenmesser die oberste Hautschicht abkratzen musste. Bei den Schlachten mit anderen Kriegsherren, also gleichgesinnten Nerds, hatte ich noch kein einziges Mal verloren, weil ich die Regeln pedantisch auswendig lernte. Meine Armee umfasste über tausend Soldaten. In ihnen steckten Monate meiner Lebenszeit, gebeugt über Kreaturen mit Tentakeln und verschlissenen Plattenrüstungen und biomechanischen Greifarmen.

Meinem Vater, der als Nachkriegskind schon mit dreizehn Jahren seine Jungfräulichkeit an ein Kindermädchen verloren hatte, bereitete mein Hobby Kummer. Im Sommer 1999 nahm er mich beiseite, als wir, wie jeden Abend, die im Meereswind flatternde Harley-Davidson-Flagge einholten, die er als passionierter Biker auf unserem Grundstück gehisst hatte. »Irgendwann wirst du merken, dass es noch wichtigere Dinge gibt als diese Figuren«, sagte er zu mir.

Ich mochte es nicht, wenn er das Wort verwendete. Mein wichtigster Lebensinhalt war mehr als das. »Es sind *Miniaturen*«, sagte ich.

»Von mir aus. Miniaturen. Es kommt der Tag, an dem sie dir egal sein werden.«

»Das wird nie passieren.«

»Oh doch, glaub mir.«

»Es gibt viele Erwachsene, die das spielen.«

»Und was sind das für Erwachsene? Christopher, willst du nicht lieber mal ausgehen?«

Ein sehnlicher Wunsch meines Vaters. Regelmäßig steckte er mir Geld zu und versprach, mich zu jeder Nachtzeit mit dem Auto abzuholen, solange ich nur endlich Party machen ging, wie andere Teenager.

Ich investierte das Taschengeld lieber in meine Orks.

»Was ist mit Mädchen?«, fragte er mich, während er die Harley-Davidson-Flagge zusammenfaltete.

»Was soll mit ihnen sein?«

»Wenn es erst einmal ein Mädchen in deinem Leben gibt, wird sich alles ändern.«

»Das glaube ich nicht.«

»Warten wir's ab«, sagte mein Vater. »Wer weiß, vielleicht verliebst du dich ja?«

»Hab ich nicht vor.«

Selbst für einen Siebzehnjährigen war ich bestechend stolz und dumm. Außerdem mutlos. Längst hatte ich akzeptiert, dass sich nie ein Mädchen für mich interessieren würde. Trotz meiner Bemühungen, auf meine Ernährung zu achten – exklusive Unmengen Schokolade und Sahnetorte –, hatte ich meinen Babyspeck noch immer nicht abschütteln können, sodass ich selbst dann einen Schwimmring mit mir herumschleppte, wenn wir nicht im Sommerurlaub waren. Obwohl meine Frisur – kinnlanges, glattes Haar plus Mittelscheitel – mir kaum behagte, trug ich sie aus Starrsinn, weil mein Vater mir empfohlen hatte, das Haar kurz zu schneiden; ich sähe aus wie Jesus. Und das begehrteste Mädchen unseres Jahrgangs hatte mir vor Kurzem mitgeteilt, dass ihre Eltern mich auf dem Klassenfoto für ein »zentnerschweres Weibsbild« gehalten hatten.

Inzwischen hatte ich die Unmöglichkeit eines Mädchens in meinem Leben so verinnerlicht, dass es die klaren Worte eines Freundes brauchte, um mir die Augen zu öffnen. Markus hatte einen kompakten Körperbau, den wankenden Gang eines Seemannes und eine raue, direkte Art, mit der er meine Eltern bezirzte. Gerne zitierte meine Mutter seinen Standardsatz, den er zum Besten gab, wenn sie ihm Essen offerierte: »A bisserl was geht imma!« Von meinen Freunden war Markus der Einzige, der sich offen für Sexualität begeisterte. So offen, dass er nachts hemmungslos masturbierte. Selbst wenn wir im selben Zimmer schliefen, wie im Sommer 1999, als er uns auf Menorca besuchte und mich kurz nach seiner Ankunft auf Cynthia hinwies.

Vermutlich hatte mein Vater ihn dazu angestiftet. Cynthia war die Tochter einer Spanierin und eines deutschen Kraftfahrers. Zusammen betrieben sie eine Bar auf der höchsten Erhebung in Binidali, wo die Touristen gezapftes Bier aus Deutschland tankten und

Calamari in *Mayonesa* tunkten. Zur Hochsaison musste Cynthia an vielen Abenden aushelfen. Tagsüber, das hatte sich mittlerweile so eingespielt, verbrachte sie zig Stunden bei uns, tobte mit Anna, meinem wasseraffinen Geschwisterchen, im Pool oder las im Schatten der Forsythienhecke einen Wälzer von Stephen King – während ich alle Aufmerksamkeit meiner ungeschlagenen Zinnarmee widmete.

»Warum denkst du, hängt sie dauernd hier rum?«, fragte mich Markus. »Weil sie dir so gern beim Malen zusieht? Glaubst du, wegen der Figuren räkelt sich das Mädel keine zwei Meter von dir entfernt in einem Bikini?«

»Es sind Miniaturen.«

»Kapier endlich: Du gefällst ihr«, sagte Markus. »Mach doch mal was mit ihr!«

Ich machte was mit ihr. Videoabende. An dieser Stelle muss ich Stephen King danken, unserem Amor. Ohne die etlichen langatmigen Verfilmungen seiner Bücher wären Cynthia und ich nie zusammengekommen. Sie schenkten mir die Zeit, die ich brauchte, um mich ihr anzunähern. Am Ende des Sommers waren wir ein Paar. Die Prophezeiung meines Vaters erfüllte sich. Obwohl ich ein monumentales Strategiespiel-Turnier in Königsdorf ausrichten sollte, lag mir nichts mehr daran. Ich wollte auf Menorca bleiben, bei Cynthia, meiner *Freundin*. Aber das konnte ich nicht. Sonst hätte ich meinem Vater recht gegeben – und ich war ja noch immer stolz und dumm (wenn auch nicht mehr ganz so mutlos). Darum reiste ich ab. Unter Tränen verabschiedeten wir uns am Flughafen. Dabei wussten wir, dass wir uns schon eine Woche später wiedersehen würden; Cynthia sollte mich in Bayern besuchen. Bei meinem Turnier verlor ich jede einzelne Schlacht. Danach verschwanden die *Figuren*, wie ich sie jetzt nannte, in Umzugskartons auf dem Speicher. Die freigesetzte Energie steckte ich in meine Beziehung mit Cynthia und pendelte drei Jahre lang zwischen Oberbayern und Menorca. Wir telefonierten jeden Tag. Irgendwann telefonierten wir nicht mehr jeden Tag. Wir schworen uns, trotz divergierender Zukunftswünsche für immer zusammenzubleiben. Wir trennten uns am Telefon.

Mein Vater tröstete mich. Erstmals wurde mir bewusst, wie gut er darin war. Der Selbstdarsteller gab keine Ratschläge, zeigte sich nicht gelangweilt. Er war einfach da. Hörte mir zu. Umarmte mich. Ein Mann, der sich nicht dafür schämte, liebevoll zu sein. »Es werden noch andere kommen«, versprach er. Diesmal glaubte ich ihm. Ich hatte nicht vorgehabt, mich zu verlieben. Und ich hatte erst recht nicht vorgehabt, meine erste Liebe zu verlieren. Aber beide Erinnerungen möchte ich nicht missen.

## Das Schimmern der Erleichterung

Im Januar 2012 treffen Saskya und ich Vorkehrungen für eine Reise nach Jaipur zum größten Literaturfestival Asiens. Niemand weiß, dass ich heimlich Vorkehrungen für eine sehr viel waghalsigere Reise treffe: Ich will Saskya heiraten.

Vieles spricht dagegen. Die Wahrscheinlichkeit, dass wir in fünf, in neun, in dreißig Jahren noch glücklich, ach was, zufrieden verheiratet sind, ist verschwindend gering. Mein eigener Vater hat vier Mal geheiratet. Fast alle Eltern im Bekanntenkreis sind geschieden oder führen Grabenkampf-Ehen. Zumindest haben einige von denen Gott. Als Atheist kann ich nicht einmal auf ihn zählen. Mein Entschluss hat nichts mit Glauben zu tun, jedenfalls nicht mit religiösem. Ich weiß, dass ich mit Saskya leben möchte. Auch wenn ich kaum zwei Monate an ihrer Seite verbracht habe, bin ich mir sicher: Eigentlich sollte es jemanden wie Saskya gar nicht geben. Meiner Erfahrung nach muss man bei einer Partnerschaft stets Kompromisse eingehen. Entweder man bindet sich an eine Person, die lebensbejahend und aufregend ist und ebenso unzuverlässig. Oder man lässt sich auf eine treue Seele ein und bezahlt dafür mit rasch eintretendem Überdruss.

Saskya ist die Frau ohne Kompromisse. Wenn sie nicht diejenige welche ist, dann ist es keine.

Schon klar: Ich bin liebesblind, viel zu romantisch veranlagt. Ich muss doch gar nicht heiraten. Niemand erwartet das von mir. Weder Saskyas Familie noch meine. Ich sollte abwarten, ein bisschen Zeit verstreichen lassen, schauen, wie sich alles entwickelt, ehe ich epochale Entscheidungen treffe. In ein paar Wochen werde ich das alles womöglich ganz anders beurteilen.

Aber ich will nicht abwarten. Ich liebe sie. Für einen Antrag gibt es keinen besseren Zeitpunkt als jetzt.

Bleibt nur die Frage: Wann genau ist jetzt?

Dichter Nebel wabert durch Delhis Straßen. Man kann nicht wissen, ob die Sonne schon aufgegangen ist. Unser Zug nach Jaipur fährt in einer halben Stunde ab. Jaswant bringt Saskya und mich zu einer Bahnstation. Wo sich diese befindet, weiß von uns keiner so genau. Die Schwaden gleichen den Spezialeffekten in einem Musikvideo der Achtziger. Schrittgeschwindigkeit wäre angebracht. Wäre. Jaswant hat den Kopf vorgestreckt, er blinzelt in die milchig-graue Luft, hupt konstant – das Tempo verringert er nicht. An Kreuzungen tauchen aus allen Richtungen Fahrzeuge auf. Wir umkurven sie knapp. »Ich will noch nicht sterben«, sage ich zu Saskya. Daraufhin bittet sie Jaswant, das Tempo zu drosseln. Er nimmt den Fuß vom Gas und beschleunigt dann erneut. In Decken und Handtücher Eingemummte wandern am Straßenrand zur Arbeit. Manche schlottern. Das Thermometer zeigt sieben Grad Celsius, die feuchte Kälte dringt tief ein. Wir halten immer wieder und fragen nach dem Weg. Keiner sagt, dass er ihn nicht kennt. Einige deuten ins Ungefähre, wenige schweigen. Wir kommen schleppend voran, von Kreuzung zu Kreuzung. Eine Schnitzeljagd.

Jaswants Fahrstil wird belohnt: Wir treffen rechtzeitig ein. Der Zug trägt uns aus der vom Nebel belagerten Stadt. Nachdem wir unsere Sitzplätze gefunden haben, schlafen wir fast augenblicklich ein. Keine Kraft für Heiratsanträge.

Am Bahnhof in Jaipur fallen Taxifahrer über uns her. Ich übe meine ersten Worte auf Hindi: »Nahin, driver hä.« Das lässt sie kurz stutzen. Worauf sie etwas erwidern. Als sie begreifen, dass ich nicht begreife, geht das Spiel von vorne los.

In unserem Hotelzimmer im siebten Stock sind wir nicht allein. Ein Bambusgerüst umhüllt das Glasgebäude, das renoviert werden soll. Arbeiter laufen unbekümmert in luftiger Höhe, als balancierten sie eine Bordsteinkante entlang. Sie bemerken uns, gucken nicht weg. Ich erwidere ihre Blicke. Sie gucken weg. Sehen kurz darauf aber wieder her. Wir schließen die Vorhänge. Im Straßenverkehr Delhis habe ich mir schon einige Starrduelle geliefert. Wer zuerst wegsieht, verliert. Ich habe oft verloren. Inzwischen nehmen meine Siege zu. Dafür muss ich aber etliche Sekunden durchhalten. Meistens sind es Männer. Frauen beobachten diskreter. Die neugierigen Blicke sind aufdringlich, aber selten aggressiv gemeint. Sie erinnern mich daran, dass ich nicht von hier bin. Was vollkommen in Ordnung ist. Ich bin ja nicht von hier.

Auf zum Diggi Palace. Dort findet das »Litfest« statt.

In Indien spricht niemand vom Sterben der Buchbranche. Im Gegenteil, die Leserschaft, insbesondere die englischsprachige, wächst rapide, Auflagen steigen, ein großer ausländischer Verlag nach dem anderen gründet seine Vertretung in Delhi. Mittlerweile gibt es landesweit über sechzig Literaturfestivals. Wobei Jaipur das unangefochtene Flaggschiff darstellt. Gegründet wurde es maßgeblich von William Dalrymple, ein britischer Autor, der sich schon seit den frühen Neunzigern in der Kulturszene Delhis manifestiert. In der Wintersaison ist er omnipräsent. Ein Ding der Unmöglichkeit, ihm nicht auf einer der zahlreichen Sausen zu begegnen. Seiner bärenhaften Umarmung entkommt man nicht, mit seinem Nikolaus-Lachen bläst er alle unangenehmen Situationen hinfort. Seine Funktion als Kodirektor des Festivals hat ihn zu einem begehrten Mann gemacht. Welcher Autor möchte nicht einmal vor Hunderten von Menschen glänzen? In Jaipur kein Problem. Selbst dröge Themen finden hier Zuhörer. Dank freiem Eintritt strömen Tausende zum Diggi Palace und verstopfen die Zugangsstraßen. Vorträge, Diskussionen, Lesungen in farbenfrohen Räumlichkeiten, benannt nach den Geldgebern: »Google Mughal Tent« oder »British Airways Baithak«. Ob diese auch Einfluss auf Gästeliste und Gesprächsthemen nehmen? Keinesfalls – sagen die Organisatoren. Kluge und weniger kluge Geistesmenschen referieren auf der Bühne, begleitet von einer Brise Wüstenwind und der Zuversicht, dass eine gut besuchte Veranstaltung immer eine erfolgreiche Veranstaltung ist. Selbst Menschen, die selten ein Buch in die Hand nehmen, lassen sich die Gelegenheit nicht entgehen, einen Blick auf die Prominenz zu erhaschen. Rushdie, Naipaul, Franzen. Die üblichen Blaublütigen.

Dieses Jahr kommt Oprah Winfrey. Vor Kurzem gab sie bei einem Dinner in Mumbai einen unbedachten Kommentar von sich: »I heard some Indian people eat with their hands still.«

Ihrer Popularität unter diesen Menschen, die *noch immer* mit den Händen essen, tat das keinen Abbruch. Bei ihrer Veranstaltung wird nach kurzer Zeit niemand mehr ins Zelt gelassen. Überfüllung.

Noch begehrter als die Events des Festivals sind die exklusiven Dinnerpartys. Am ersten Abend lädt Penguin Press ein. Der Verlag hat den Innenhof des Taj Rambagh Palace gemietet, der ehemalige Wohnsitz der Königsfamilie Jaipurs, den sich mittlerweile die Hotelkette Taj einverleibt hat. Wo früher der Adel marmorne Korridore entlang wandelte, schlurfen nun krebsrote Orienttouristen in Birkenstocksandalen rum, die bei jeder Begegnung ihr *Namaste* proben. Blütenblätter am Boden weisen den Weg zur Party. Auf dem Rasen stecken brennende Fackeln. Das Hotelpersonal in traditioneller Livree huscht zwischen Stehtischen umher. Ihnen wurde eingebläut: immer lächeln und verbeugen. Sie servieren Whisky und Gin Tonic auf Silbertabletts, lassen nur die gewünschte Anzahl an Eiswürfeln ins Glas plumpsen und bedanken sich, als wir uns eins nehmen, für – ja, was?

Auf den ersten Blick fühle ich mich an Empfänge der ehemaligen Kolonialherren erinnert. Kein fairer Vergleich. Und dennoch. Etwas aus den vergangenen Tagen blitzt hier und da auf. In Dialogen pompöser Herren mit britischem Zungenschlag. Oder in den Augen eines Kellners, als er von einem Bollywood-Star angeraunzt wird. Der Glanz, der die Gäste umgibt, ist bei genauerem Hinsehen nur das Schimmern der Erleichterung. Man gehört zum inneren Zirkel, zu denen, die bedient werden, die lang aufbleiben und trinken können, weil sie morgens nicht zur Arbeit müssen, die bei der Sicherheitskontrolle am Hoteleingang selbst dann durchgelassen werden, wenn der Metalldetektor piepst.

Die Gesellschaft lässt sich am besten über den Glasrand hinweg beobachten: *Mut zur Farbe!* könnte das Motto des Abends lauten. Damen in seidenen Saris, die nur Millimeter über dem Boden schweben. Lackierte Fußnägel. Feuerrote, aufgemalte *Bindis*, Punkte, auf der Stirn, deren Volumen in direktem Verhältnis zum feministischen Eifer ihrer Trägerinnen steht. Männer in Leinenjacketts mit azurblauen Einstecktüchern. Manschettenknöpfe. Kajal-geschwärzte Augen. Dazwischen ein ausländischer Gast in zerknitterter Erscheinung, den niemand vorgewarnt hat, er soll seinen Blazer einpacken. William Dalrymple, gehüllt in eine luftige, eierschalenweiße Kurta, empfängt mit einem unzerstörbaren Lächeln Neuankömmlinge. Prominente Autoren veranschaulichen das Newton'sche Gravitationsgesetz; als literarische Schwergewichte werden sie von aufstrebenden Autoren umkreist. Chandrahas, unser Freund, ist in der Menge nicht auszumachen; aber sein schallendes Lachen weist uns den Weg zu ihm.

Wie sehr sich diese Gesellschaft auf eloquente Konversation versteht! Ich beneide sie darum. Man stellt einander vor, mit charmanten Worten. Immer wird an den richtigen Stellen gelacht. Eine Unterhaltung zwischen Fremden fließt so gleichmäßig dahin, als wären sie alte Bekannte. Beleidigungen sind als Komplimente verpackt: »Beeindruckend, dass du *überhaupt kein* Make-up verwendest. Du siehst *so natürlich* aus!« Und das schlimmste Verbrechen, welches um jeden Preis vermieden wird: eine Gesprächspause.

Dabei schafft vor allem eine aktuelle Nachricht Abhilfe: *Pornos im Parlament.* Zwei Minister der konservativen Regierung des Bundesstaats Karnataka wurden während einer Sitzung des Parlaments dabei gefilmt, wie sie auf dem Smartphone eines dritten Ministers diverse Sexualakte studierten. Unter ihnen auch der Minister für Frauenangelegenheiten und der Minister für »Kooperation« (kein Scherz), der behauptete, sie hätten sich nur über die Gräueltaten informiert, die in anderen Ländern an Frauen verübt werden.

Zu uns stößt die argentinische Autorin Pola Oloixarac. Ich habe sie während des International Writing Programs der University of Iowa kennen- und fürchten gelernt. Damals wohnte sie im Zimmer nebenan, wo sie nach Einbruch der Dunkelheit die Arie der Königin der Nacht übte. Polas Lachen hat etwas Herausforderndes. Sie verschleiert, wie klug sie ist. Wahrscheinlich aus der Erfahrung, dass Männer sonst eingeschüchtert sind.

Pola beglückwünscht mich zu Saskya. Im Laufe des Abends drängt sie mich in Saskyas Gegenwart mehrmals, dieser einen Heiratsantrag zu machen. Ihre Forschheit erinnert mich an ein Thanksgiving in Iowa. Da fragte Pola eine Frau, die Flyer ihrer christlichen Gemeinde verteilte, ob Juden denn auch in den Himmel kämen. Ich unterdrücke ein Grummeln und danke Pola für diesen ausgezeichneten Hinweis.

Meine zukünftige Frau wird nun also annehmen, eine südamerikanische Diva hätte mich auf die Idee gebracht. Ich verschiebe den Antrag lieber auf den nächsten Abend.

Aber diesmal kommt mir Chicken Tikka dazwischen. Ein Kellner bietet es mir im Halbdunkel einer weiteren Party an. Mein Hunger lässt mich zugreifen. Noch beim Kauen denke ich: Das schmeckt irgendwie seltsam, nicht so, wie das schmecken sollte. Ich schlucke trotzdem runter. Ein Fehler.

In dieser Nacht bin ich an die Toilette gefesselt. Eine Initiation, die alle Besucher Südasiens früher oder später durchmachen, weitläufig bekannt als *Delhi belly*. Leider kann man den auch in Jaipur haben. Mein Magen entledigt sich sämtlicher Inhalte. Ich kann nicht einmal einen Bissen Banane zu mir nehmen. Sofort reagiert mein Gedärm und transportiert das Unverdaute nach draußen. Ich wusste ja, dass ich einen sensiblen Magen habe. Aber so was habe ich noch nicht erlebt. In wenigen Stunden verliere ich ein Kilo Gewicht. Saskya kümmert sich rührend um mich. Besorgt mir Pulver mit Elektrolyten für den Salzverlust und Reis mit Joghurt, worauf alle schwören. Mein Magen lässt sich nicht einmal von Reis mit Joghurt beschwichtigen. Es werden Telefonate mit der Familie geführt. Mein Durchfall und ich sind *das* Gesprächsthema. Jeder außer mir scheint genau zu wissen, was in mir vor sich geht. Ich bitte Saskya, sich vom Bad fernzuhalten. Zu ihrem eigenen Schutz. Sie ignoriert das. Gemeinsam verbringen wir die Nacht zwischen Waschbecken und Kloschüssel. Ein ungünstiger Ort für einen Heiratsantrag.

## Meistens alles sehr schnell

In der Woche darauf sind wir zurück in Vasant Kunj. Ich bin wieder wohlauf. Es hat etwas gedauert, aber ich bin wieder wohlauf. Von nun an, das habe ich mir geschworen, werde ich beim Verzehr von nicht hausgemachtem Essen besondere Vorsicht walten lassen. Das bin ich meinem Magen schuldig. Nicht umsonst isst Jyotindra ungern außerhalb. Man kann nie wissen, wer was wie mit welchem Wasser gewaschen hat. Ich bin beileibe nicht der erste Tourist, der seine Verdauungskräfte überschätzt hat.

An meinem letzten Tag in Delhi soll ich neben Urs Widmer und Ilija Trojanow auftreten. Ein Abend deutschsprachiger Literatur im berüchtigten IIC. Das India International Centre zählt zu den wichtigsten Kulturinstitutionen Delhis. In den Sälen finden jede Woche Vorträge, Aufführungen, Premieren statt. Im Loungebereich trifft man das silberhaarige Who-is-Who der Bildungselite an. Sie schlürfen Old Monk Rum und diskutieren die Zukunft des Landes sowie ihre schwindende Gesundheit. Eine Mitgliedschaft im Club ist begehrt. Ohne sie kein Zugang zum Restaurant und der günstigsten

Bar Delhis. Aber die Wartelisten sind lang. Es sei denn, man verfügt über einflussreiche Kontakte. Oder Prominenz.

Auf der Bühne bin ich in Konversation mit Chandrahas. Der Saal ist voll. Ich bin nervös. Saskyas Eltern sitzen in der ersten Reihe. Was denken sie von diesem Typ, in den sich ihre Tochter verliebt hat? Chandrahas moderiert entspannt und präzise. Seine Fragen machen meine Antworten interessant. Ich höre Saskyas Eltern lachen. Und nicht nur sie.

Nach der Veranstaltung wendet sich eine der jüngeren Organisatorinnen an mich:»You are very handsome.«

Ich bin perplex, suche nach den richtigen Worten.

Sie lächelt, zupft nervös an ihrem Sari.

Im Umgang mit solchen Situationen bin ich nicht viel besser als im Umgang mit einem Fußball. Daran hat sich seit meiner ersten Liebeserfahrung wenig geändert. Einige Monate bevor ich Saskya kennenlernte, hatte sich eine Bekannte nach dem gemeinsamen Mittagessen an mich geschmiegt und mir auf ihrem Handy Fotos präsentiert, die sie halb nackt bei der Ausübung ihres neuen Hobbys zeigten: Poledancing.

Worauf ich reagierte, indem ich mich bedankte. Wofür? Das wusste ich selbst nicht so genau. Sofort klappte die Bekannte ihr Handy zu und bestellte die Rechnung.

Bevor ich etwas Falsches äußern kann, gesellt sich Saskya zu uns. Die Organisatorin sucht das Weite.

»Was wollte sie?«, fragt Saskya.

»Mir ein Kompliment machen. Glaube ich.«

Später am Abend sind Saskya und ich mit ihren Eltern im Oriental Octopus verabredet. Ein Restaurant mit dem Charme eines James-Bond-Films aus den Siebzigern: gedimmtes Licht und violette Plüschsofas mit wellenförmigen Rückenlehnen. Die Kellner tragen vermutlich Revolver unter ihren Jacketts.

Ich trinke folglich Dirty Martini und beobachte Saskyas Eltern. Sie wirken gelassen. Kein Anzeichen dafür, dass sie von ihrem potenziellen Schwiegersohn enttäuscht sind.

Während des Dinners bemühe ich mich, mir nichts anmerken zu lassen. Dabei denke ich ständig an ›Meistens alles sehr schnell‹, meinen neuen Roman. Das erste Exemplar ist am selben Tag aus Deutschland eingetroffen. Saskya hat es noch nicht gesehen. Ich frage mich, was sie denken wird. Als ich ihr vor ein paar Monaten die Korrekturfahnen vorlegte, wies sie auf die Danksagung am Ende hin. Dort rangierte sie an fünfter Stelle. Sie machte mir deutlich, dass sie mit dieser Positionierung nicht glücklich war. (Schließlich hatte sie das Buch mitlektoriert.) Seitdem hat sie mich gelegentlich daran erinnert. Ich habe Besserung gelobt. Immerhin wären wir uns ohne das Buch nie begegnet.

Wir sind zurück in Vasant Kunj. Saskya breitet im Schlafzimmer das Moskitonetz aus. Ich bitte sie, kurz Platz zu nehmen.

Sie will wissen, warum. Saskya mag keine Überraschungen.

»Ich muss dir was zeigen«, sage ich.

Widerwillig setzt sie sich auf die Bettkante.

Ich gebe ihr den Roman mit dem Hinweis, dass sie nicht zur Danksagung blättern soll. »Die habe ich nämlich nicht geändert.«

Sie mustert mich. Der Widerwille wandelt sich in Ärger.

»Bevor du irgendwas sagst«, fahre ich fort, »schau dir mal den Anfang genauer an.«

Saskya schlägt das Buch auf.

»Oh«, sagt sie.

Auf der ersten Seite steht gedruckt: FÜR SASKYA.

Sie schreckt zusammen.

»Oh!«

Diesmal laut.

Sie blickt auf und merkt erst jetzt, dass ich auf die Knie gegangen bin.

Unter der Widmung meine Handschrift: *Willst du meine Frau werden?*

# 3

# Indien in Berlin

Meine Frau
Lebensmittel(punkt)
Europa vs. Indien – welche Küche ist vielfältiger (also besser)?
»Der Vater« und »Die Mutter«
Ich weiß, wo du herkommst

# Meine Frau

Sie sagt Ja.

Ich traue meinem Glück nicht. Frage Saskya, ob sie sich wirklich sicher ist.

Sie sieht mich an, lacht und weint und fällt mir um den Hals.

»Ja!«

Damit ist die größte Hürde meines Lebens genommen. Wir sind im Paradies aller Parallelwelten: Wir haben uns kennengelernt, verliebt, die Zukunft versprochen. Ab jetzt kann es nur noch leichter werden.

Denken wir.

Im März 2012 endet meine Berliner WG-Ära. Die Mitbewohnerin zieht aus und meine zukünftige Frau ein. *Meine Frau.* Zwei unscheinbare Worte, deren Kombination ich so oft wie möglich in den Mund nehme. Bin ich besitzergreifend? Wahrscheinlich. Aber es ist mehr als das. Ich mag, wie das klingt. *Meine Frau* bedeutet, es gibt in meinem Leben nur eine Frau. Und was für eine Frau! Wie gerne würde ich in der Zeit zurückreisen und meinem pubertierenden Ich mitteilen, dass es sich nicht tagelang in seinem Zimmer einnisten und im Zweiminutentakt seine Freundin bzw. Exfreundin anrufen soll, die sich in Frankreich mit einem Archäologen nackt im Schlamm gewälzt hat. Keine Sorge, Früher-Ich, nur Geduld, in ein paar Jahren wirst du einer umwerfenden Frau begegnen. Sie wird dir in den Arsch treten, weil du so wenig über ihr Heimatland weißt. Trotzdem wird sie dich bedingungslos lieben, sie wird dich sogar als *ihren Mann* bezeichnen. Und du wirst mehr von ihr lernen als von jeder anderen Frau in deinem Leben. Sie wird dir zeigen, dass die Welt so viel hässlicher und schöner ist, als du geahnt hast.

Zu Beginn des Millenniums, im Herbst 2001, während mich im Voralpenland Albträume plagen, die nahelegen, dass ich am baldigen Abitur scheitern werde, tritt Saskya, obwohl sie ein halbes Jahr jünger ist als ich, bereits ihr Studium in Englischer Philologie und Theaterwissenschaft an der Freien Universität Berlin an. Sie hat Deutschland in den Ferien besucht, aber nie dort gelebt. Im engen Familienkreis spricht sie überwiegend Deutsch, bis zur zehnten Klasse ging sie auf die Deutsche Schule in Delhi, ihre Lieblingskindersendung war ›Pumuckl‹ und ihr erstes und einziges Haustier, eine Schildkröte, hieß »Schildi«. Nun lernt sie zum ersten Mal das Land kennen, dessen Sprache und Kultur längst Teil ihrer Identität sind. Sie hat geahnt, dass Deutsche ihr zu ihrem perfekten Deutsch gratulieren werden, und wird nicht enttäuscht. Ebenso hat sie damit gerechnet, dass sie sich durch Wintertage zittern und indische Hausmannskost vermissen wird.

Aber sie ist nicht auf so manchen Deutschen vorbereitet.

In ihrer ersten Woche in Berlin stellt sich ein Mann im sonst leeren Abteil der S-Bahn vor sie hin und reißt seinen Mantel auf. Er trägt nichts darunter. Saskya erschrickt. Offenbar die gewünschte Reaktion. Er beginnt zu masturbieren. Saskya flieht zum anderen Ende des Abteils. Der Masturbiermann folgt ihr. Sie wendet sich von ihm ab, sieht nach draußen. Lange Sekunden verstreichen. Hinter ihr das Atmen. Beim nächsten Halt springt sie aus dem Zug.

Danach betritt sie keine leeren S-Bahn-Abteile mehr und tut das Erlebte als ungewöhnliche Begegnung ab.

Im Monat darauf nimmt ein dicker weißer Mann im Bus neben ihr Platz. Da etliche Doppelsitze frei sind, wundert Saskya sich. Zu Recht. Als sie weiterfahren, legt der Mann seine Hand auf ihren Oberschenkel. Saskya erstarrt. In Indien wüsste sie zu reagieren: mit Schlägen und Geschrei. Andere Fahrgäste würden sich auf den Belästiger stürzen, ihn schubsen und aus dem Bus werfen. Besonders im öffentlichen Verkehr gehören verirrte Männerhände zum Alltag. Saskya weiß aber nicht, wie sie mit dicken weißen Männern umgehen soll. Warum machen die das? Denken diese Männer, sie könnten sich mehr erlauben, weil sie erkennbar von woanders ist, eine Zugereiste? Saskya glaubt das nicht. Eher hat sie den Eindruck, dass diese Männer es auf junge Frauen abgesehen haben, die noch nicht wissen, wie man sich in solchen Situationen zur Wehr setzt. Sie spürt die Wärme seiner Hand und rührt sich nicht. Aus Angst, er könnte aggressiver werden, ihr wehtun. Bei der nächsten Gelegenheit drückt sie sich an ihm vorbei und verlässt den Bus.

So heißt Berlin sie willkommen.

Man kann nun behaupten, diese aufdringlichen Männer seien Einzelfälle. Aber Saskya macht immer wieder Erfahrungen, die ihr das Gefühl geben, in Berlin fremd zu sein.

Eines Nachmittags steht sie in der Schlange vor einer Kreuzberger Eisdiele. Als ihre Eltern zu ihr stoßen, mustert der Mann hinter ihr die dreiköpfige Familie. Mustert sie ausgiebig. Saskya erwidert den Blick. Darauf hat er nur gewartet. »Na, das haben wir ja gern!« Sie fragt ihn, was er damit meint. »Wie viele von euch kommen denn noch?« – »*Euch?*«, erwidert Saskya und er sagt: »Du weißt schon. Einer hält frei und dann kommt gleich die ganze Sippe angetanzt!«

Jedes Mal tut es Saskya weh. Meine Klagen, dass ich als Zug'roaster von den Bayern nicht akzeptiert wurde: lächerlich. Saskyas Familie ist von deutscher Kultur durchdrungen. Trotzdem reicht das nicht. In vielen Situationen wäre blondes Haar überzeugender als ein umfangreiches Deutschvokabular.

Erlauben Sie mir ein letztes Beispiel. Saskya ist mit dem Fahrrad unterwegs. An der Ecke Friedrichstraße/Unter den Linden hält sie bei Rot. Neben ihr bremst ein Mopedfahrer. Fahrtwind hat Tränen über seine sonnenverbrannten Wangen getrieben. »Du stehst falsch«, ruft er Saskya zu. »Ich glaube nicht«, sagt sie. Er lehnt sich zu ihr rüber, ihre Gesichter sind nur Zentimeter voneinander entfernt. »Stell dich dahin, wo du hingehörst.« Er deutet auf den Straßenrand.

Saskya musste sich schon zu oft zu viel von diesem Mist anhören. »Lassen Sie Ihren Frust woanders raus. Und reden Sie nicht so mit mir.«

Wie gerne hätte ich das Erschrecken in seiner Miene gesehen. Diese Frau lässt sich nicht so schnell einschüchtern. Seine Stimme wird hysterischer: »Ich hab keinen Frust«, kurzes Nach-Luft-Schnappen, »und ich will gar nicht mit so einer wie dir reden.«

»Dann tun Sie's doch nicht.«

»Mach ich auch nicht. Ich erziehe dich nur.«

Saskya denkt, damit hat sich's. Aber ein Mann wie er, ein zorniger weißer Mann, einer, der immer im Recht ist und dem die Welt ach so viel schuldet, dieser Mann kann es nicht dabei belassen. Kurz bevor die Ampel auf Grün schaltet und er davonrast, schaut er Saskya noch einmal in die Augen. »Ich möchte dich auf der Straße bluten sehen.«

In Berlin lernt Saskya, wie fremd man sich zu Hause fühlen kann. Neunzehn Jahre lang betrachtete sie Deutschland als ihre zweite Heimat. Jetzt, da sie dort lebt, fällt es ihr deutlich schwerer, das so zu sehen. Es gelingt ihr selten, Freundschaften mit Deutschen zu schließen. Hat sie falsche Erwartungen? Forciert sie die Nähe zu sehr? Saskya bringt Bonbons zur Vorlesung mit. Bietet der Studentin neben ihr eins an. Diese bedient sich und fragt: »Was bekommst du dafür?« Das tut auch weh.

»Die war nur höflich«, übersetze ich das Verhalten der Studentin, als Saskya mir Jahre später davon erzählt.

»Unhöflicher ging's gar nicht«, sagt Saskya. »Ich war nett zu ihr und sie legte nahe, ich möchte ihr Geld.«

»Nein, sie wollte dir einfach nicht das Gefühl geben, dass sie das Bonbon nicht schätzt.«

»Ein Danke hätte gereicht. Ich hab ihr ja keinen Goldring geschenkt. Deutsche sind so komisch mit Geld.«

»Ich bin nicht komisch mit Geld.«

»Bist du doch.«

»Ja?«

»Einerseits heißt es immer, man redet nicht über Geld. Aber wenn die Rechnung im Restaurant kommt, fangen alle an auszutüfteln, wie viel genau sie zahlen müssen.«

»Warum soll ich für andere zahlen, wenn sie mehr bestellen?«

»Weil das nächste Mal andere für dich bezahlen, wenn du mehr bestellst.«

Saskya findet mehr Freunde unter anderen Zugereisten. Portugiesen, Italiener und Iraner kennen ebenfalls die, sagen wir, eigenwilligen Seiten deutscher Willkommenskultur. Mit ihnen, so scheint es Saskya, teilt sie mehr als mit den Deutschen. Sie alle wurden in der Öffentlichkeit feindselig, sexistisch, rassistisch angegangen, leiden unter dem Berliner Wintergrau, sehnen sich angesichts der Chips-und-Bier-Kost deutscher Gesellschaften nach den reich gedeckten Tafeln ihrer Heimat und würden nie, aber auch niemals Geld für geschenkte Bonbons offerieren.

Als sich die Gelegenheit bietet, ein Austauschjahr an der Columbia University in New York zu absolvieren, zögert Saskya nicht. Danach führt ein Studium in Creative Writing sie nach Boston, wo sie als eine der Besten ihres Jahrgangs Preise für ihr Schreiben abstaubt, bevor sie zurück nach New York zieht. Mit Berlin hat sie längst abgeschlossen.

Da stolpere ich in ihr Leben.

## Lebensmittel(punkt)

Berlin im März 2012. Saskya und ich verlassen zum ersten Mal gemeinsam das Haus. Sie sagt, es ist kalt. Ich sage, keine Spur, es ist sogar ziemlich warm. Sie macht *brrrr*. Ich ziehe demonstrativ meine Jacke aus. Sie sagt, sie hätte sich wärmer kleiden sollen. Ich sage, es ist ungewöhnlich heiß. Sie sagt, ach, eben war es noch *ziemlich warm* und nun ist es schon *heiß*? Ich sage, von *kalt* kann jedenfalls nicht die Rede sein, es ist vielleicht ein bisschen kühl. Sie sagt, *ein bisschen kühl*? Ich sage, es scheint ja immerhin die Sonne! Sie sagt, ebenso gut könnte sie nicht scheinen, so schweinekalt ist es. Ich sage, *schweinekalt*? Sie sagt, du musst zugeben, das Wetter ist nicht normal. Ich sage, das ist total normal, normaler könnte es kaum sein, das ist wahrscheinlich sogar der normalste aller normalen Tage! Sie sagt, für sie habe das rein gar nichts mit normal zu tun.

Die Faustregel: Bei achtundzwanzig Grad ist es Saskya nicht mehr kalt. Steigt die Temperatur auf über dreißig Grad, fühlt sie sich wohl. Als heiß empfindet sie es erst ab rund vierzig Grad.

Aber nicht erhöhte Temperaturen allein spenden Saskya Wärme. Es sind die damit verbundenen Erinnerungen.

An den glühenden Junitagen ihrer Kindheit, bevor der Monsun Delhi erreicht, sorgen *Cooler*, ein Wasser-Ventilator-Khusmatten-Konstrukt, für Abkühlung, lauter, aber angenehmer als jede Klima-anlage. Saskya hopst alle paar Minuten in eine kleine Wanne und übergießt sich mit Wasser. Danach eine Mango naschen. Der süße Saft läuft ihr übers Kinn. So köstlich schmeckt nur der indische Sommer.

Bei mir dagegen sind es die kalten Tage, die mich wärmen: ein Skirennen, bei dem ich, keine sieben Jahre alt, kurz vor der Ziellinie abbremse, um meinen Eltern im Publikum zu winken. Danach hei-ßer Kakao mit zuckrigen Klumpen drin. Nirgendwo sonst bin ich so sicher wie unter meiner Daunendecke im bayerischen Winter.

Nachdem Saskya und ich uns darauf geeinigt haben, dass es so etwas wie normales Wetter nicht gibt, sondern nur ihr normales Wetter und mein normales Wetter, erkunden wir die Nachbarschaft. Ich zeige ihr den Viktoriapark mit seinem Denkmal von Schinkel für die Befreiungskriege und wir lassen den Ausblick auf uns wirken. Im Uhrzeigersinn: der Fernsehturm, Tempelhof, dicht stehende Bäume, der sich drehende Mercedes-Stern am Ku'damm, die Charité, das Dom-Paar am Gendarmenmarkt. Zusammen schließen sie einen Kreis um unseren künftigen Berliner Lebensmittelpunkt.

Kurz vor meinem Umzug in die Hauptstadt damals zeigten sich Bekannte aus Bayern besorgt: »Kreuzberg? Ist das denn sicher?« Als passionierter Hypochonder nahm ich ihre Sorge ernst. Vor dem 1. Mai hortete ich Proviant wie ein Verschwörungstheoretiker, um mindestens achtundvierzig Stunden lang das Haus nicht verlassen zu müssen. Am Tag der Arbeit verriegelte ich die Wohnungstür und wagte mich, vorsichtig, auf den Balkon. Ich lehnte mich übers Ge-länder, horchte. Krawall, das Zersplittern von Molotowcocktails und Pfeifentrillern – nichts davon war zu hören. Nur eine Mutter mit Kinderwagen auf dem Bürgersteig.

Von der Spitze des Viktoriaparks kann man die Kreuzung Großbeerenstraße/Yorckstraße erkennen, mit ihren kurz getakteten Ampelphasen, die selbst gemütliche Fußgänger zu Sprints motivieren. Sie wird das Zentrum von Saskyas neuem Zuhause sein. Die Eckhäuser, hauptsächlich Neubauten, waren einst das Ziel bei Abwürfen von Brandbomben. So konnte sich das Feuer in beide Richtungen ausbreiten und ganze Häuserblocks vernichten. Noch unmittelbarer erinnern die Stolpersteine aus Bronze an diese Zeit. Vier davon liegen zum Gedenken an die Opfer des Nationalsozialismus vor unserem Haus. Ich frage mich manchmal, ob diese vier Menschen in unserer Wohnung lebten, täglich dieselben Fenster öffneten, vor dem Einschlafen denselben Stuck an der Decke sahen, bis eines Nachts jemand mit der Faust gegen die Wohnungstür donnerte.

Ein Glücksfall: Bei unserer Lebensmittelpunkt-Begehung entdecken wir den Lebensmittelladen Asia Might, betrieben von einer tamilischen Familie aus Sri Lanka. In der Gemüseauslage findet Saskya grüne Chilis. Sie werden über dem Feuer geschwenkt und morgens als Gewürzbegleitung zum Rührei geknabbert, was bei Saskya für Hochstimmung sorgt und für Magenkrämpfe bei mir. Womit unser beider Verdauungstrakte harmonieren: Mangos. Richtige, gelborange Mangos! Wir nehmen einen ganzen Karton, darauf die pakistanische Flagge. Zum ersten Mal in meinem Leben kaufe ich ein Produkt aus Pakistan. Ich muss an den grandiosen Roman von Karatschis Schriftstellerass Mohammed Hanif denken, ›A Case of Exploding Mangoes‹, und das passt, denn zwischen Saskya und mir bricht kurz darauf ein Streit aus.

# Europa vs. Indien –
## welche Küche ist vielfältiger (also besser)?

Saskya: Die indische.

Ich: Die europäische.

Saskya: Du kennst kaum indische Gerichte.

Ich: Du warst noch nie in Italien.

Saskya: Aber ich habe italienisch gegessen.

Ich: Du weißt nicht einmal, was ein Carpaccio ist.

Saskya: Irgendwas mit Fleisch.

Ich: Allein schon die italienische Küche ist so abwechslungsreich wie die indische. In der indischen Küche ist immer alles so suppenartig verkocht.

Saskya: Schon mal einen *Dosa* probiert? Und was ist mit *Golgappas*? *Chhole bhature*!

Ich: Welche Fleischsorten werden dafür verwendet?

Saskya: Ich weiß, worauf du hinauswillst.

Ich: Sag schon, welches Fleisch?

Saskya: Keins.

Ich: Wie will man abwechslungsreich kochen, wenn man nur vegetarisch kocht. Oder sogar vegan!

Saskya: Man kriegt in Indien jede Menge Fleisch.

Ich: Aber das ist immer alles so zäh.

Saskya: Nicht, wenn's gut gemacht ist.

Ich: Ja, *wenn*. Andernfalls hängt man tagelang in einem Hotelzimmer in Jaipur fest.

Saskya: In Deutschland kommt man jedenfalls schwer an Hammelfleisch.

Ich: Warum Hammelfleisch essen, wenn Rind auf der Speisekarte erlaubt ist?

Saskya: Es gibt genügend Orte in Indien, wo Beef serviert wird.

Ich: Richtiges Rindfleisch, echt?

Saskya: Na ja.

Ich: Was, na ja?

Saskya: Büffelfleisch.

Ich: Schmeckt das besser oder schlechter als Rind?

Saskya: Man bekommt auch Rind.

Ich: Rind. In Indien.

Saskya: Du musst nur die richtigen Leute fragen.

Ich: Na gut, halten wir also fest, dass es jede Menge Fleisch in Indien gibt. Aber wenn ich an die Vielfalt europäischer Speisen denke, von Pizza über Labskaus bis hin zu Crème Caramel, dann kann ich mir einfach nicht vorstellen, dass Indien da mithalten kann.

Saskya: Wenn ich an die Vielfalt indischer Speisen denke, von *Idlis* über *Gulab Jamun* bis hin zu *Momos*, dann weiß ich, dass Europa da nicht mithalten kann.

Ich: Ihr benutzt immer zu viele Gewürze.

Saskya: *Ihr*?

Ich: Entschuldige. *Leute aus Südasien.*

Saskya: Wenigstens benutzen *wir* welche. Darum brauchen *wir* auch nicht immer Fleisch, um unseren Gerichten Geschmack zu geben.

Ich: Das stimmt.

Saskya: Gibst du mir etwa recht?

Ich: Es kommt mir trotzdem so vor, als würden sich viele Gerichte ähneln.

Saskya: Du meinst, so wie diese vielen braunen Leute sich für dich ähneln?

Ich: Nein. Nein, das meine ich überhaupt nicht.

Saskya: Es ist richtig, dass etliche Mahlzeiten ähnlich zubereitet werden.

Ich: Das ist es.

Saskya: Man beginnt oft mit Gewürzen.

Ich: Die du alle in deiner Metalldose hast – *Masala Dabba*?

Saskya: Das hast du dir gemerkt? Ich bin offiziell beeindruckt.

Ich: Freu dich nicht zu früh. Ich hab schon wieder vergessen, was Ingwer auf Hindi heißt.

Saskya: *Adrak*. Das und Knoblauch und Zwiebeln kommen als Nächstes.

Ich: Und dann?

Liebe geht durch den Magen, heißt es. Aber das muss keine anspruchsvolle Liebe sein. Im dunklen Zeitalter meiner Teenagerjahre waren die gesüßten Spaghetti von Maggi für mich eine kaum zu übertreffende Gaumenfreude. Das lag an unserer Familiensituation: Meine Eltern verbrachten zu viel Zeit getrennt, mein Vater in seiner Firma und meine Mutter vor dem Fernseher. Er produzierte, was sie, unter anderem, schaute. Über weite Strecken hinweg war ihre Beziehung nicht viel intimer als das. Während sie sich mit einem Cocktail aus Prosecco und Aspirin betäubte, um die Einsamkeit in Königsdorf und das deutsche Fernsehprogramm zu ertragen, erkaufte er sich Zuneigung mit Großzügigkeit und einer nie enden wollenden Anzahl lausbubenartiger Scherze. Sie hätten an der Situation arbeiten können. Aber das wäre schwierig und wohl von geringem Erfolg gekrönt gewesen. Es war einfacher, die eigene Misere dem anderen vorzuwerfen. Am besten vor Publikum. Vorwürfe bekamen erst vor Zeugen die richtige Schärfe. Dafür mussten meine neun Jahre jüngere Schwester und ich herhalten. Folglich bevorzugte ich die Gesellschaft meiner Miniaturen und lenkte meine Schwester mit Disneys Zeichentrickfilmen vom Radau im Elternschlafzimmer ab. Über Wochen hinweg sahen wir so oft ›Aladdin‹, dass wir die Dialoge mitsprechen konnten und sich ein Gefühl der Leere in mir ausbreitete, sobald ich mir den Film nicht mindestens einmal täglich verabreichte. Das war meine Dosis Alles-wird-gut-Placebo. Ebenso wohltuend waren die in mehr als einer Hinsicht füllenden Spaghetti von Maggi. Weil meine Mutter sie zubereitet hatte. Denn sie widerstand nicht jeden Tag der Verlockung des Schlafzimmers, dessen Bett sie wie ein Magnet anzog. Wenn sie trotz Migräne Spaghetti kochte oder mir in der Dunkelheit eines bayerischen Wintermorgens ein Nutellabrot schmierte, schmeckte ich ihre Liebe im Essen. Von ihr zubereitete Speisen waren so anspruchslos, gehaltvoll und sättigend wie ihre mütterliche Liebe.

Saskyas Liebe zu ihrer ersten Heimat drückt sich ebenfalls durch Essen aus. Nur steht bei dieser Liebe die Wertschätzung von Essen allgemein – ob nun aus Indien oder sonst wo auf der Welt – im Mittelpunkt. Was sich unter anderem dadurch zeigt, dass Saskya es vier Mal täglich zu sich nimmt.

»Vier Mal?« Ich denke, ich höre nicht richtig.

»Warm«, sagt sie.

»Vier Mal pro Tag?«

Saskya nickt. In Delhi schrieb ich diese Gewohnheit den Kochkünsten von Urmila zu.

»Vier Mal pro Tag warm essen?«

Das bedeutet auch vier Mal kochen.

»Frühstück, Mittagstisch, *Nashtha*, Dinner.«

»Und wann bleibt uns dann Zeit zum Leben?«

Saskya lacht. Ich bin so naiv, habe noch viel zu lernen. Vor allem, dass der entscheidende Grund zu leben *essen* lautet. Die Zeit zwischen zwei Mahlzeiten, dieses sogenannte Leben, dient ausschließlich dem Schwelgen in der Erinnerung an, der Vorbereitung für und Vorfreude aufs Essen. Bisher sah ich im Essen eine Notwendigkeit, der man in gewissen Abständen nachgehen muss, damit man sich den wichtigen Dingen widmen kann. Dabei ist es genau andersherum. Diese angeblich wichtigen Dinge sind bloß eine Notwendigkeit, der man in gewissen Abständen nachgehen muss, damit man sich dem Essen widmen kann.

Sie glauben, ich übertreibe? Lassen Sie sich von Saskya bekochen – beglücken! Es ist eine ihrer Superkräfte. Walnusskuchen. Bananenkokosnusscurry. Grillhühnchen. Quiche. Süßkartoffeln mit Olivenpastenfüllung. Lamm. Selbst gemachte Heidelbeermarmelade. Lachsfilets in bengalischer Senfsauce.

Saskyas Essen verbreitet Glück. Haben wir Besuch, merkt man es an der Stille beim Verzehr. Man sieht es an den geschlossenen Augen der Gäste und wenig später an ihren leergeräumten Tellern. Und man spürt es an der gelösten Stimmung. Gutes Essen berauscht wie Alkohol, nur besser, niemand verliert die Kontrolle, man verzichtet vielmehr darauf. Unser Bekanntenkreis wächst – nicht bloß Liebe geht durch den Magen, auch Freundschaft. Früher suchte ich den Supermarkt auf, um Hunger zu stillen. In diesem Sommer lerne ich: Jeder Einkauf ist das Vorspiel zum Glück. Es macht mir nichts aus, dass wir kein Auto besitzen und im vierten Stock eines Altbaus ohne Aufzug leben. Auch habe ich nichts dagegen, dass ich in der Küche nie das Sagen habe. Ich bin gerne Lastenträger, Gemüseschnippler und Tellerwäscher. Dafür werde ich mit Schüsseln und Tellern und Backblechen voller Glück belohnt. Saskya erschafft mitten in Berlin ein bisschen Delhi. Sie lehrt mich die Liebe zum Essen.

Und die zu einem gewaltigen Ehepaar.

## »Der Vater« und »Die Mutter«

Saskya und ich stehen vor dem Hauseingang eines Nachkriegsbaus in Tiergarten. Im dritten Stock leben meine Eltern. Wir sind zum Essen eingeladen, heute werden sie und Saskya sich kennenlernen. Ich bin mir sicher: Das wird der bisher schwierigste Abend unserer Beziehung. Ich klingle. Wir warten. Niemand öffnet. Ich klingle noch einmal und höre vertrautes Gebrüll durch ein gekipptes Fenster über uns. Offenbar gibt es Uneinigkeit darüber, wer zur Tür gehen soll.

»Sind sie das?«, fragt Saskya.

»Nein«, sage ich, »nein, nein.«

Wir werden reingelassen, nehmen den altersschwachen Aufzug. Obwohl er schon ein halbes Jahrhundert auf dem Buckel hat, bringt er uns viel zu schnell nach oben. Ich habe Saskya bisher wenig von meinen Eltern erzählt, um sie nicht zu beunruhigen. Als die Türen des Lifts wie ein Vorhang aufgleiten und im sich vergrößernden Spalt eine Glatze und ein krauser Haarschopf erscheinen, wird mir bewusst: Das war ein Fehler. Wetter und Essen sind bescheidene Hürden im Vergleich zu meinen Eltern. Sie werden es Saskya nicht leicht machen, Berlin als Heimat zu akzeptieren. Ich hätte meine zukünftige Frau besser auf die Begegnung vorbereiten sollen. Zu spät.

Meine Eltern wissen nicht, dass ich dieses Buch schreibe. Ich sollte sie einweihen, immerhin spielen sie tragende Nebenrollen. Aber ich habe keine Ahnung, wie sie damit umgehen werden. Lieber warte ich noch ein bisschen mit der Enthüllung. Obwohl es nicht das erste Mal ist, dass sie in meinen Texten auftauchen. In meiner Schulzeit verfasste ich Geschichten über sie. Keine schmeichelhaften Geschichten. Ich porträtierte sie möglichst ehrlich und dachte, so würde ich genau erfassen, wer sie waren. Tatsächlich erfasste ich, wie ich sie sah. Auch wenn mir das erst viel später bewusst werden sollte, meine Geschichten waren Geständnisse. Sie verrieten nicht weniger über mich als über meine Eltern.

»Die Mutter« zeichnete ich als grotesk und unzurechnungsfähig. Mir mangelte es an Verständnis für die Misere einer Frau, die in vollem Galopp reiten konnte, anmutig Ski fuhr, vier Sprachen fließend beherrschte, einen Führerschein für Motorboote und -räder besaß sowie den vermutlich höchsten IQ unserer Familie, und die trotzdem ihren Alltag bestritt, indem sie vor der Glotze döste, mit anderen gelangweilten Hausfrauen über *ihren Alten* (meinen Vater) lästerte, lieber in Hochglanzmagazinen blätterte als in einem Buch, und die sich so nach Aufmerksamkeit sehnte, dass sie sich mindestens einmal pro Woche »unabsichtlich« verletzte, leere Proseccofläschchen dort versteckte, wo wir sie immer fanden (unter der Spüle), und alle paar Wochen einen Autounfall forcierte, an dem sie, selbst wenn sie nicht schuld war, schuld war.

Die andere Figur, »der Vater«, erschien in meinen Texten als jähzorniger, egozentrischer Maniker. Ich hätte mehr Respekt aufbringen sollen für diesen Mann, der mit derselben überbordenden Energie finanziell riskante Fernsehprojekte produzierte, wie er zahllose Operationen am eigenen Leib überstand; der mir eigenhändig ein

Baumhaus im knorrigsten Apfelbaum unseres Gartens zimmerte, mehrwöchige Autoreisen durch die USA plante, bei deren Durchführung er die treibende Kraft war und die er detailversessen mit seiner Videokamera dokumentierte; der mich später ebenso unermüdlich zum Schreiben motivierte, wie er mir früher die Geschichte vom ›Büblein auf dem Eis‹ vorgetragen hatte, auch wenn ich sie längst auswendig kannte und die verräterischen Bodendielen in meinem Zimmer mich, sobald er davonschlich, jedes Mal hochschrecken ließen, sodass er an mein Bett zurückkehrte und erneut ansetzte: *Gefroren hat es heuer / noch gar kein festes Eis / das Büblein steht am Weiher / und spricht so zu sich leis: / Ich will es einmal wagen / das Eis, es muss doch tragen / Wer weiß?*

Statt in Verständnis und in Respekt brillierte ich eher in der Einfalt des Bübleins. Ich konnte nicht begreifen, wieso meine Eltern ihre Beziehung nicht auf die Reihe bekamen, schließlich waren sie erwachsen – und war das Lösen von Problemen nicht die wesentliche Aufgabe von Erwachsenen? Mitte der Neunziger hatte ich ein zweistelliges Alter erreicht und eine dreistellige Anzahl an Nächten durchwacht, in denen meine Eltern sich geräuschvolle Duelle geliefert hatten. Ich besaß ein Ohr für den Klang einer unglücklichen Ehe: Türen wurden zugeschlagen, Ohrfeigen verteilt, Familienfotos zerrissen, Drohungen gebellt und Messer geworfen. (Ja, *Messer.*)

Dank den ersten neun Jahren meines ichbezogenen Daseins als Einzelkind zählte Überheblichkeit zu meinen Eigenschaften. Ich glaubte, ich könnte ihnen helfen. Befahl ihnen, im Wohnzimmer Platz zu nehmen und nur zu reden, wenn ich es erlaubte. Im Nachhinein wundert es mich, dass sie sich darauf einließen. Sie konnten ja kaum davon ausgehen, dass ihr Sohn wusste, was er tat. Sie müssen das für mich und nicht füreinander getan haben.

Durch stundenlange vermittelnde Gespräche mit ihnen bemühte ich mich, sie daran zu erinnern, was sie im Laufe der Jahre vergessen hatten: dass sie sich liebten.

Manchmal klappte es. Dann brachen sie noch am selben Abend zu einem Drink auf und gönnten sich Waffenruhe. Länger als eine

Nacht hielt diese meist nicht. Dann überboten sie sich wieder in Verwünschungen.

Schon in jungen Jahren lernte ich bösartige Schimpfwörter und dass ich als Eheberater wenig taugte. Bald hängte ich meine kurze Karriere als Hobbypsychologe an den Nagel und steckte meinen Frust in Geschichten. Diese schenkte ich ihnen zum Geburtstag oder an Weihnachten, las ihnen nach dem Fondue an Heiligabend oder dem Ausblasen der Kerzen auf der Marzipantorte die neuesten Eskapaden von »die Mutter« und »der Vater« vor.

Und wie reagierten meine Eltern auf so viel geballte Ehrlichkeit? Mit Gelächter.

Kein verhaltenes, wohlwollendes Gekicher, nein.

*Sie hatten vom Lachen Tränen in den Augen.*

Ich war erstaunt. Irritierte es sie denn gar nicht zu hören, was für alberne Figuren »die Mutter« und »der Vater« abgaben? Wie jeder eitle Schreibanfänger hatte ich gehofft, sie würden sich freuen, dass ich *ihnen* einen Text *von mir* widmete. Aber war das nicht ein bisschen zu viel der Freude? Fühlten sie sich gebauchpinselt? Kümmerten sie ihre fiktionalen Doppelgänger nicht, weil sie um jeden Preis die Prominenz in unserer vierköpfigen Familie genossen, so wie Passanten sich in der Fußgängerzone von Kamerateams veräppeln lassen, solange sie nur ins Fernsehen kommen? Oder nahmen sie an, dass ich sie überhöht zeichnete, um den Humor herauszukitzeln, obwohl ich eigentlich genau das Gegenteil getan und die besonders schlimmen Entgleisungen zensiert hatte? Oder überspielten sie ihre verletzten Gefühle mit Enthusiasmus, gaben sich dem Glauben hin, dass die Geste (selbst gemachtes Familienporträt) mehr zählte als der Inhalt (grausiges Familienporträt)? Oder liebten sie ihren einzigen Sohn zu sehr? Waren ihre Tränen ein Ausdruck von Trauer und hielt allein ihre grenzenlose Liebe sie davon ab, mir mein Armutszeugnis ihrer Charakterstudie um die Ohren zu hauen?

Ich habe mich nie getraut, die Antwort herauszufinden. Aber ich bin überzeugt, Liebe spielte eine bedeutende Rolle. Ihre Liebe für meine Schwester und mich war immer groß und selbstlos. Auch wenn meine Eltern wenig gemeinsam haben, in ihrer Liebe für uns sind sie ein unschlagbares Team. Ich glaube sogar, was sie sich gegenseitig an Liebe vorenthalten, geben sie meiner Schwester und mir. Nicht, dass wir das damals schätzten. Wir waren Kinder. Liebe schien uns ein unbegrenzter Rohstoff. Davon konnte man immer noch mehr bekommen. Nie gaben die beiden uns Anlass, das zu hinterfragen.

Nachdem einmal mein Erzfeind in der Grundschule mich eine ganze Busfahrt lang wegen meines Körpervolumens malträtiert hatte, versetzte ich ihm einen Magenschwinger, in den ich meinen ganzen angestauten Frust steckte, sodass er danach zum Arzt musste und seine Mutter mich am Telefon zusammenstauchte.

Meine Eltern erklärten mir, Gewalt sei keine Lösung, jedenfalls meistens nicht, doch stolz seien sie schon, dass ihr Junge sich zur Wehr gesetzt hatte.

Ein anderes Mal wurde das hölzerne Ei, in dem meine Freundin ihr Gras aufbewahrte, in meinem Schlafzimmer entdeckt.

Mein Vater schmunzelte (eine gewisse Erleichterung, dass ich Nesthäkchen Drogen probierte, konnte er nicht unterdrücken) und riet mir, ich solle das ruhig machen, aber bitte nicht vor der Schule*.

Und an einem regnerischen Tag schlitterte ich aufgrund von Aquaplaning in meinem ersten (und bis dato letzten) Auto, einem sonnengelben New Beetle, auf der Landstraße dahin und prallte so wuchtig aufs Hinterteil eines Kombis, dass mein Airbag zum Einsatz kam und der Beetle später nur noch zum Ausschlachten von Einzelteilen Verwendung fand.

Meine Mutter war in Windeseile am Unfallort, drückte mich und sagte nicht einmal, ich hätte besser aufpassen müssen, sondern: »Gottseidankgottseidankgottseidank ist dir nichts passiert!«

Diese Liebe belohnte ich mit Texten, in denen ich mich über sie

---

* Hätte aber auch nicht geschadet. Der Effekt auf mich beschränkte sich im Wesentlichen darauf, dass ich neue Rekorde im Verschlingen von belegten Semmeln aufstellte.

lustig machte. Einer der ältesten Plots der Menschheitsgeschichte: Ich lief vor dem weg, was ich war. Darin hatte ich mich schon früh geübt. Bereits als Kleinkind rief ich meine Eltern nur beim Vornamen; auf ein panisches *Mama!* oder *Papa!* griff ich nur zurück, wenn ich mich verirrt hatte, im Labyrinth eines Baumarkts oder zwischen den trampelnden Beinen eines Volksfestes. Mithilfe meiner Geschichten wollte ich mich nun weiter von den zwei Menschen distanzieren, die mich produziert hatten. Dabei machte ich mich nur über mich selbst lustig. Ich war doch eine Mischung aus »der Vater« und »die Mutter« – ich war »der Sohn«.

Die Aufzugtüren in Tiergarten öffnen sich langsam. Es bleibt noch ein wenig Zeit, Sie auf die Begegnung vorzubereiten.

Ich will mich nicht mehr über meine Eltern lustig machen. Ich möchte nichts anderes, als die beiden so zeigen, wie sie sind. Auch wenn ich befürchte, dass mir das nicht wirklich gelingen kann. Ich bin ihr Sohn, ich werde sie immer auf eine bestimmte Weise sehen.

Lassen Sie es mich trotzdem versuchen.

Meine Eltern leben erst seit wenigen Jahren in Berlin. Früher pendelten sie zwischen Wohnsitzen in Deutschland, Österreich, Spanien und den USA. Heute sind ihre Reisen bescheidener, sie beschränken sich auf Exkursionen zum Rewe auf der Potsdamer oder in den nahegelegenen Gleisdreieckpark. Es ist schwer nachzuvollziehen, wie es dazu kommen konnte, dass sie einst mit der Concord flogen und mein Vater nun das Pfand für jede Flasche schätzt*. Die Gründe für den finanziellen Niedergang sind vielseitig. Einige Fehlinvestitionen und falsche Freunde gepaart mit dem blinden Glauben, dass alles immer gut ausgehen wird.

---

* Neulich wurde er für einen Flaschensammler gehalten: Während er am Rückgabeautomaten anstand, schenkte ihm ein junger Mann aus Mitleid seine Pfandflaschen. Seitdem geht mein Vater nicht mehr im Jogginganzug aus dem Haus.

Das Hier-und-Jetzt gestaltet sich bestimmt nicht so, wie sie sich das vorgestellt haben. Aber ich würde es dennoch als positiv bezeichnen. Ich behaupte sogar, dass sie heute glücklicher sind als damals. Es stimmt nicht, dass Geld sie unglücklich oder glücklich machte. Vielmehr lenkte es sie vom Glück ab. Zu oft drehte es sich darum, was man kaufen, wie man das Gekaufte pflegen oder verwalten oder lagern und dann, wohin man das Gekaufte verkaufen sollte. Ein Pool im Untergeschoss, eine Harley Davidson, noch eine Harley Davidson, eine Induktionsheizung, Tennisschläger, eine Villa am Mittelmeer, ein Basketballplatz, ein New Beetle (wenigstens um dessen Schicksal kümmerte ich mich). Evi, unsere Haushälterin, wurde dafür bezahlt, meine Mutter bei den Aufgaben einer Hausfrau zu unterstützen sowie ihr Gesellschaft zu leisten, inklusive bei einem Schlückchen Prosecco hier und da. Evi konnte nichts dafür, aber sie entzog meiner Mutter die Kraft. Je mehr ihr geholfen wurde, desto weniger Selbstvertrauen besaß sie. Das Unglück hauste in meiner Mutter. Nur wenn wir reisten, blühte sie auf, fand zu sich selbst. Dann gab es ausreichend Gelegenheiten für sie, sich zu beweisen. Sie fetzte sich mit Flugbegleitern, ließ sich nicht von Hoteliers abwimmeln, bezirzte Grenzbeamte, rettete unsere Pässe (nachdem sie sie verlegt hatte) oder besorgte Proviant. Kehrten wir nach Hause zurück, dauerte es nur ein paar Tage, bis sie wieder im Schlafzimmer vor sich hin vegetierte.

Seitdem meine Eltern nach Berlin gezogen sind, befindet sie sich im Dauerreisezustand. Meine Mutter hat ihr antriebsloses Ich in Königsdorf zurückgelassen. Sie ist trocken. Stößt nicht einmal zu Silvester mit Sekt an. Jeden Tag steht sie um vier Uhr auf. Auch an Wochenenden. In der stillen Dunkelheit Berlins rüstet sie sich für die Arbeit und achtet darauf, nicht über Max zu stolpern, liebeshungriger Kater und Ersatzkind meiner Eltern. Der Weg zum Hotel ist nicht weit, aber er führt vorbei am Strich. Wenn meine Mutter zu früh dran ist, vertreibt sie sich die Zeit, indem sie mit den Prostituierten plaudert. Dank ihr kenne ich die aktuellen Preise für sexuelle Dienstleistungen. Einmal fuhr auf dem Arbeitsweg ein Wagen langsam neben ihr her. Eine Polizeistreife. Als sie das Fenster runterließen, blieb meine Mutter stehen. Die Polizisten musterten sie in ihrer schwarzen Lederjacke. »Wo gehen Sie hin?«, fragten sie. Meine Mutter zuckte mit den Schultern. »Zur Arbeit.« Die Polizisten wechselten einen Blick. »Zur Arbeit. So so. Ist es dafür nicht ein bisschen früh?« Meine Mutter antwortete: »Ich arbeite in einem Hotel.« Die Polizisten wechselten noch einen Blick. »Aha. In einem Hotel.« Erst da begriff meine Mutter, was sie dachten, und klärte die Männer auf. Als sie mir davon erzählte, war sie ganz aufgeregt. »Die haben mich verwechselt!« Sie strahlte glücklich. »Und das in meinem Alter!«

Abgesehen von einer Freizeitbeschäftigung im Schreibwarenladen vor Jahrzehnten ist ihr Job im Frühstücksservice die erste Anstellung ihres Lebens. Als meine Eltern nach Berlin kamen, waren ihre Ersparnisse aufgebraucht und Konten überzogen. Meiner Mutter blieb nichts anderes übrig, sie musste sich einen Job suchen. Im Hotel deckt sie Tische, bereitet Frühstück zu, duelliert sich mit Wespen, räumt ab, erstellt Einkaufslisten und wäscht den Gästen den Kopf, wenn sie es wagen, nach zehn Uhr im Frühstücksraum zu erscheinen oder sich den Teller am Büfett übervoll zu laden. Keiner legt sich mit ihr an. Nicht einmal ihre russische Chefin.

Zur frühen Mittagszeit kehrt sie in die Wohnung zurück und kocht. Ihre kulinarischen Fähigkeiten sind phänomenal. Sie hat nicht nur das Unglück in Bayern zurückgelassen. Heutzutage kommt ihr Maggi nicht mehr ins Haus. Nachmittagsfernsehen hat eben doch sein Gutes. Meine Mutter gehört zu den wenigen Zuschauern, die den Fernsehköchen nicht nur zuschauen. Sie probiert die Speisen aus, variiert sie, verbessert sie – nach sieben Stunden Frühstücksservice. Den Rest des Tages ruht sie sich entweder aus oder macht Erledigungen: Sie geht kurz raus und kauft eine Cola. Sie geht noch einmal kurz raus und besorgt ein Päckchen Salz. Sie geht ein weiteres Mal kurz raus und holt meinem Vater ein Eis (um ihm später vorzuhalten, er esse zu viel Süßes). Mein Vater empfiehlt ihr schon seit fünfunddreißig Jahren, eine Einkaufsliste zu führen. Aber meine

Mutter möchte gar nicht alles auf einmal erledigen. Sie genießt die Ausflüge zur Potsdamer. Auf der Hauptstraße vor unserem Haus in Oberbayern herrschte vor allem Durchreiseverkehr, die Bäckerei schloss pünktlich um 16 Uhr, und wie oft konnte man schon den Supermarkt aufsuchen – bis 17 Uhr geöffnet! – und dort mit der Kassiererin tratschen?

In ihrem Kiez müssen auch rücksichtslose Autofahrer an der Ampel stehen bleiben, sodass meine Mutter ihnen auf die Haube schlagen und mit einem Berserkerblick drohen kann. Sie hat denselben Effekt auf Autofahrer wie Makaken in Delhi: Keiner traut sich, seinen Wagen zu verlassen. Mit Benjamin, dem Fahrrad-, Antiquitäten- und Orangensafthändler, schäkert sie und verhandelt niedrige Reparaturkosten für mich. Im türkischen Gemüseladen hält sie dem Besitzer vor, seine Trauben seien teurer als beim Rewe gegenüber. Er gelobt Besserung. Und sobald sie wieder daheim ist, stellt sie sicher, dass niemand die Mittagsruhe stört. Sie reißt ihr Schlafzimmerfenster auf und brüllt nach oben, wenn der Mieter über ihnen seine Waschmaschine laufen lässt, und nach unten, wenn Kinder im Hof zu laut spielen. Sollte das nicht ausreichen, stürmt sie aus der Wohnung zu den Übeltätern, die nicht wissen, wie ihnen geschieht.

Zwischendrin ruft sie mich mindestens einmal täglich an.

Ich nehme ab.

»Jaaaaa.« Ich habe sie nie gefragt, warum sie Gespräche so beginnt.

Bevor ich etwas erwidern kann, folgt ein schnelles: »Ich!« Ein Scherz. Als wüsste ich nicht, wer dran ist.

»Hab ich dich geweckt?«

Jedes Mal diese Frage. Ihr gefällt der Gedanke, dass ich den ganzen Tag faul im Bett liege. Das glorifiziert sie als Frühaufsteherin. Ich habe ihr bereits mehrmals erklärt, dass ich schon in aller Frühe schreibe.

»Es ist dreizehn Uhr«, sage ich.

»Arbeitest du?«

»Ja.«

Auch das ignoriert sie. Niemand arbeitet härter und länger als sie. (Womit sie vermutlich richtigliegt.)

»Ich hatte heute achtunddreißig Gäste!«

Der Härtegrad eines Arbeitstages misst sich bei ihr in Gästen. Bis zu fünfzehn sind ein Klacks. Ab zwanzig beginnt der Stress. Dreißig und mehr bedeuten eine Herausforderung. Bei über vierzig stößt sie an ihre Grenzen.

»Muss anstrengend gewesen sein.« Wegen solcher Sätze ruft sie an. Meine Mutter verzehrt sich nach Anerkennung. Ich gebe sie ihr gerne. Noch vor wenigen Jahren hätte ich ihr nicht zugetraut, auch nur einen Arbeitstag durchzustehen. Ich bin stolz auf sie. Ihre Freude darüber höre ich daran, wie tief sie einatmet.

Dann weiter: »Da war so eine Tussi. Die hat sich in der Küche einfach *hinter mich gestellt*. Das kann ich ja gar nicht leiden. Die wollte auf der Terrasse frühstücken.« Kurze dramatische Pause. »Der hab ich aber den Marsch geblasen!«

»Du hast ihr den Marsch geblasen, weil sie draußen frühstücken wollte?«

Ich bin mir nicht sicher, ob die kryptischen Aussagen ihr unterlaufen oder absichtlich von ihr platziert werden, damit man nachfragt.

»Das geht zurzeit echt gar nicht.«

»Es ist doch schönes Wetter.«

»Ja eben!«

»Du hast ihr den Marsch geblasen, weil man bei schönem Wetter nicht draußen frühstücken kann?«

»Unsere Wespenplage!«

Wie konnte ich das vergessen! Wie konnte ich etwas vergessen, von dem sie mir nichts erzählt hatte.

»Die Tussi meinte, sie weiß es besser. Also hab ich ihr den Tisch gedeckt. Und rat mal, wer nach fünf Minuten doch wieder drinnen frühstücken wollte?«

Ich will etwas sagen.

Sie kommt mir zuvor. »Manche Leute haben keine Manieren – was gibt's bei dir heute zu essen?«

Im abrupten Themenwechsel ist meine Mutter ungeschlagen.

Ich fange an, ihr das Gericht zu beschreiben.

Sie unterbricht: »Ich mache heute Schnitzel!«

»Aha.«

»Das willst du doch auch mal wieder essen.« Als Vollblutmutter weiß sie besser als ihr Sohn, was er möchte. »So richtig dünn geklopft, mit Bratkartoffeln – es ist so schwül draußen!«

»Ja.«

»Ich war nach der Arbeit ganz durchgeschwitzt – beinahe hätte mich ein Taxifahrer umgenietet.«

»Wie bitte?«

»Die fahren einfach bei Rot.«

»Geht's dir gut? Ist dir was passiert?!«

»Das hättest du gerne. Dann würde ich dich nicht mehr anrufen und bei der Arbeit stören.«

»Du störst doch nicht.«

»Lügner.«

Das sagt sie sanft, fast liebevoll – ehe sie auflegt. Gespräche mit ihr enden so abrupt, wie sie beginnen.

Sie und mein Vater könnten unterschiedlicher kaum sein. Meine Mutter stammt aus einem bürgerlichen Haushalt, der Vater war Elektriker, Lebenskünstler, Schuldenakkumulierer und Ehemann einer aufgequollenen Frau, die ihren Ekel vor der Welt mit Bier betäubte. Mein Vater sagt, ihm gefiel, dass meine Mutter keine dieser *schwierigen Künstlerinnen* war. Er hat also einer Frau einen Antrag gemacht, weil sie etwas nicht war. Falls er vor ihr ähnliche Ansprüche hatte, erklärt das, warum er so oft liiert war. Seine Mutter kannte ich nur als gebrechliche, blinde Frau. Dabei war sie lange Zeit eine Matriarchin und die erste *schwierige Künstlerin* seines Lebens. Auch in der Ehe seiner Schauspielereltern wurden Kämpfe mit Messern ausgetragen. Die ganze Welt war ein Theater. Einmal drohte sein sonst gutherziger Vater mit einem Messer in der Hand, seine Mutter zu erstechen, weil sie ihn wegen eines Großindustriellen verlassen wollte. Doch ihm wurde der Mord erspart. Die Ehefrau des Großindustriellen, eine Jüdin, die es ihrem Ehemann erlaubt hatte, gleich nach Kriegsende erneut ins Geschäft einzusteigen, übertrumpfte meinen Großvater mit ihrer Drohung: Sollte der Großindustrielle sie verlassen, würde sie all seine heimlichen Machenschaften im Dritten Reich offenlegen. Meine Großeltern blieben also zusammen und mein Vater wuchs auf der Bühne auf. Diese hat er nie verlassen, auch wenn er schon lange nicht mehr als Schauspieler wirkt. Für meinen Vater ist die Bühne die einzige Wirklichkeit, er spielt immer. Manchmal bringt das andere zur Weißglut. Zum Beispiel mich. In einer Diskussion ist es unmöglich, ihn zu stellen. Immer wartet er mit einer neuen Finte auf, entzieht sich Kritik mit einem Scherz, einem spielerischen, ironischen Kommentar. Was mich wurmt, was mich tatsächlich daran stört, ist nicht dieses oder jenes Ausweichmanöver, sondern seine Mentalität. Er hat lange vor meiner Geburt gelernt zu akzeptieren, dass das Leben bloß ein Spiel ist. Wir anderen nehmen das Leben zu ernst. Er kann das nicht, und warum sollte er auch, schließlich nimmt das Leben nichts und niemanden ernst. Ich beneide ihn um seinen unerschütterlichen Optimismus. Wenn er etwas erreichen möchte, setzt er alles daran, und gelingt es ihm trotzdem nicht, akzeptiert er das flugs und widmet sich einem neuen Projekt. Er macht einfach weiter. Ich weiß nicht, woher er die Kraft nimmt. Mein Vater ist mehr als doppelt so alt wie ich und ich besitze nicht einmal halb so viel Zuversicht. Manchmal denke ich, das liegt daran, dass er nicht genug weiß – dann wieder habe ich den Eindruck, er weiß etwas, das wir nicht wissen. Sonst könnte er nicht so unbeirrt durchs Leben schreiten.

Wobei er oft stolpert.

Meistens über Geld. Niemand geht damit so schlecht und so gut um wie er. Für ihn ist Geld das, was für meine Schwester und mich früher die Liebe unserer Eltern war, ein unbegrenzter Rohstoff. Wie Peter Schlemihl erwartet er, dass sein Säckel stets Gold ausspuckt.

In der Nachkriegszeit musste seine Künstlerfamilie viel entbehren. Im Winter stapfte er in kurzen Hosen durch den Schnee zur Schule; seine größte Freude bestand darin, heimlich einen kräftigen Schluck aus der Milchkanne zu nehmen.

Die Erinnerung an diesen kurzhosigen Milchdieb drängte ihn später dazu, all das zu kaufen, was er sich einst nie hätte leisten können. Angezahlte Porsches, Amerikareisen in den Achtzigern, als *God's own country* noch keinen Touristen scherte, und Geschenke für die Familie.

Meiner Mutter, meiner Schwester und mir wurden alle Wünsche erfüllt. Sogar welche, die wir gar nicht hegten.

In der Bayside Mall in Miami entdeckt mein Vater 1994 eine speckige Lederjacke mit großflächiger US-Flagge auf dem Rücken. Sie kostet tausend Dollar. Die muss er mir unbedingt besorgen. Mein Vater ist überzeugt davon, damit werde ich zum Star auf dem Pausenhof avancieren. Ich bin überzeugt davon, dafür wird man mich auf dem Pausenhof verprügeln. Das kann mein Vater nicht glauben. James Dean, Lucky Strike, Jack Daniel's und Big Red waren die großen Namen seiner Jugend. Er insistiert, dass ich die Lederjacke anprobiere. Ich tue ihm den Gefallen. Trotz meines Leibesumfangs gehe ich in ihr ein. Sie riecht nach altmodischem Schuhladen. Mein Vater behauptet, sie stehe mir prächtig. Ich bitte ihn, sie nicht zu kaufen. Die Begeisterung ist ihm nicht zu nehmen. Er behauptet, sein Sohn werde die Lederjacke schon schätzen, wenn er sie erst einmal besitzt. Doch sein Sohn schwört, das Ding niemals anzuziehen. Das verletzt meinen Vater. Ich bin erst zwölf, ich verstehe noch nicht, dass ich dem Nachkriegskind in ihm etwas vorenthalte. Aber ich sehe es in seinen Augen. Er tut mir leid. Es macht ihn so glücklich, mir etwas zu geben, wonach er sich einst gesehnt hatte. Ich gebe mich geschlagen, willige ein. Mein Vater bezahlt die Jacke und drückt mich an sich, als hätte ich ihm die Jacke geschenkt. Ich trage sie an diesem Abend für ihn. Es wird das letzte Mal sein.

Aber natürlich gab es auch die vielen Geschenke, die wir liebend gern akzeptierten. Stand ich mit ihm vor dem Regal mit den Neuerscheinungen an Videospielen, musste ich nur die Zauberformel sprechen: »Ich kann mich nicht entscheiden.« Schon bekam ich von ihm alles, was ich begehrte. Meine Schwester besaß die umfangreichste Sammlung an Barbies diesseits der Isar. Und zu Weihnachten beauftragte mein Vater Mathias Waske, ein Kindheitsporträt meiner Mutter anzufertigen, bei dessen Präsentation sie allerdings nicht sich selbst wiedererkannte, sondern ungünstigerweise die Exfrau meines Vaters, woraufhin dieser, um sie zu beschwichtigen, ein weiteres Gemälde bestellte.

Mein Vater überschüttete uns mit Kostbarkeiten, konnte aber nie den Hunger aus seiner Kindheit bändigen. Wie ging er damit um? Indem er noch mehr erwarb.

Wir waren ein verwöhnter Haufen. Ich wünschte, wir hätten mehr geschätzt, was wir hatten. Das lernten wir erst, als wir es nicht mehr hatten.

Nachdem meine Mutter morgens zum Hotel aufgebrochen ist, schleicht sich Besuch ins Bett meines Vaters. Kater Max. Früher fehlte uns der Platz, um zu Weihnachten all die Glückwunschkarten von Freunden und jenen, die sich als solche ausgaben, aufzustellen. Heute bevorzugt mein Vater die Gesellschaft von Max. Der Kater weiß zu schätzen, was er an meinem Vater hat – und anders herum. In den Morgenstunden wärmen sie sich gegenseitig. Darauf folgt: gemeinsames Frühstück in der Küche. Danach spielt mein Vater mit Max und Max mit meinem Vater. Wer von beiden dem anderen größeres Glück beschert, ist schwer zu sagen.

Während meine Mutter Geld verdient, kümmert mein Vater sich um den Haushalt. In Berlin haben sie die Rollen getauscht. Er, der jahrelang zwischen seinem Königsdorfer Zuhause und seiner Münchner Firma pendelte, mit Fernsehintendanten bei Sektempfängen anstieß und Filme in der Karibik produzierte, dieser Verwirklicher, den erst ein Herzinfarkt zwang, sein Leben umzukrempeln, verbringt den Vormittag nun damit, Geschirr zu spülen, Wäsche zusammenzulegen und das Katzenklo zu reinigen.

Manchmal lastet das auf ihm. Er vermisst die fetten Neunziger, in denen zig Ziffern seinen Kontostand vom Minus trennten, er wirft sich vor, wie bescheiden sie leben müssen. »Ich habe viele Fehler gemacht«, sagt er. Aber mein Vater wäre nicht mein Vater, würde er darin nicht auch etwas Gutes sehen. Er fühlt sich befreit von all den Verpflichtungen eines wohlhabenden Menschen. Er weiß nun, wer seine wahren Freunde sind. Er hat mehr Zeit für die Familie. Ich mag diesen neuen Vater. Ich mag den unvermögenden Rentner viel mehr als den einflussreichen Geschäftsmann von damals. Wie meine Mutter hat auch er sein altes Ich in Königsdorf zurückgelassen. Was nicht bedeutet, dass meine Eltern glücklich miteinander sind. Aber sie sind glücklicher miteinander. Ich würde sogar behaupten, zusammen sind sie glücklicher als allein. Auch wenn sie das selten zeigen.

Tiergarten, 2012. Die Aufzugtüren stehen offen. Saskya bleibt eine Sekunde, um ihre zukünftigen Schwiegereltern zu mustern: ein Mann mit Glatze und festem Bauchspeck. Seinen Augen wohnt die Lebendigkeit eines Kindes inne. Die Frau an seiner Seite entfernt soeben ein Reiskorn, das an ihrer Wange klebt. Sie umgibt eine Aura der Ungeduld. Bevor wir ein Wort äußern könnten, fällt uns meine Mutter um den Hals. Saskyas Augen treten hervor. Mein Vater weist darauf hin, meine Mutter sei nicht gut im Bändigen ihrer Emotionen. Saskya lacht herzlich und, wenn ich mich nicht irre, nervös.

Es ist wichtig für uns, dass dieser Nachmittag eine positive Erfahrung wird. Saskya braucht nicht noch mehr Gründe, um sich in Berlin fremd zu fühlen.

Meine Mutter grabscht Saskya an die Hüfte und sagt, sie sei gar nicht so zierlich, wie sie aussehe.

Später wird Saskya mir den blauen Fleck zeigen.

Im Wohnzimmer bittet mein Vater uns an den Tisch. Ob wir etwas trinken wollen?

Saskya bedankt sich, Wasser.

Meine Mutter schenkt Saskya und mir Weißwein ein. Stellt danach die Flasche auf dem Tisch ab, sodass mein Vater sich selbst bedienen muss.

Sie habe den Wein extra für heute besorgt, sagt meine Mutter. Es falle ihr schwer, nicht auch einen Schluck zu nehmen. An so einem besonderen Tag!

Dann soll sie doch einen nehmen, sagt mein Vater.

Nein, ruft meine Mutter und wendet sich Saskya zu: Früher habe sie wie ein Loch gesoffen. Nun sei sie aber schon mehr als fünf Jahre trocken.

Drei, sagt mein Vater.

Fünf, sagt meine Mutter.

Wer habe dann seinen Whisky getrunken?

Nicht so wichtig, sage ich.

Fünf, murmelt meine Mutter, und mein Vater leert sein Glas in einem Zug.

Unter dem Tisch drücke ich Saskyas Hand.

Es werden geschmorte Hühnerschenkel, Reis und Salat aufgetischt. Meine Mutter mischt wie immer alles auf ihrem Teller, mein Vater pickt den Salat aus einer Extraschüssel.

Saskya macht meiner Mutter Komplimente zum leckeren Essen.

Es tue ihr leid, dass sie nicht indisch kochen könne, sagt meine Mutter.

Saskya sagt, ihre Stärke seien auch nicht gerade deutsche Gerichte.

Die könne sie selbst allerdings schon ziemlich gut, sagt meine Mutter.

Riecht irgendwer das Eigenlob, fragt mein Vater in die Runde und schenkt sich Wein nach.

Sie würde ja gerne mal so richtig indisch kochen lernen, sagt meine Mutter.

Saskya schluckt den Köder: Man könne sich zum Kochen verabreden.

Kardamom, sagt meine Mutter, das benutze man in Indien doch andauernd.

Na ja, sagt Saskya, manchmal.

Mein Vater sagt, Saskya und er sollten auch zusammen kochen. Er könne hervorragend Spiegeleier braten.

Saskya sagt, sie sei beeindruckt.

Meine Mutter nagt an einem Hühnerschenkel. Er wisse ja nicht einmal, wo sich die Bratpfanne befinde!

Ihr Mund, sie solle doch bitte eine Serviette verwenden, sagt mein Vater.

Meine Mutter sagt, es tue ihr leid, dass sie mit den Händen esse, sie sei ein Nager, aber in Indien sei das ja normal.

Saskya stimmt ihr zu.

Mein Vater sagt, aber man esse in Indien nur mit der rechten Hand, weil man mit der linken was anderes mache.

Als Saskya nicht sofort darauf eingeht, sagt meine Mutter: Man wäscht sich den Arsch.

Mein Vater bedankt sich bei meiner Mutter für die Erläuterung: Was würde er nur ohne sie tun! Dann beugt er sich zu Saskya: Er entschuldige sich für die Wortwahl seiner Frau. Diese entstamme einer Familie ohne Manieren.

Ob sich in Indien wirklich alle mit der Hand *das Hinterteil* waschen, will meine Mutter von Saskya wissen.

Ich merke an, das sei vielleicht nicht das ideale Mittagstischthema.

Saskya wendet sich meiner Mutter zu: Viele täten das. Auch wenn die Leute zunehmend auf Klopapier umstiegen.

Sich mit Wasser *den Popo* zu waschen, sei ja auch viel hygienischer, sagt meine Mutter.

Liebend gern würde er sich auf diese Weise reinigen, sagt mein Vater, aber in seinem Alter komme er kaum mehr an die richtigen Stellen. Er lacht.

Saskya lacht, weil sie versteht, dass er sich erhofft hat, sie würde lachen.

Meine Mutter verzieht das Gesicht, manchmal sei er wirklich unappetitlich.

Wieso, sagt mein Vater, sie habe das Thema doch aufgebracht.

Ja, sagt meine Mutter, aber er müsse es immer übertreiben.

Ihm bleibe ja sonst nichts, sagt mein Vater und tätschelt Saskyas Hand, es sei schrecklich, alt zu werden.

Er sei noch gar nicht so alt, sagt meine Mutter.

Nicht im Kopf, sagt er, aber alles sei *so* mühsam. Wir könnten uns überhaupt nicht vorstellen, welchen Aufwand es für ihn bedeute, sich die Fußnägel zu schneiden. Vielleicht sollte er besser nach Indien ziehen, da gäbe es doch bestimmt jemanden, der das für ihn übernehmen könnte.

Sie sei doch schon seine Sklavin, sagt meine Mutter.

Ja, sagt mein Vater, aber so eine hübsche Inderin bedeutete eine nette Ergänzung und liebevoller wäre sie bestimmt auch.

Mit liebevoll könne er doch nichts anfangen, sagt meine Mutter.

Mit liebevoll könne sie nichts anfangen, sagt mein Vater.

Sie steht auf und räumt das Geschirr zusammen.

Jetzt habe er sie beleidigt, sagt mein Vater, als stünde sie nicht neben ihm.

Meine Mutter zeigt ihm den Mittelfinger. Er sei heute wieder einmal gar nicht witzig.

Ob wir dem zustimmten, fragt er Saskya und mich.

Meine Eltern sehen uns an. Es ist das erste Mal, seitdem wir angekommen sind, dass beide gleichzeitig schweigen. Saskya und ich wechseln einen Blick.

Wir müssten uns schon entscheiden, auf wessen Seite wir stehen, sagt mein Vater. Ohne uns unter Druck setzen zu wollen: Er werde zuerst sterben.

Meine Mutter knallt das Geschirr auf den Tisch.

Sie liebe ihn zu arg, sagt er zu uns, sie ertrage den Gedanken nicht, dass er sie demnächst verlassen werde.

Sie könne es kaum erwarten, sagt meine Mutter.

Er liebe sie ja auch, sagt mein Vater.

Meine Mutter will ihn küssen. Er wehrt sich dagegen wie ein Kind, dem es peinlich ist und das die Zuneigung dennoch genießt.

Saskya sei bestimmt froh, dass sie in so eine gute Familie einheirate, sagt meine Mutter und drückt Saskyas Schulter.

Saskya überlege sich das gerade noch einmal, sagt mein Vater.

Beide lachen.

So ähnlich gestalten sich weitere Treffen in den Wochen darauf. Nach einem besonders intensiven Familienabend einschließlich Glasscherben, zensurwürdigen Verwünschungen und einem elterlichen Wettbewerb in der beliebten Disziplin »Türenschlagen« entschuldige ich mich auf dem Heimweg bei Saskya.

Sie bleibt stehen. »Wofür?«

»Das war furchtbar.«

»Überhaupt nicht.«

»Danke. Nett von dir.«

Sie stellt sich vor mich und sieht mir in die Augen. »Ich mag deine Eltern.«

»Das musst du nicht sagen.«

»Ich weiß.«

Sie lässt mich nicht vorbei.

»Für dich war das also eine entspannte Zeit?«, frage ich.

»Das habe ich nicht gesagt. Deine Eltern …«

»… sind immer irgendwie *zu viel*.«

»Ja und? Sie sind herzlicher als die meisten Menschen.«

Früher versuchte ich immer, meine Freundinnen vor meinen Eltern zu schützen. Nun verteidigt meine Verlobte meine Eltern vor mir.

»Ich will dir keine Angst machen«, sage ich, »aber bisher haben sie sich zusammengerissen. Es gibt auch ganz andere Tage.«

Wir gehen weiter. Ich glaube, ich habe ihr Angst gemacht.

»Weißt du, was mir aufgefallen ist?«, fragt Saskya.

»Bestimmt mehr als eine Sache.«

»Nein, ich meine nicht sie, ich meine dich.«

»Mich?«

Diesmal bleibe ich stehen.

»Du könntest netter zu ihnen sein«, sagt Saskya. »Ihnen zeigen, dass du sie liebst.«

»Sie machen es einem nicht leicht.«

»Wenn du wüsstest, wie glücklich du sie machen kannst.«

Ich wehre mich gegen den Gedanken. Obwohl oder gerade weil ich ahne, dass Saskya recht hat. Ich liebe meine Eltern, ich liebe sie sehr, aber ihnen das zu zeigen, fällt mir nicht leicht. Ausgerechnet jenes Paar, das so großzügig liebt, hat einen Sohn hervorgebracht, der seine Liebe für sie drosselt. Ich bin noch immer der kleine Christopher, der sich aus falschem Stolz heraus sträubt, sie Mama oder Papa zu nennen.

In diesem Sommer will ich das ändern. Ich nehme mir Saskyas Rat zu Herzen.

Wenn meine Mutter oder mein Vater einen fünfzehnminütigen Monolog endet mit: »Du bist so still. Erzähl doch auch mal was«, erwidere ich nicht: »Du lässt mich ja nicht zu Wort kommen!« Sondern erzähle auch mal was. Und wundere mich, wie glücklich es sie macht zu erfahren, wo ich joggen gehe, in welchem Supermarkt ich einkaufe, wie es beim Zahnarzt war.

Wir laden meine Eltern zum Essen zu uns nach Hause ein, damit meine Mutter nicht täglich in zwei Küchen schuften muss, und ich wundere mich, wie glücklich sie ein Nachmittag bei uns macht.

Ich schlage mich auf die Seite meines Vaters bei Auseinandersetzungen mit seinem Erzfeind alias »der gottverdammte Computer« und wundere mich, wie glücklich das nicht nur meinen Vater, sondern auch meine Mutter macht.

An einem der wenigen freien Arbeitstage meiner Mutter begleite ich meine Eltern an den Schlachtensee, spaziere in ihrem Tempo, lade sie auf eine Bratwurst ein und wundere mich, als sie mir mitteilen, wie sehr sie es schätzen, dass ich mir so viel Zeit für sie genommen habe. Das mache sie glücklich.

Ich wusste immer, dass sie sich nach meiner Liebe sehnen, aber ich hätte nicht gedacht, wie viel ihnen ein wenig Zuneigung von mir bedeutet. Selbst in kleinen Gesten steckt für sie eine Menge Glück. Seitdem Saskya mich darauf aufmerksam gemacht hat, gebe ich mir mehr Mühe. Ich bin nicht gut darin, es gelingt mir viel zu selten. Aber ich versuche es.

## Ich weiß, wo du herkommst

Es gibt noch eine dritte Liebe, die Saskya mich lehrt: die zu Indien. Aber wie das oft so ist mit einer frischen Liebe, gestaltet sich diese anfangs ziemlich oberflächlich.

Es reicht mir nicht, Unkenntnis in indischen Belangen zu haben, ich muss diese auch artikulieren. Etwa bei einem Dinner mit Freunden aus Berlin. Jeder zweite Satz von mir beginnt mit:»In Indien ...« Ein paar Wochen auf dem Subkontinent haben aus mir einen Spezialisten gemacht. Ich kläre die unwissenden Freunde auf und lasse kein Klischee aus: Smog, Slums, Saris. Ich mag es, wie interessiert sie mir lauschen. Dabei fällt mir erst spät auf, dass Saskya kaum zur Konversation beiträgt. Ihr Ärger wächst still. Nachdem die Freunde gegangen sind, bricht sie ihr Schweigen: Mussten wir so viel über Indien reden? Als wir in Delhi ihre Freunde trafen, haben wir uns auch nicht die ganze Zeit über Nazis, Bier und Autobahnen unterhalten. Sie hat recht, das haben wir nicht. Ich rechtfertige mich, Indien sei eben so extrem. Was sie kontert mit: Deutschland etwa nicht? Nein, behaupte ich, Deutschland sei normal. Das bringt sie zum Lachen: Normal für wen? Ich verbessere mich: Indien sei aber komplizierter.

Eben.

Und weil Indien so kompliziert ist, mit seinen rund zwei Dutzend anerkannten Landessprachen, Hunderten Dialekten, seinen Millionen Anhängern aller Weltreligionen, seinen konfliktbeladenen Beziehungen zu den Nachbarstaaten, seiner antiken, kolonialen und post-kolonialen Geschichte, seinen unterschiedlichen Klimazonen und seinem komplexen Gesellschaftssystem, wegen all dieser Aspekte und noch vielen weiteren fühlt es sich so befriedigend an, Indien zu erklären und 1,3 Milliarden Menschen in eine Schublade zu stecken. Das nimmt mir die Angst vor der Wahrheit, dass niemand, schon gar nicht ein Jemand aus Oberbayern, dieses Land ganz verstehen kann.

Ich bin bei Weitem nicht der Einzige mit dieser Angst. Es gibt viele Deutsche, vor allem Männer, die meinen, Saskyas Heimat besser zu kennen als sie selbst. In einer Neuköllner Bar hört der Freund eines Freundes, dass sie in Delhi aufgewachsen ist. Prompt schwillt ein Grinsen in seinem Gesicht. »Delhi! Da war ich auch schon!« Saskya lächelt müde. Den Satz hat sie bereits oft gehört. Auf ihn folgt üblicherweise kein Gedankenaustausch, sondern eine Meinung, eine Beurteilung. So auch diesmal. Obwohl Saskya gar nicht danach gefragt hat. Ich bewundere, wie freundlich sie bleibt, während der selbst ernannte Indienkenner ihr erklärt: Es gäbe ja einen Mordsverkehr auf Delhis Straßen. Überhaupt in Indien. Und die Armut! Echt schrecklich. Das könne man kaum ertragen. Die Leute hätten nicht mal genug zu essen, das müsse man sich mal vorstellen! Aber trotzdem lächelten alle, und die fröhlichen Farben erst. Ach, Indien sei einfach fantastisch. Ob er mal was fragen dürfe?

Bevor Saskya darauf reagieren kann, fährt er fort: »Bist du auf einem Elefanten zur Schule geritten?«

Bei einer Party im selben Sommer sind Saskya und ich gerade dabei aufzubrechen, da kommt ein Unbekannter auf uns zu, mit ausgestrecktem Zeigefinger, der fast Saskyas Nase berührt. »Indien!«, ruft er. »Richtig?«

Ich wünschte, ich könnte behaupten, er wirke betrunken. Der nüchterne Enthusiast sagt, er sei ein großer Indienfan. Auch wenn er noch nie dort war. Er müsse unbedingt einmal hin. Wo befinde sich denn der spirituellste Ort im Land?

Saskya überlegt kurz. »Die Vasant Kunj Mall. Das größte Einkaufszentrum der Stadt.«

Derlei Begegnungen gehören zu Saskyas Alltag. Auffällig ist: Gerade diejenigen, die sich dadurch hervortun, immer alles zu erklären, wissen am wenigsten.

Da bin ich keine Ausnahme. Je mehr ich Zeuge pauschaler Urteile werde, desto mehr schäme ich mich für meine eigenen. Mir ist peinlich, wie naiv ich dahergeredet habe. Es muss furchtbar sein, wenn so viele Personen immer meinen zu wissen, wer du bist und wo du herkommst.

Dabei kann die Exotisierung, das bis zur Faszination reichende Interesse noch schlimmer als Ablehnung sein. Mit klassischem Rassismus lässt sich leichter umgehen, er ist schlichtweg inakzeptabel. Interesse dagegen ist mannigfaltig. So ehrlich es gemeint sein mag, das Problem liegt darin, dass es grundsätzlich als positiv gilt. Manch einer rechtfertigt sich:»Ist doch gut, dass ich mich für andere Kulturen interessiere.« Das stimmt ja auch. Nur ist dieses Interesse selten interessant und nicht selten sogar beleidigend für die Vertreter der anderen Kultur. Diese werden zum Objekt deklassiert.

Viele erkennen nicht, dass ihrer Haltung eine Art positiver Rassismus zugrunde liegt. Eine unausgesprochene Regel lautet: Positives darf ich immer äußern. Egal, wie dumm das Geäußerte sein mag.

Saskyas»schöne braune Haut« wird ebenso gelobt wie ihr»überraschend gutes Deutsch« oder der Fakt, dass Indien eine Demokratie ist. Entlarvende Einschätzungen. Oft, nicht immer, aber viel zu oft verraten sie Haltungen: dass es nämlich auch nicht so schöne bzw. *zu* braune Haut gibt. Dass eine nicht weiße Frau nicht so deutsch sein kann wie eine weiße Frau. Oder dass man einem asiatischen Volk gar nicht zugetraut hätte, eine so noble (weil westliche) Staatsform umzusetzen.

Ich bin ein Kind des Westens. Mir wurde schon früh eine Überzeugung eingepflanzt: Der Westen ist dem Rest der Welt überlegen. Meine Playmobil-Cowboys gewannen stets gegen die Playmobil-Indianer. Weil Colts fortschrittlicher sind als Pfeile. Es ist natürlich grausam, was der weiße Mann in Amerika angerichtet hat. Aber es ist auch beeindruckend, wie er ganze Kontinente mit seinem überlegenen Wissen in die Knie zwang. Nein, wir finden das nicht gut, überhaupt nicht gut, dass indigene Völker ausgerottet wurden. Wir verurteilen das. Na ja, nicht jeder macht beim Verurteilen mit. Aber wir in Deutschland schon. Wir errichten Mahnmale. Viele Mahnmale. Seht ihr, wie gut wir uns verurteilen? Wer sonst setzt sich so tiefenwirksam mit der eigenen Vergangenheit auseinander! Wir Deutschen haben unsere Lektion gelernt und verstehen es, Selbstkritik zu üben. Nie mehr wollen wir die Weltherrschaft anstreben. Jedenfalls nicht auf kriegerischem Wege. Denn inzwischen sind wir geläutert. Unsere Demokratie ist vorbildlich, unsere Flüsse sind weitgehend frei von industrieller Chemie und in unseren Schulbüchern prangern wir unsere Großväter an. Wir könnten schon so etwas wie eine Führungsmacht sein, oder? Nennen wir es besser: Leitkultur. Äh, sagen wir einfach: Vorbild. Ein positives Vorbild für die ganze Welt. Das haben wir aus eigener Kraft geschafft. Gut, ein bisschen Hilfe hatten wir. Jemand musste uns besiegen, das war nicht ganz einfach, und dann musste man uns auch noch zwingen, der Demokratie eine zweite Chance zu geben. Dafür bekamen wir Unterstützung, ein bisschen Taschengeld mit auf den Weg. Sonst brauchten wir nichts und schon waren wir erneut richtig beliebt. Uns ist es sogar gelungen, zu uns selbst zu finden! Die Mauer fiel und wir sind jetzt wieder ein heiles Land. Mit geringfügigen Ost-West-Differenzen. Nicht der Rede wert. Hören Sie nicht auf diejenigen, die sich beklagen. Das sind die ewig Gestrigen. Welches Land kann schon von sich behaupten, dass es in wenigen Jahren einen solchen ökonomischen *und* moralischen Aufstieg erlebt hat? Das soll uns mal einer nachmachen. Im Ernst. Das sollten uns viele nachmachen. Wenn wir es geschafft haben, dann muss es doch allen anderen auch gelingen. Warum tun die sich so schwer damit? Ach so, die hatten keine Aufklärung. Ja, bei uns gab es danach noch zwei Weltkriege, und besonders einer davon hatte keinen sehr aufgeklärten Hintergrund. Aber man muss auch nicht ständig auf vergangenen Fehlern herumreiten. Das tun wir ja schon im Geschichtsunterricht. Es gibt so viel schlimmere Orte auf der Welt. Eigentlich gibt es nur schlimmere Orte auf der Welt. Außer Schweden. Bei uns herrschen Demokratie, Freiheit, Gleichheit und genau das richtige Maß an Ordnung. Das muss also mit uns zu tun haben. Wir haben dieses Paradies geschaffen. Wenn alles so gut ist, müssen wir folglich richtig gut sein. Nicht wahr?

Das Entfernen einer tief sitzenden Überzeugung ist eine heikle, zeitaufwendige OP. Ich weiß zwar, dass der Westen nicht schlechter oder besser und vor allem keinesfalls bedeutender ist als der Rest der Welt. Aber bloß, weil ich etwas weiß, bedeutet das nicht, dass ich es so sehen kann.

Bei meinem ersten Besuch in Indien fiel mir eine Weltkarte in einem Café auf. Ich hatte den Eindruck, etwas stimme nicht mit ihr. Meine Vermutung: Die Kontinente waren falsch kartografiert. Als ich sie näher betrachtete, begriff ich: Etwas stimmt nicht mit mir. Die Karte hatte Südasien als Zentrum. Europa befand sich im Nordwesten, ein kümmerliches, gequetschtes Stückchen Landmasse. So hatte ich die Welt noch nie gesehen.

Saskya schenkt mir nicht nur Einblicke in eine mir unbekannte Kultur – sie zeigt mir auch, wie einseitig ich die mir bekannte wahrnehme. In anderen Worten: Um Indien zu lieben, muss ich Deutschland neu kennenlernen.

Das wird dauern. In der Zwischenzeit halte ich mich an die Maxime meines Vaters: »Wenn du keine Ahnung von einem Thema hast, stell am besten nur Fragen – oder halt die Klappe.«

Und man könnte noch hinzufügen: Vermeide in jedem Fall besserwisserische Erklärungen.

Auf die oberflächliche Liebe zu Indien folgt somit die nächste Phase: vorsichtige Liebe.

Aber die Hochzeit in Delhi rückt immer näher.

Für Vorsicht ist da kaum Platz.

# 4

## Der Sturm vor der Ruhe

Sandy zieht auf
Diwali
Vorbereitungen für eine kleine Festivität mit
zweihundert Gästen
Dieses Goa
Hölle

# Sandy zieht auf

Am 19. Oktober 2012 ist es nur ein bescheidenes Tiefdruckgebiet. Drei Tage später hat sich dieses so prächtig entwickelt, dass man ihm einen Namen gibt. Sandy rückt sogar in den Rang eines Hurrikans auf. Nach einem kurzen Techtelmechtel mit Jamaika überfällt er Kuba. Elf Menschen sterben und zigtausende verlieren ihr Zuhause. Danach scheint Sandy die Puste auszugehen. Man bezeichnet ihn nur noch als tropischen Sturm. Aber das lässt Sandy sich nicht bieten. In kürzester Zeit sammelt er Kräfte. Am 29. Oktober trifft der Hurrikan auf die Ostküste der Vereinigten Staaten.

Saskya und ich befinden uns zu dem Zeitpunkt in SoHo, auf Einladung des Deutschen Hauses an der NYU und des Deutschen Literaturfonds. Sandy bereitet uns wenig Sorgen. Die Ausläufer eines Hurrikans betreffen New York gewöhnlich kaum.

Wir haben keine Ahnung, was auf uns zukommt. Und damit meine ich nicht nur den Sturm.

In weniger als zwei Monaten findet die Hochzeit statt. Ich bereite mich im Wesentlichen darauf vor, indem ich nicht darüber nachdenke. Was ich nicht betrachte, kann mir keine Angst machen. Die geografische Distanz entspricht meiner emotionalen und mentalen. Meere und Kontinente liegen zwischen mir und meinem künftigen Zuhause. Wenn ich mir vorstelle, dass ich in wenigen Wochen einen *Sherwani* tragen und ums Feuer marschieren werde, scheint es mir, als sei das ein anderer Christopher. Ein Christopher aus einer unwahrscheinlichen Liebesgeschichte.

Saskya und ich treffen also trotz des nahenden Sturms so gut wie keine Vorkehrungen. Vom amerikanischen Wetterfrosch lassen wir uns nicht beeindrucken. »You should be freaking out«, warnt er. Vor Sandys US-Auftritt schwört der angespannte Typ mit dem ungebügelten Hemd im Fernsehen, dass es der größte Sturm überhaupt sein wird. »A perfect storm.« Ein Jahrhundertsturm. Egal, auf welchen Kanal ich schalte, jeder Journalist sät Angst. Es heißt: »Better

safe than sorry.« Und: »Be prepared for the worst, hope for the best.«
Natürlich. Sie wollen nur sicherstellen, dass man die Bedrohung
ernst nimmt. Aber abgesehen von diesem noblen Ansinnen sind die
Meldungen durchdrungen von einer Verzückung ob der nahenden
Katastrophe. Der Sturm wird an die Zuschauer verkauft. Der Wetterfrosch gibt den Anheizer für die Hauptattraktion. Die meisten
scheinen froh, über einen Sturm berichten zu können. Im Vergleich
zu anderen, komplexeren Themen ist Sandy ein »angenehmes« Problem – ein klarer Fall. Politische Korrektheit ade. Der Sturm ist der
Feind und es ist okay, ihn zu hassen.

Am Abend sind die Brotregale im Lebensmittelladen leerge-
räumt. Es fällt uns schwer, Wasser zu finden. Abgesehen davon ist
alles wie sonst. Leute shoppen Jeans für dreihundert Dollar das
Stück, trinken einen Cosmopolitan und gehen Gassi mit ihrem
Zwergspitz.

Am 29. Oktober, dem Tag des Sturms, sind wie immer Hunderte
von Joggern unterwegs.

Nach Sonnenuntergang kommt Sandy. Wie ein wütender Riese
schlägt er auf die Fenster unserer Wohnung ein. Saskya und mich
entsetzt diese Heftigkeit. Aus Angst vor fliegenden Glasscherben
verbarrikadieren wir uns hinter einem Schreibtisch in der einzigen
fensterlosen Ecke des Apartments und zittern uns durch die Nacht.
Der Windzug im Hochhaus heult lauter als die Geister in jedem
Spukschloss. Draußen ist es dunkel, kein Licht in ganz New York.
Außer dem Blaulicht einzelner Notfallambulanzen.

Ich hätte es besser wissen sollen. Vor Jahren, als Hurrikan Andrew
sich Florida näherte, wurden meine Familie und ich aus Miami
Beach evakuiert. Wir fuhren nach Orlando. Auf dem Highway blieben wir im Verkehr stecken und hofften Radio hörend, dass Andrew
sich nicht nach Norden wenden würde, wo wir festsaßen. Später,
während meine Eltern meine Schwester und mich ablenkten, indem
wir jede stereotype »Landesvertretung« im Disney-Kosmos Epcot
auskundschafteten, verursachte Andrew mehr Zerstörung als jeder

andere Sturm in der Region im 20. Jahrhundert. Als wir zurück-
kehrten, sahen wir aufeinander getürmte Yachten und Palmen, die
wie Pfeile in Wolkenkratzern steckten. An einer Straßenecke ver-
kaufte ein Mann T-Shirts mit dem Aufdruck: *I survived Hurricane
Andrew*\*. Keines der Fenster in unserer Wohnung war kaputt, aber
Sandhäufchen lagen darunter auf dem Boden. Der Sturm hatte den
Sand durch den winzigen Spalt zwischen Glas und Rahmen gedrückt.

Am Morgen nach Sandy erkunden die New Yorker ihre Nachbarschaft, begutachten den angerichteten Schaden. Tunnel sind geflutet,
es ist schwierig, Manhattan zu verlassen. Subway und Züge verkeh-
ren nicht. Die Stadt scheint in der Ruhe nach dem Sturm gefangen.
Im südlichen Manhattan noch immer kein Strom, Verkehrsampeln
funktionieren nicht, die meisten Bewohner müssen laufen. Taxifahrer können sich nicht beschweren. Ich bin enttäuscht vom nicht
funktionierenden Kapitalismus: zumindest Foodtrucks hätte ich erwartet. Clevere Geschäftsleute, die ihre Waren zum dreifachen Preis
hungrigen *Manhattanites* anbieten. Fehlanzeige. In einem Umkreis
von mehreren Blocks kann man nicht einmal einen Coffee-to-go erhalten. Nach zweistündiger Suche stoßen wir auf ein italienisches
Restaurant, verzehren Steinofenpizza im Halbdunkel. Erstmals seit
Jahren sehe ich Warteschlangen vor öffentlichen Telefonzellen.
Mehrfach werde ich Zeuge von Gesprächen, in denen New Yorker
ihre Mütter am anderen Ende offenbar nicht überzeugen können,
dass es ausgerechnet in Manhattan keinen Strom geben soll. Vor
einem mit Kerzen beleuchteten Deli steht ein Schild: »Sandy who?
We're OPEN!« Auf dem Weg nach Norden wird aus einzelnen Pil-
gergruppen ein Wallfahrtsstrom Richtung Essen und Internet. Ab
der 28. Straße endlich: Elektrizität. Eine Menschenmenge mit Laptops und Smartphones sammelt sich um einen geschlossenen Star-

---

\* Es versteht sich von selbst, dass mein Vater sofort eins für jeden von uns
kaufte.

bucks, sie kleben wie Fliegen an den Fensterscheiben. Familie und Freunde, mit denen ich spreche, sind besorgt. Sie haben Nachrichten geguckt: Explosionen. Feuer. Dutzende Tote. Alte Menschen sitzen in ihrem Penthouse fest. Offenbar war es ähnlich angsteinflößend, Berichte über den Sturm zu verfolgen, wie ihn tatsächlich zu erleben. Im Prinzip empfehlen mir alle aus der Heimat: »You should be freaking out.« Was ich vor Sandy an Panik vermissen ließ, hole ich nun nach. In der Abenddämmerung eilen wir zurück nach SoHo. Bei Einbruch der Nacht sind die Straßen so dunkel wie auf dem Land. Nur vereinzelt Autos und Fußgänger mit Taschenlampen. Erst nach fünf Tagen kehrt der Strom zurück. Gerade noch rechtzeitig, damit der erste schwarze Präsident der Vereinigten Staaten wiedergewählt werden kann.

## Diwali

Sandy ist mir eine Lektion. Ich nehme mir vor, mich besser auf die Hochzeit vorzubereiten.

Aber wie genau bereitet man sich auf eine Hochzeit vor, noch dazu auf eine auf fremdem Territorium?

Anfang November kehren wir nach Delhi zurück. Die Festivitäten werden im Wesentlichen von Saskyas Familie und den Verwandten OP Jains organisiert. Als sein Name die ersten Male fällt, denke ich, sie sprechen von einem Opi. Als ich ihm erstmals begegne, stelle ich fest, ganz falsch lag ich damit nicht. An *Diwali*, dem »Fest der Lichter«, mit dem das hinduistische Neujahr eingeläutet wird, sind wir zu Gast bei ihm. OP ist hager, schlohweißes Haar kräuselt sich auf seinem Kopf. Seine Nase kämpft mit seinen Ohren um die Vorherrschaft in seinem Gesicht. Ein sanftes Rasseln wohnt in seiner Stimme. Jyotindra und ihn verbindet eine alte Freundschaft, einschließlich kameradschaftlicher Reibereien. Das liegt in der Natur ihrer Professionen: Jyotindra, der Wissenschaftler, und OP, der Geschäftsmann. Gemeinsam haben sie die Museen der Sanskriti Foundation Wirklichkeit werden lassen.

An Diwali versammeln sich die zwei nicht blutsverwandten Jain-Familien in OPs Haus. Wir ziehen die Schuhe aus, bevor wir ins Zimmer treten, und nehmen Platz auf ausgelegten, mit weißen Laken bezogenen Matten. Vor uns ein kleiner goldener Schrein. Schalen mit Wasser, in denen Blüten schwimmen. Brennende Teelichter und Räucherstäbchen. Ich hocke unruhig, meine Ausdauer im Schneidersitz ist bescheiden. Nacheinander krabbelt jeder von uns auf allen vieren zu OP. Mit zitternder Hand drückt er eine rote, klebrige Flüssigkeit und ein paar Reiskörner auf unsere Stirn, wirft weitere Reiskörner sowie ein paar Tropfen Öl auf den Schrein und überreicht uns ein samtenes Säckchen. Darin befindet sich eine mit hinduistischen Motiven geprägte Silbermünze. Auch die Angestellten erhalten eine.

Danach wechseln wir ins Wohnzimmer. Mein erster Eindruck von OP ist, dass er gerne mit anderen spricht. Gestenreich vor allem über ein Thema: Indien. Ausländischen Neuankömmlingen wie mir erteilt er erschöpfend Auskunft. Nimmt ein Schlückchen Whisky und lässt mein Glas nachschenken. Stolz schwärmt er von der jahrtausendealten Geschichte des Landes, betont: Hier existiere die einzige antike Kultur, die nicht vom Wandel der Zeiten fortgespült wurde. Die Griechen! Ägypter! Die Perser! Alles futsch. Nur in Indien habe man die eigene Tradition bewahrt. Es wundert mich nicht, als er mir gesteht, dass er ein großer Wagner-Fan ist. Früher reiste er oft nach Bayreuth zu den Festspielen. Vor Deutschland hat er viel Respekt, sagt er. Was die Deutschen aus sich gemacht hätten, daran könne man sich ein Beispiel nehmen. Er sieht mich an. Erwartet er, dass ich etwas hinzufüge? Ich versuche es mit einem Nicken. Worauf er lächelt. Das soll heißen: Wir verstehen uns. Dann wechselt OP so spontan wie meine Mutter das Thema und brüstet sich damit, trotz weitverbreiteter Korruption unbestechlich zu sein.

Während er fortfährt, imponiert mir vor allem sein Publikum. Sein Enkel, seine Schwester, seine Freunde, seine Frau – keiner widerspricht ihm oder fällt ihm ins Wort. Trotz seines Alters befindet sich OP noch immer im Zentrum der Gesellschaft. Es herrscht ein Respekt für diesen alten Menschen, den ich so in Deutschland selten erlebt habe.

Die Hochzeit soll auf dem Gelände der Sanskriti Foundation stattfinden. Lange und ausführlich wird über den wichtigsten Bestandteil, das tragende Element, das Herzstück der Feier diskutiert: Essen. Da alle in OPs Familie Jains sind, wird es nur vegetarische Kost geben. Eher die Ausnahme in Delhi. Nordindische Hochzeitsbuffets zeichnen sich eigentlich durch reichhaltige Fleischkost aus: Hammel, Lamm und Huhn. Auf Spießen, in öligen Soßen oder *Biryani*-Töpfen. In dem Gespräch über die Auswahl der Gerichte werde ich immer wieder gefragt, ob ich diesem oder jenem zustimme.

Ich stimme allem zu. Ich kenne mich ja nicht aus.

Erst Explosionen bringen alle zum Schweigen. Die Gesellschaft begibt sich ins Freie. Von überall steigen Raketen auf. Funkensprühende Räder jagen über die Straßen. Minivulkane erleuchten die Nacht mit grellem Feuer. Wachpersonal und Fahrer erfreuen sich daran wie kleine Kinder. Sie zünden Raketen in der Hand an, als könne ihnen nichts geschehen. Eine zischt knapp an uns vorbei. Die Luft riecht verbrannt. Gewaltiger Krach erfüllt die Stadt. Er bildet die Vorhut für dichten Nebel. Auf dem Heimweg müssen wir im Schritttempo fahren. Die Knallerei zieht sich durch die Nacht und die Hunde heulen dagegen an.

Diwali steht Weihnachten/Silvester in nichts nach. Man entkommt dem Feiern nicht. Bereits Wochen vorher wird das Fernsehprogramm mit Geschenkwerbung geflutet. Es ist die Zeit im Jahr, zu der die aufstrebende Mittelklasse ihren Wohlstand demonstriert. Man schafft ein neues Auto an, lässt das Haus frisch streichen, beglückt die Kinder mit einer Playstation, die Ehefrau mit einem Goldcollier und den Ehemann mit einem HD-Flachbildschirm. Augenbrauen werden gezupft – Pediküre nicht vergessen! Ausladende Kompositionen aus Süßigkeiten und Nüssen werden an Freunde und

Geschäftspartner versendet. Angestellte erwarten Geld, so eine Art dreizehntes Monatsgehalt. Lichterketten schmücken Bäume und Zäune und Balkone. Sie verdrängen zunehmend die traditionellen Öllampen, sogenannte *Diyas*, die an Fenstern, auf Dächern, in Höfen und vor Eingängen brennen. Diese verweisen auf den Teil des ›Ramayana‹ (nach dem ›Mahabharata‹ das zweite indische Nationalepos), in dem die Götter Rama und Sita nach jahrelangem Exil dank den Diyas den Weg zurück in ihre Heimat Ayodhya finden.

## Vorbereitungen für eine kleine Festivität mit zweihundert Gästen

Saskya ist meine persönliche Diya. Dank ihr bewege ich mich zielstrebig auf meine neue Heimat zu. Jeden Tag brechen sie und ich in die Stadt auf. Bei einem Juwelier am Connaught Place wollen wir Eheringe anfertigen lassen. Aus den eingeschmolzenen Goldringen von Saskyas Großeltern. Während Saskya mit dem Juwelier verhandelt, spiegle ich mich wortlos in den Vitrinen, die fingernagelgroße Klunker enthalten. Eine Punjabi-Familie erobert das Geschäft: Ein pausbäckiger Junge, der mich an einen gewissen Klößle erinnert, schleckt gelangweilt *Kulfi*, ein beliebtes Milcheis. Die haarigen Daumen des Ehemanns bearbeiten ein Smartphone. Eine »Aunty«[*] berät die Mama beim Aufstocken ihrer persönlichen Schmuckvorräte. Diese trägt eine Designer-Kurta der Marke *Je-mehr-desto-besser*; die pompöse Textilkreation würde einem Fachmann wie Jyotindra Tränen in die Augen treiben und kaschiert dennoch nicht die Wahrheit: Mamas Leibesumfang verweist auf ihre Schwäche für süße, fettige Naschereien. Sie probiert schwere goldene, mit Rubinen und Diamanten besetzte Halsketten an, die mehr wert sind als ein V W Golf.

---

[*] Ob Mutter, Oma, Tante oder Freundin – alle Damen älteren Semesters fallen in Indien unter diese Kategorie.

Die Wahl fällt auf das Exemplar »Brustplatte«, das Bestandteil einer kaiserlichen Rüstung sein könnte. Der Gatte bezahlt. Natürlich in bar.

In Anbetracht der Vorlieben solcher Kundschaft sollte es Saskya und mich nicht überraschen, dass unsere Goldringe, als wir sie eine Woche später abholen, sich als plumpe, kantige Fingerreifen herausstellen. Ich will mich aufregen. Aber Saskya hält mich zurück. Aufregen wäre dumm. Und würde zu nichts führen. Also lobt sie die »wunderschönen« Ringe und preist die »ausgezeichnete« Handwerkskunst. Die Genugtuung des Juweliers lässt sich an seinem Grinsen ablesen. Da fragt Saskya ihn, ob er uns möglicherweise einen nur ganz kleinen Gefallen tun könnte. Er kann gar nicht anders, als zuzustimmen. Ist ja nur ein ganz kleiner Gefallen. Während sie ihm unsere Idealringe beschreibt, schwindet sein Grinsen. Aber zu spät, er hat sich schon verpflichtet.

Beim nächsten Mal sind die Ringe wie gewünscht.


Einen fünfminütigen Fußmarsch entfernt, den jeder im Auto zurücklegt, hat mein Schneider seine Werkstatt. Von außen erinnert das massive Gebäude des Central Cottage Industries Emporium, ein Einkaufszentrum für indische Handwerkskunst, an einen Hort für die letzten Überlebenden einer postapokalyptischen Zukunft. Drinnen schwärmen Touristen durch die Flure. In den weit verschlungenen, klimatisierten Räumen kann jeder ein Beweisstück für seinen Indientrip ergattern. Marmorteller. Öllampen. Teppiche. Klingende Armbänder. Taj-Mahal-Miniaturen. Schachteln aus Kamelknochen. Eine lebensgroße Metallstatue der mit einem halben Dutzend Kriegswaffen und prominenten Brüsten ausgestatteten Durga.

Das Zentrum wird vom Textilministerium betrieben – was sich unter anderem in einer gewissen Antriebslosigkeit der Belegschaft widerspiegelt. Man spürt das Unbehagen der »Beamten«, sobald man sich auf sie zubewegt. Sie wollen keine Fragen beantworten und sträuben sich dagegen, ihren Stuhl zu verlassen. Aber im vierten

Stock, in einem winzigen Kabuff, durch dessen einziges Fenster man das organische Fließen des Verkehrs auf dem Janpath beobachten kann, dort oben werkelt unermüdlich der *Masterji*. Dieser aufmerksame, untersetzte Mann redet wenig und nickt viel, während er meine Maße nimmt und von Saskya Instruktionen erhält.

Beim darauffolgenden Kaufprozess komme ich mir vor wie ein Antragsteller auf einer deutschen Behörde: Der Masterji teilt uns mit, wie viel Meter Stoff er benötigt. Mit dem Wissen ringen wir seinem aktionsmüden Kollegen zwei Etagen tiefer einen schillernden weißen Stoff ab. Dafür bekommen wir einen Zettel. Mit dem stellen wir uns im Erdgeschoss an der Kasse an. Als wir dran sind, reichen wir ihn dem Herrn hinter dem zerkratzten Panzerglas und bezahlen. Er heftet eine Quittung an unseren Zettel und wir begeben uns zur Warenausgabe. Nach Vorzeigen unseres quittierten Zettels erhalten wir eine Papiertüte mit dem Stoff. Den wiederum bringen wir dem Masterji im vierten Stock, damit er gleich mit der Arbeit loslegen kann. Danach verlassen wir das Gebäude. Aber nicht, ohne vorher vom Wachmann angehalten zu werden. Er will unseren quittierten Zettel sehen.

Bedeutender als die Eheringe oder mein Sherwani ist jedoch die Ausstattung der Braut. Ich werde und soll und möchte nur Beiwerk sein. Alle Aufmerksamkeit wird Saskya gelten. Da muss jedes Detail sorgfältig ausgewählt werden. Wir besuchen so viele Geschäfte, in denen so viele Saris vor uns ausgebreitet werden, dass ich bald die Übersicht verliere. Unsere Hochzeit soll eine bescheidene* werden: mit einer Feier im engeren Familien- und Freundeskreis am Vortag, einer Zeremonie mit ähnlicher Gesellschaft am Morgen der Hochzeit und einem etwas größeren Empfang für zweihundert Personen am Mittag. Dennoch braucht es dafür drei Saskya-Versionen. Die Tatsache, dass Jutta und Jyotindra etwas von Textilien verstehen,

---

* Nicht ironisch gemeint. Eine indische Hochzeit kann locker mal tausend Personen umfassen und eine Woche lang dauern.

macht die Sache umso komplizierter. Saskyas Exterieur muss nicht nur ihr zusagen, sondern auch ihren Eltern.

Saskyas Familie involviert mich in die meisten Entscheidungen. Aber ich bin vorsichtig im Äußern von Meinungen. Dafür weiß ich einfach zu wenig. Ich komme überallhin mit, mische mich aber nie ein.

Fast nie. Worauf ich bestehe: im Auto zur Hochzeit befördert zu werden – und nicht auf einem Schimmel, wie das Brauch ist. *Bräutigam reitet zur Braut und trägt sie in ein neues Leben!* Ein hübsches Bild. Ich würde es unstimmig machen. Reiten zählt keinesfalls zu meinen Stärken. Selbst Trab bereitet mir Schwierigkeiten. Ich saß erst einmal allein auf einem Pferd. Ende der Neunziger hatte mein amerikanophiler Vater für unsere Familie ein Zimmer auf einer Touristen-Ranch in Arizona gebucht. Dort musste ich Hercules, den muskulösen Hengst, besteigen und mit ihm im Gänsetrab mit anderen Touristen eine Runde durch die Prärie drehen. Das Ganze wurde selbstverständlich von meinem außerdem noch videophilen Vater dokumentiert. »You're sitting like a nasser Sack!«, rief er bei seinen Dreharbeiten, während ich Hercules' Kraft testete. Es zeigte sich bald, wieso man mich auch als »Brocken« bezeichnete: Hercules wurde zunehmend langsamer. Legte mitten in der Wüste, zwischen Kakteen und staubigen Felsen, immer längere Pausen ein. Da half auch das Zungenschnalzen und Zügelzerren des nassen Sacks auf seinem Rücken nichts. Als letzter Möchtegern-Cowboy kehrte ich zur Farm zurück.

Eine ähnliche Erfahrung an meinem Hochzeitstag möchte ich mir ersparen.

# Dieses Goa

Bevor dieser anbricht, flüchten Saskya und ich nach Goa. »Wir wohnen im Haus von Dayanita Singh«, teilt mir Saskya mit. »Eine alte Freundin der Familie.« Bald stelle ich fest, dass sie außerdem eine berühmte Fotografin ist. Wir sind ihr dankbar für diesen Zufluchtsort. Die Hochzeitsvorbereitungen zehren an uns und insbesondere an Saskya. Als Christopher im Glück kann ich relativ bedenkenlos auf den großen Tag zuspazieren – aber nur, weil meine künftige Braut die ganze Verantwortung trägt. Sie vermittelt zwischen ihren Eltern und mir, zwischen mir und OPs Familie, zwischen OPs Familie und ihren Eltern, zwischen ihren Eltern und ihren Freunden, zwischen ihren Freunden und mir.

Auch darum Goa. In Indien gibt es so viele »Hochzeitsfachleute« wie in Deutschland »Nationaltrainer« zur Fußball-WM. Allgemein habe ich den Eindruck: mit wenig Verantwortung kommt große Meinung. Turban, Marching Band, Schimmel – das Für und Wider verfolgt uns in jeder Konversation. Goa erlaubt es Saskya und mir, jene Stimmen mit einem Knopfdruck auf unserem Handy abzuschalten.

Mit Spice Jet Direktflug nach Panaji, der Hauptstadt Goas. Wir könnten ebenso nach Palma de Mallorca unterwegs sein. Der durchschnittliche Passagier ist jung, männlich und noch nicht den Fängen seiner Pubertät entronnen. Er trägt T-Shirts mit aufgedruckten Angebersprüchen und rottet sich während des Flugs zu gackernden, glucksenden Grüppchen zusammen. Die Stewardess mit dem Getränkewagen muss schon bald verkünden, dass das Bier ausverkauft ist. Als Turbulenzen das Flugzeug durchrütteln, schnallt die Partymeute sich nicht an. Die Männer jubeln und klatschen wie beim Fünferlooping auf dem Oktoberfest.

In Goa bringt uns ein Taxi zu Dayanitas Haus. Eine Stunde fahren wir auf einer sich windenden Straße durch tropische Landschaft, vorbei an Kokosnussverkäufern, rotem Sand und den obligatorischen, in

Sträuchern verfangenen Fetzen Plastik. Mehrmals sehe ich etwas, das in Delhi Seltenheitswert besitzt: eine Frau alleine auf einem Motorroller. Eine schlichte Hütte am Straßenrand wurde bemalt:

GOA POLICE
MAY I HELP YOU?
SAY NO TO DRUGS!

Dayanitas Haus im portugiesischen Baustil befindet sich abseits der Hauptstraße in Saligao, einem der vielen Dörfer Goas. Als wir uns dem Eingang nähern, stellen sich uns ein Dutzend Straßenhunde in den Weg. Sie bellen und knurren. Ich tue so, als wüsste ich mit Tieren umzugehen, stampfe mit den Füßen auf und brülle sie an. Sie weichen ein wenig zurück. Langsam nähern wir uns dem Haus, halten das Gepäck schützend vor uns. Kaum sind wir drinnen, verriegeln wir die Türen. Die Tierwelt lassen wir dennoch nicht hinter uns. In der Dusche mache ich Bekanntschaft mit einem schlammgrauen Frosch, der sich den Abfluss hochgearbeitet hat. Über das Dach jagen Katzen. In der Nacht umschwirren uns Moskitos trotz Moskitonetz. Saskya scheint das nicht zu stören, sie schläft tief. Ich schalte das Licht ein, gehe mit erhobenen Armen auf Insektenjagd. Ich schwitze, es ist schwül. Die Fenster kann ich aber nicht öffnen, sonst kommen noch mehr Viecher rein. Die Moskitos sind unsichtbar. »Scheiße!«, rufe ich. Saskya wacht auf, sagt verschlafen, ich soll ins Bett kommen.

Fünf Minuten später schreien wir uns gegenseitig an. Was ist passiert? Ich weiß es selbst nicht so genau. Die Moskitos sind in jedem Fall schuld. Und Goa, ja, vor allem Goa. Wir sind hierhergekommen, um Ruhe vor dem Sturm zu haben. Delhi, Hochzeit, Familie – all das soll in die Ferne rücken. Wenigstens ein paar Tage lang wollen wir weder über die Gästeliste voller für mich unaussprechlicher Namen reden noch über meinen Sherwani, den der Masterji zum x-ten Mal nachbessert, noch uns anhören müssen, wie teuer ein Turbanbinder ist, aber dass wir trotzdem einen brauchen, weil OPs Familie darauf besteht.

Doch Goa, eines der beliebtesten Urlaubsfleckchen Südasiens, wo schon die Portugiesen sich ansiedelten und als erste Kolonialherren Indiens aufspielten, dieses Goa, wo später Aussteiger und Hippies eine neue Heimat fanden und heute die wohlhabenden Hauptstädter während der kalten, smoggeplagten Delhi-Winterwochen ausharren, jenes Goa zeigt sich nicht von seiner besten Seite. Oder liegt es an mir? Mag sein, dass ich auf die falschen Dinge achte. In Anjuna, einer touristisch geprägten Siedlung direkt am Meer, sitzen dickbäuchige, kahlköpfige Russen auf Plastikstühlen und herrschen lautstark spindeldürre Kellner an, wenn sie nicht schnell genug das nächste Bier bringen. Eine Armada an Fliegen kreist über brackigen Pfützen. Am Strand wandern Gruppen junger Einheimischer auf und ab. Sie betreiben »Touristwatching«. Wagt es eine Frau, ihre Kleidung abzulegen oder gar schwimmen zu gehen, nähert sich sogleich eine Schar Männer. Sie gaffen hemmungslos. Wenn indische Frauen ins Wasser waten, tragen sie ihre Kurta wie eine Rüstung. Eine besonders mutige Dame schreitet in einem Stringtanga den Strand entlang. Im Abstand von fünf Metern folgt ihr ein Rudel Männer, hypnotisiert von ihrem Hintern. Mich dagegen verfolgen die Verkäufer. Jeder peilt mich zielgenau an. Wenn ich ihren Blick erwidere, habe ich schon verloren. Dann helfen selbst etliche »Nahins« nicht. Sie sind unermüdlich. Ich senke den Kopf und konzentriere mich auf den Sand, um keinen von ihnen zu ermutigen.

An einem abgelegenen Teil des Strandes möchte Saskya schwimmen. Kaum hat sie ihr Hemd ausgezogen, schon erscheint ein Junge, vielleicht sechzehn Jahre alt, und beobachtet sie aus der Ferne. Er mäandert herum, nähert sich uns in Schleifen. Wir rufen ihm zu, was er will. Sofort bleibt er stehen, wendet sich ab, als würde er uns nicht hören oder verstehen. Ich gehe auf ihn zu und er entfernt sich rasch. Während ich Saskya kurz alleine lasse, kehrt er zurück. Sie zieht ihr Hemd wieder an und verzichtet aufs Schwimmen. Nur ihre Rufe in seine Richtung halten ihn davon ab, sich noch weiter zu nähern. Als ich wieder da bin, bleibt er auf Distanz. Ich peile ihn an wie die Verkäufer mich. Er rennt davon.

Selbstverständlich, die Schönheit Goas verschließt sich selbst einem wie mir nicht, der nicht danach sucht. Kilometerlange Strände, knuspriger *Fish Recheado*, die historischen Kolonialbauwerke, das dezentrale, gemütliche Landleben.

Aber diese Schönheit zieht Hässliches an. Ich weiß nicht, was ich unsympathischer finde: Touristen, welche Inder, besonders jene im Dienstleistungsgewerbe, herablassend behandeln, oder Touristen, die sich als Gäste eines teuren französischen Strandrestaurants in stilvollen Korbstühlen fläzen, Daiquiris schlürfen und das »Land der lächelnden Menschen« loben sowie alles, was sich jenseits der Wohlfühlzone ihres Schubladenwissens befindet, mit ihrer Allzweckvokabel abstempeln: »faszinierend«.

Am Abend vor unserer Abreise bringt uns eine Autorikscha nach Hause. Der Fahrer nimmt einen anderen Weg als üblich. Auf Saskyas Fragen reagiert er nicht. Als sie insistiert, ob er die Adresse kenne, winkt er abweisend mit der Hand. Wir rasen die Landstraße entlang. Der Lichtkegel des Scheinwerfers auf dem Asphalt warnt nur kurzfristig vor Schlaglöchern. Streckenweise sind wir das einzige Fahrzeug weit und breit. »Darum würde ich nie allein nachts mit einer Rikscha fahren«, sagt Saskya und nimmt meine Hand. Ich mache einen Witz. Ich will es nicht zugeben, aber ich habe Angst. Wo bringt er uns hin? In den Nachrichten hört man immer wieder von Vorfällen. Fahrgäste werden an abgelegene Orte transportiert, wo ein paar Freunde des Fahrers warten, die sie in aller Ruhe ausrauben oder ihnen noch Schlimmeres antun.

## Hölle

Am 16. Dezember 2012, genau eine Woche vor unserer Hochzeit, treffen sich in Delhi sechs Männer zum Essen und Trinken. Sie beschließen, ein bisschen Spaß zu haben. In einem Kleinbus kurven sie durch die Nacht. Wissen sie, wonach sie suchen? Spüren sie, was am

Ende ihrer Spritztour auf sie wartet? Ihre Fahrt ist so ziellos wie ihr Dasein in dieser Stadt, ohne die sie nicht leben können und die sie gleichzeitig nicht richtig leben lässt. Sie gehören zum breiten, unterprivilegierten Fundament der Gesellschaft, wurden von ihren Familien ausgestoßen. Einfache Männer ohne Bildung und Lebensinhalt. Außer dem einen: zu überleben. Sie lassen einen Zimmermann zusteigen, geben vor, der Bus sei ein öffentliches Beförderungsmittel. Dafür verlangen sie zehn Rupien. Während der Fahrt rauben sie den Mann aus, knöpfen ihm achttausend Rupien ab, bevor sie ihn aus dem Bus werfen. Er darf sich glücklich schätzen, dass ihm nichts Ärgeres zustößt. Etwas später nehmen die Männer ein Pärchen mit, das zuvor im Kino war. Erneut werden zehn Rupien pro Person kassiert. Im Verlauf der Fahrt provozieren die Männer einen Streit. In ihnen wächst die Lust daran, einmal, wenigstens in dieser Nacht, das Sagen zu haben. Ihrem Leben, wenn auch nur für ein paar Minuten, zu entrinnen und die Macht auf ihrer Seite zu haben. Sie sind nicht frei, aber sie fühlen sich zumindest so, und dieses Gefühl berauscht sie. Alles, sie können alles tun. Nichts und niemand kann sie davon abhalten. Der Begleiter der Frau wird mit einer Eisenstange bewusstlos geschlagen. Daraufhin vergewaltigen die Männer die dreiundzwanzigjährige Frau im fahrenden Bus. Dabei verwenden sie unter anderem die Eisenstange und fügen ihr schwere Verletzungen zu.

Die Opfer werden am Straßenrand entsorgt. Sie haben keine Kleider mehr. Es ist eine vielbefahrene Straße. Aber der Begleiter muss zwanzig Minuten lang winken, bis jemand hält und die Polizei ruft. Diese benötigt eine Dreiviertelstunde, um bei ihnen einzutreffen. Anstatt die Frau sofort in die Klinik zu transportieren, streiten die Polizisten über Zuständigkeit, wessen Revier es sei. Dann wird die Frau endlich ins Krankenhaus gebracht. Allerdings in kein nahe gelegenes. Sie landet im Safdarjung-Hospital, einer staatlichen Einrichtung. Dort muss ihr der Darm entfernt werden. Ihr Zustand ist kritisch.

Die Nachricht über das Verbrechen verbreitet sich rasch. Laut indischem Gesetz ist es verboten, das Opfer einer Vergewaltigung namentlich zu nennen, solange dieses oder die Verwandten dem nicht zugestimmt haben. So berichten die Medien rund um die Uhr über »Nirbhaya«, »Damini« oder »Braveheart«. Wut und Zorn machen sich im Land breit. Die Menschen gehen auf die Straße. Darunter auffallend viele Frauen, aus unterschiedlichen Schichten. Studentinnen und Straßenverkäuferinnen demonstrieren gemeinsam mit Lehrerinnen und Anwältinnen. Sie alle haben es satt, in der stetigen Angst vor solchen Männern leben zu müssen. Die Proteste nehmen ein nie gesehenes Ausmaß an. Abertausende verlangen ein härteres Vorgehen gegen Sexualstraftäter.

Zur selben Zeit trifft meine Familie in Delhi ein.

Da unsere Hochzeit noch ganze vier Tage in der Zukunft liegt und die Vorbereitungen für eine Feier mit mehr als zweihundert Gästen ein Kinderspiel sind, vertreiben Saskya und ich uns die übrige Zeit damit, meine Eltern und meine Schwester touristisch zu unterhalten. Wir besuchen den Qtab-Minar-Komplex. Dort bestaunen wir den schiefen Sieges- und Wachturm, die Ruinen einer Moschee, die auf einem Hindutempel errichtet wurde, und nicht zuletzt die sieben Meter hohe Eisensäule, die auch nach zweitausend Jahren nicht gerostet ist. Noch immer gibt es keine wissenschaftliche Erklärung dafür, wie es damals gelingen konnte, ein solch reines Eisen zu gewinnen. Unmöglich, es zu betrachten und dabei nicht an die Vergewaltigung zu denken.

Ebenso unmöglich: kreuz und quer durch Delhi zu fahren und nicht in einen der Staus zu geraten, die von den Protesten ausgelöst werden. Wenn wir zu fünft unterwegs sind, muss Saskya auf meinem Schoß Platz nehmen, damit wir alle ins Auto passen.

Meinem Rücken, genauer: meinem Steißbein gefällt das nicht. Vor ein paar Monaten, wenige Tage nach meinem dreißigsten Geburtstag, war ich in Berlin mit dem Fahrrad unterwegs zu einem Termin beim Zahnarzt. Am liebsten hätte ich ihn abgesagt, da mich seit einigen Tagen ein Magen-Darm-Virus plagte. Kurz bevor ich den Zahnarzt erreichte, kam mir ein Lastwagen in einer Passage entgegen. Ich musste schnell vom Fahrrad steigen und verlor das Gleichgewicht, prallte mit dem Steißbein gegen einen metallenen Straßenpfosten. Der Schmerz war so durchdringend, als hätte mir jemand eine Lanze in den Hintern gerammt. Minutenlang stand ich bloß da, verdaute den Schmerz. Dann schob ich das Fahrrad die restlichen Meter. Während der Behandlung drückte der Stuhl gegen mein Steißbein. Je länger ich dort lag, desto mehr wuchs der Schmerz. Aber der Zahnarzt hatte Mühe mit dem Betäuben. Wieder und wieder stach er mit der Nadel in mein Zahnfleisch. Trotzdem dauerte es, bis sich endlich Taubheit ausbreitete. Leider nicht an meinem Rücken. Speichel tropfte aus meinem Mundwinkel. Der Zahnarzt tupfte ihn wiederholt weg. Ich fühlte mich an Besuche im Altenheim erinnert. Nach dem Eingriff war ich mit meinen Eltern verabredet. Um schneller zu ihrer Wohnung zu gelangen, stieg ich aufs Fahrrad. Eine schlechte Idee. Als ich vor dem Haus hielt, durchzuckte mich Steißbeinschmerz. Ich fiel und schnitt mir in einer artistischen Einlage mein Bein am Pedal auf. Blut quoll aus der Wunde und lief mein Bein runter, erstaunlich viel Blut. Bevor mir noch weiteres Unheil zustoßen konnte, humpelte ich zum Aufzug. Als mir meine Mutter im dritten Stock öffnete, sah sie mich entsetzt an. »Was ist denn passiert! Komm rein und setz dich erst mal!« Ich wollte ihr erklären, das sei aufgrund meines Steißbeins keine gute Idee. Aus meinem zungenlahmen Mund kamen nur unartikulierte Laute. »Was?!«, rief sie. »Ich versteh dich nicht! Soll ich dir was zu essen machen?« – »Bloß nicht!«, versuchte ich zu sagen. »Mein Magen ist sehr empfindlich.« Heraus kam etwas wie: »Ooi! Mei Mahn i ää emhihi.«

Seitdem bin ich sensibler geworden. Noch mehr, als ich es ohnehin schon war. Zu meinen liebsten Gesprächsthemen zählt Delhis Luft. Stundenlang kann ich mich über die Verunreinigung auslassen. Jeder tiefe Atemzug bringt mich zum Husten! Deswegen gehe ich nicht mehr draußen joggen. Ich bin überzeugt davon, dass Bewegung in dieser Luft schädlicher ist als Bewegungslosigkeit. Sport pumpt literweise Schmutz durch die Lungen. Darum jogge ich nur noch auf dem Laufband der Jains, hinter verschlossenen Türen und im Gegenwind der Klimaanlage. Dabei ziehe ich mir wiederholt eine Erkältung zu – die ich natürlich auf den Smog schiebe, der meine Abwehrkräfte schwächt. Mein Steißbein freut sich auch nicht gerade über die Rennerei. Dennoch kann ich mich nicht davon abhalten. Seit meiner Studienzeit laufe ich nun schon. Zwischen damals und jetzt gab es viele Umbrüche in meinem Leben. Aber das Laufen blieb. Wohin ich auch reise, ich packe stets meine Joggingschuhe ein. Ein Tag, an dem ich gelaufen bin, kann kein schlechter Tag sein. Nach jedem Lauf fühle ich mich glücklicher als davor. Ich laufe, um sicherzustellen, dass ich nicht mehr zum Michelin-Männchen meiner Jugend mutiere. Aber auch aus einem ganz anderen Grund. Ich laufe, weil es mir hilft, mit der Angst umzugehen. Selbst Menschen, die mich gut kennen, wissen nicht, dass ich eigentlich ungern rausgehe. Insbesondere, wenn es dunkel ist. Das fiel mir schon als Jugendlicher schwer, als mein Vater mich drängte, mit Gleichaltrigen Clubs aufzusuchen – für mich höllische Orte, in denen die Nacht und alles, was in ihr geschehen kann, eingesperrt ist. Selbst heute, fünfzehn Jahre später, kostet es mich noch Überwindung, das Haus zu verlassen. Es ist keine konkrete Angst, die sich mir in den Weg stellt. Was noch schlimmer ist. Gegen eine konkrete Angst könnte ich mich rüsten. Meine Ängste sind allgemeiner. Indem ich mich nach draußen begebe, erkläre ich mich bereit, Geschichten zu kreuzen, in denen ich nicht vorkommen möchte und die sich nicht kontrollieren lassen. Sicherlich sind darunter wunderbare Geschichten, manche erzählen von hinreißenden Schriftstellerinnen aus Delhi. Aber auf viele andere kann ich gut verzichten. Weshalb ich es vermeide, öfter als nötig rauszugehen. Das Laufen jedoch zwingt mich. Zum Laufen muss ich raus – und jedes Mal, wenn ich draußen gewesen bin, ob im Schneeregen oder bei schwüler Hitze, fühle ich mich besser als davor, weil ich mich mit der Angst konfrontiert habe und mir nichts passiert ist. Ich beweise mir, dass meine Ängste übertrieben sind. Nach jedem Lauf mag ich das Draußen mehr. Die größte Herausforderung für mich, der Marathon meines Lebens, wird Delhi sein. Und obwohl es wahrscheinlich am besten wäre, mich dieser zu stellen, indem ich jeden Tag quer durch die Stadt und meine Ängste renne, laufe ich manisch im Gästeschlafzimmer der Jains. Auf der Stelle. Die offensichtliche Metapher entgeht mir. Das Laufband warnt mich quietschend, es nicht zu übertreiben. Bei Stromausfällen, die in Delhi zum Alltag gehören, muss ich aufpassen, mir nichts zu brechen. Einmal stelle ich meinen Laptop auf die wackelige Armatur des Laufbands und gucke beim Laufen eine Dokumentation. Da die Maschine und mein Auftreten zu viel Lärm verursachen, kann ich den Film nur mit Kopfhörern verfolgen. Als jemand meinen Namen ruft, bewege ich den Kopf ruckartig, sodass ich den Laptop von der Armatur reiße. Er fällt aufs Laufband vor mir. Ich springe, um nicht auf ihn zu treten, und während ich in der Luft bin, befördert ihn das Laufband unter mir nach hinten, wo er gegen ein Regal prallt und so zurück aufs Laufband transportiert wird. Achtzig Kilogramm Maniker landen auf ihm und zerstören ihn völlig.

Das ist mir keine Lehre. Ich laufe trotzdem weiter. Beim Laufen kontrolliere ich mein Denken. Das soll nicht heißen, dass ich nachdenke. Vielmehr kann ich mich davon abhalten.

Meine Mutter verfolgt eine andere Taktik. Sie lässt alle Gedanken zu. Noch mehr, sie spricht diese auch aus. Auf unseren Ausflügen, zusammengedrängt im Maruti, dokumentiert sie jede Kleinigkeit, die sie wahrnimmt, in einem atemlosen Monolog wie ein Radiosprecher auf Ecstasy. Dabei hat sie ein besonderes Händchen dafür, offensichtliche Beobachtungen zu untertiteln. Von den Eindrücken der Stadt bombardiert zu werden, ist eines. Aber dies kombiniert mit dem endlosen Redefluss meiner Mutter, macht Delhis Dominanz unerträglich. Ich herrsche sie an: »Sei endlich still!« Prompt verstummt sie. Nach unserer Heimkehr entrüstet sich Saskya darüber, wie ich mit meiner Mutter gesprochen habe. Sie würde es sich nie erlauben, so mit ihren Eltern umzugehen. Ich verteidige mich, dass nur deutliche Worte meine Mutter erreichen. Subtilität sei keine Tugend der Kloebles.

Saskya kann das nicht nachvollziehen. Ihre Eltern sind Inkarnationen der Subtilität. Die zarteste Anspielung genügt, schon sind sie alarmiert. Was gelegentlich auch dazu führt, dass unschuldige Bemerkungen sie verletzen. Meine Eltern dagegen gehören zu dem Schlag von Leuten, die Pointen erklären. Ich hoffe, sie werden bei der Hochzeit keine anzüglichen Witze erzählen. Davon besitzen sie nämlich ein beachtliches Repertoire, was sie in der Vergangenheit schon einigen meiner Freunde und Exfreundinnen bewiesen haben. Auch deswegen benutze ich das Laufband, wann immer es mir möglich ist. Damit meine Gedanken nicht darum kreisen, auf wie viele Arten etwas schieflaufen könnte. Ich fühle mich verantwortlich für meine Familie. Ihr Verhalten wird auf mich zurückstrahlen.

Ich weiß, dass ich meinen Eltern mehr zutrauen sollte. Immerhin ist es ihnen gelungen, zwei Kinder großzuziehen. Da werden sie eine Hochzeit locker hinbekommen.

Aber. Dies ist mehr als eine Hochzeit. Die Festivitäten sind meine Initiation in die Gesellschaftskreise Delhis. Der Eindruck meiner Familie dort wird ein bleibender sein. Ich würde ungern als der deutsche Junge erinnert werden, dessen Eltern bei seiner Hochzeit der Sprecherin des indischen Parlaments gestenreich beschrieben haben, wie Christopher in einem überchlorten Pool auf den Bahamas gezeugt wurde.

Im Schlaf träume ich in dieser Zeit des Öfteren vom Fliegen, nein, eigentlich ist es mehr ein Schweben. Wenn ich mich im Traum stark konzentriere, gelingt es mir, mich vom Boden zu lösen. Langsam entferne ich mich von der Erde und kann in Schrittgeschwindigkeit über Häuser und Straßen hinwegschweben.

Zwei Tage vor der Hochzeit unternehmen Saskya, meine Eltern, meine Schwester und ich einen Tagestrip nach Agra. Man kann das nicht anders als masochistisch bezeichnen, angesichts des Stressvolumens, dem wir ohnehin ausgesetzt sind. Aber die Regel lautet nun einmal: kein touristischer Indienaufenthalt ohne Besichtigung des Taj Mahal. Wie erwartet ist das Bauwerk von einzigartiger Schönheit. Shah Jahan ließ das Mausoleum in Erinnerung an seine große Liebe und Frau Mumtaz Mahal errichten, die bei der Geburt ihres vierzehnten Kindes gestorben war. Ausgerechnet in dem Land, in dem die meisten Menschen nicht begraben, sondern verbrannt werden, befindet sich eine der berühmtesten Grabstätten der Welt, vor der sich jährlich zwischen drei und vier Millionen ablichten lassen. Auch wir tragen zum ewig wiederkehrenden Déjà-vu des Taj Mahal bei und schießen Fotos, wie sie ganz ähnlich bereits in zahllosen Fotoalben kleben oder auf Digitalspeichern ruhen. Die Romantik des Ortes geht unter im Blitzlichtgewitter.

Gut möglich, dass Saskyas und mein großer Tag einem ähnlichen Schicksal entgegeneilt. Ein Teil von mir sehnt die Hochzeit nur herbei, damit wir sie hinter uns bringen können und all die damit verbundenen Diskussionen und Ängste ein Ende finden. Wird der Masterji das Nehru-Jackett meines Vaters rechtzeitig fertig schneidern? Werden alle Gäste kommen, die zugesagt haben? Wie wird das Wetter sein? Und wo finden wir einen vernünftigen Turbanbinder?

Das Motiv auf unserer Hochzeitseinladung sind fünf gleich große Flächen in Rot, Grün, Gelb, Blau und Weiß, deren Form mich an gotische Kirchenfenster erinnert. Die Abbildung entdeckten wir in einem kunsthistorischen Bildband. Sie gefiel uns auf Anhieb. Dann lasen wir den Untertitel des Bildes: eine Darstellung der Hölle im Jainismus. So eine ästhetische Hölle war mir noch nie untergekommen. Von der Assoziation ließen wir uns nicht abschrecken. Im Gegenteil, wir fanden sie amüsant. Ein bisschen Hölle gehört zu jeder guten Beziehung.

**5**

**Neu-Delhi, 23. Dezember 2012**

Saskya drückt fest meine Hand. Zu Beginn der Zeremonie bohrt sich die Sonne durch den Hochnebel. Der *Pandit* spricht auf Sanskrit. Ich hatte angenommen, meine Familie und ich würden die Einzigen sein, die nichts verstehen. Aber das geht den meisten Anwesenden so. Selbst sein Assistent kann ihm nicht immer folgen und wird mehrmals vom Pandit korrigiert, mit einem kritischen Zungenschnalzen.

Ich sehe meine Eltern zum ersten Mal in meinem Leben im Schneidersitz hocken, noch dazu in Sari und Nehru-Jackett. Selbst in Abendkleid und Smoking würden sie nicht so stilvoll aussehen. Ich werde ihnen empfehlen, die neue Garderobe öfter zu tragen. Das Nehru-Jackett meines Vaters kaschiert effizient seinen Potbelly. In Kombination mit der sauber rasierten Glatze, den Lackschuhen (die neben dem *Mandap* auf ihren Besitzer warten) und einer Sonnenbrille mit kreisrunden blauen Gläsern, verwandelt es ihn in einen modebewussten Mafioso. Und erst die Dame neben ihm! Der schwarz-rote Sari verleiht meiner Mutter etwas Majestätisches. Ihre Haltung ist so aufrecht wie die der Queen beim Ritterschlag. Meine Mutter ist seit dem Vortag um mindestens fünf Zentimeter gewachsen. Und meine Schwester, die in ihrem geliehenen Sari umherwandert und Fotos schießt, hat nichts mit dem Mädchen gemein, das früher mit einem Spielzeugbuggy mein Schienbein malträtierte und mich »Tissi« nannte. Sie ist eine der hübschesten Frauen auf unserer Hochzeit.

In kleinen Portionen wandern Reis, Mandeln, Nelken von meinem Teller auf den meiner Frau. Soll das bedeuten, ich werde sie ernähren? Von uns beiden hat nur sie einen Job.

Zwar weiß ich nicht, was der Pandit sagt. Aber ich weiß, was er nicht sagt. Saskyas Tanten und Cousinen haben im Vorfeld die Passagen aus der Predigt streichen lassen, in denen die Ehefrau als nicht gleichberechtigter Partner porträtiert wurde.

Apropos Partner. Teil der Zeremonie ist, dass Saskyas Eltern meinen Eltern ein Geschenk überreichen. In diesem Fall ein emaillierter Pfau, der sein Nest bald im Berliner Bücherregal aufschlagen wird.

Unsere Eltern umarmen sich grinsend. Jutta und meine Mutter, mein Vater und Jyotindra. Von diesem Moment existiert ein Schnappschuss. Sie sehen darauf alle so glücklich aus, als wäre es ihre eigene Hochzeit.

An einer Stelle müssen Saskya und ich gemeinsam einen Lotuskelch hochhalten. Er ist sauschwer. Unsere Arme zittern. Der Pandit fragt uns, ob wir die Kraft spürten. Nein, ich glaube nicht an solches Zeugs. Und doch spüre ich die Kraft. Vielleicht ist das nur die Kraft, die wir Gravitation nennen, aber ich spüre sie definitiv und sie fühlt sich so anders an als die übliche Schwerkraft der letzten dreißig Jahre. Ist es kitschig, dass ich mir vorstelle, von nun an zusammen mit Saskya dieser Kraft zu trotzen?

Saskyas und mein Schal werden miteinander verbunden. Dicht hintereinander gehen wir sieben Mal im Kreis ums Feuer. Eine artistische Herausforderung. Die Knoten sitzen nicht fest. Was es bedeutet, sollte das Band sich lösen? Das will ich gar nicht erst herausfinden. Wir synchronisieren unsere Schritte und bestehen den Beziehungstest. Eine ähnliche Variante wird später das gemeinsame Tragen von Möbelstücken in den vierten Stock des Berliner Altbaus sein. Unter dem Mandap bewerfen uns Freunde und Geschwister mit Rosenblättern. Es wird oft und ausgelassen gelacht. Zwar nehmen alle das Ritual ernst, aber nicht sich selbst. Die Stimmung ist respektvoll und trotzdem erwartet niemand andächtige Stille, wie in der Königsdorfer Kirche. Immer herrscht Bewegung um das Mandap, wo ein Tisch mit Tee, Säften und frischen *Khaman Dhokla* aufgestellt wurde. Hin und wieder wird genascht. Und während all dies geschieht, merke ich, dass ich großes Glück empfinde. Jener Teil der Hochzeit, vor dem ich viel Angst hatte, stellt sich als der beste heraus. Jyotindra blinzelt Tränen weg. Am Ende stecken Saskya und ich uns gegenseitig die Ringe an die Finger. Da meldet sich der Fotograf zu Wort. Ihm ging das zu schnell. Er konnte nicht rechtzeitig knipsen. Bitte noch mal.

Also: Finger, tiefes In-die-Augen-Blicken, Ringe, Blitz.

Jetzt sind wir Frau und Mann.

Gleich danach werde ich mehrmals gefragt, wie sich das anfühlt. Ich bin erleichtert, antworte ich.

Die anderen glauben, ich spräche von Ritual und Hochzeitsstress. Aber das meine ich gar nicht.

Als Jugendlicher glaubte ich, für jedes Mädchen dankbar sein zu müssen, das sich meiner annähme. Damals, in den prähistorischen Zeiten vor Facebook und Tinder, weckten Chaträume meine Hoffnung. Ich lernte Pamela kennen. Ja, *Pamela*. Über Wochen hinweg goss ich ihr mein Herz aus. Jedes digitale Techtelmechtel mit ihr war der beste Teil meines Tages. Noch nie hatte ich mich so gut mit einer Vertreterin des weiblichen Geschlechts verstanden. Echte Gefühle waren im Spiel. Und die Geilheit eines einsamen Teenagers. Wir vereinbarten ein Treffen am Stachus in München. Zur verabredeten Zeit war sie nicht da. Ich wartete zwei Stunden. Sie kam nicht. Auf dem Heimweg bereute ich, dass ich meinen Eltern von Pamela erzählt hatte. Sie hatten mich vorgewarnt, ich solle mir nicht zu viel Hoffnung machen. Aber wie macht man sich nicht zu viel Hoffnung, wenn man ein Junge ist, der sich davor fürchtet, für immer allein zu sein? Ich hörte nie wieder von Pamela. Vielleicht gab es sie gar nicht. Ich dachte noch dramatischer: Vielleicht gab es ja nicht einmal diesen einen Partner auf der Welt für mich, von dem alle immer redeten.

Das ist noch gar nicht so lange her. Ich kann mich gut daran erinnern, wie sich das angefühlt hat. Aber es macht mir nichts mehr aus. Ich bin jetzt Saskya Jains Mann.

Die erste Aufgabe, der wir uns als Ehepartner widmen, heißt: weitere Gäste empfangen. Am Eingang zum Garten wacht ein enormer Banyanbaum. Ihn umgibt ein See aus Tausenden von weißen Blütenblättern, umrahmt von Tagetes. Weitere Blütenkompositionen hängen wie Früchte von seinen Ästen. Ich habe selten eine so geschmackvolle Dekoration gesehen. Die einfache Schönheit stellt jeden Weihnachtsbaum in den Schatten.

Dort postieren wir uns, um alle Neuankömmlinge zu begrüßen.

»Hello! Nice to meet you. Thank you for the present. Please, have a drink. Looking forward to speaking with you!« Ich sage das so oft, dass ich nach einer Weile nicht mehr sicher bin, zu wem ich es noch nicht gesagt habe. Meine Wangenmuskulatur spannt vom Lächeln. In mir wächst das Bedürfnis, zur Abwechslung etwas Unfreundliches von mir zu geben. Zumindest muss ich mich nicht sorgen, dass die Braut geklaut wird und ich die Zeche dafür zahlen muss. Meine Braut hat keine Zeit, um geklaut zu werden. Der Empfang erstreckt sich über mehrere Stunden. Noch vor der letzten Begrüßung beginnen wir damit, uns von der ersten Person zu verabschieden. Währenddessen schwindet das Festmahl auf den Büfetttischen dahin. Ein deutsches Mädchen begeistert sich für die »Honigbrezeln« alias *Jalebis*. Ich komme nicht in den Genuss, von dem Hochzeitsgäste noch Wochen später schwärmen werden. Die Begegnungen dieses Tages aber trösten über den Hunger hinweg. Sie sind mein zweiter Spaziergang durch Saskyas Leben und unsere Zukunft. Nie zuvor habe ich so viele fremde Menschen so herzlich umarmt. Es wird Monate dauern, bis ich mir all ihre Namen merken werde. Unter ihnen sind alte und zukünftige Freunde und solche, die sich dafür ausgeben.

Ich lerne die Mitarbeiter des Crafts Museums kennen, das Jyotindra einst führte. Herzliche, kugelrunde Menschen, die sich lachend daran erinnern, wie frech und aufgeweckt Saskya als Kind war. »Nicht nur als Kind«, füge ich hinzu und werde sofort von einer stämmigen Dame geherzt, dass mir die Luft wegbleibt.

Ich lerne Saskyas Schulfreunde kennen, vor allem die unvergleichliche Mohita. Ihr Grinsen ist so pink wie ihre Mode. Es wird nicht lange dauern, bis ich sie zu meinen besten Freunden zähle.

Ich lerne Sharmila Tagore kennen. Während ich mit ihr plaudere, spiegelt sich in ihrer Sonnenbrille ein Ahnungsloser, der weder weiß, dass er einem der berühmtesten Filmstars des Landes gegenübersteht, noch, dass er sie in den kommenden Jahren regelmäßig treffen und mit ihr persönliche Gespräche führen wird.

Ich lerne den deutschen Botschafter kennen, dessen Ruf ebenso kantig ist wie sein Kinn.

Ich lerne Siddhi Kumari kennen, BJP*-Politikerin und Prinzessin von Bikaner, die Saskya und mir eines Tages Wein in ihrem Schlafzimmer ausschenken wird.

Ich lerne endlich Dayanita Singh persönlich kennen, eine unruhige Frau mit Augen, die alles sehen. Sie schießt Fotos von Saskya und mir vor dem Banyanbaum und verscheucht den Hochzeitsfotografen, als dieser sich von hinten anschleicht, um ihre Perspektive zu klauen.

Ich lerne Robin Mallick kennen, Programmleiter des Goethe-Instituts**, dessen eigenwilliger Wortschatz mich sofort bezaubert.

Bevor ich Meira Kumar, Speaker of Parliament, kennenlerne, mache ich zunächst Bekanntschaft mit ihren Sicherheitskräften. Männer mit Sonnenbrillen, Knopf im Ohr, Maschinengewehren und wichtigtuerischer Miene sondieren das Gelände. Meira Kumar hat ein diplomatisches Lächeln aufgesetzt, das vermutlich selbst im Schlaf nicht aus ihrem Gesicht weicht. Saskya und ich absentieren uns mit ihr und führen höfliche Gespräche über das Wetter. Schwer vorstellbar, wie Meira Kumar mit ihrer zart-hellen Stimme für Ordnung im Parlament sorgt. Vielleicht ist es ihre makellose Aura. An dieser würden selbst Beleidigungen abgleiten.

Wen ich auch kennenlerne: meine Eltern. Zumindest eine Seite von ihnen, die ich selten zu Gesicht bekomme. Mein Vater hat sich am Tisch der deutschen Diplomaten festdiskutiert und führt auf charmante Weise politische Debatten. Meine Mutter hält sich an drei Orten der Feier gleichzeitig auf und unterhält sich mit jedem, der Augenkontakt mit ihr wagt. Obwohl sie eine Schwäche für die Geschichten in Hochglanzmagazinen hat, lässt sie sich nicht davon einschüchtern, wenn ihr jemand als »very famous« vorgestellt wird. Beide gehen in dieser Gesellschaft auf wie zünftige *Delhiites*.

Und wen ich wieder kennenlerne: den verschüchterten Christo-

---

* Bharatiya Janata Party – die konservative der zwei großen Volksparteien.
** In Indien nur bekannt als Max Mueller Bhavan, benannt nach dem deutschen Sanskritforscher.

pher, den seine Eltern so oft aufgefordert haben, doch mal mit den anderen Kindern im Dorf zu spielen. In meinem Prinzengewand, umgeben von zahlreichen Persönlichkeiten der Oberklasse, komme ich mir vor wie ein Hochstapler. Und doch. Ich mag den kühlenden und gleichzeitig wärmenden Stoff des Sherwanis ebenso wie die zuvorkommenden Gäste und ihre Höflichkeit. Deutsche werden mich später darauf hinweisen, dass solche Freundlichkeiten unter Fremden vollkommen oberflächlich und nicht richtig ehrlich gemeint seien. Ich stimme ihnen nur teilweise zu. Ja, sie sind oberflächlich, aber trotzdem ehrlich gemeint. Das ist es, was ich an dieser Höflichkeit schätze: Man behandelt einander mit Respekt, *auch wenn* man den anderen nicht kennt. Potenziell verletzende Aussagen werden vermieden und Komplimente großzügig ausgeschenkt. Ich persönlich ziehe das vor. Vollkommene Ehrlichkeit ist meines Erachtens überbewertet. Eine unerträgliche Dystopie: wenn alle zu allen ständig ehrlich wären. In vielen Situationen möchte ich die Wahrheit nicht hören (nicht zu verwechseln mit belogen werden). Insbesondere an meinem Hochzeitstag. Ich bin dankbar, dass Leute mir Komplimente zu meinem Turban machen, trotz der Tatsache, dass er mich wie die Fehlbesetzung eines Hindi-Filmhelden aussehen lässt. Denn auch wenn ich es mir nicht eingestehen möchte, ich bin noch immer der Bub, den es Überwindung kostet, auf Menschen zuzugehen. Ich denke zu viel darüber nach, was schiefgehen könnte. Ich erwäge alle möglichen Versionen eines Gesprächs, bevor es überhaupt stattgefunden hat – was oftmals dazu führt, dass es nie stattfindet. Ich muss mich dazu zwingen, jemanden anzusprechen, und wenn ich tatsächlich darin reüssiere, setze ich alles daran, keine Gesprächspausen entstehen zu lassen. Ich bombardiere mein Gegenüber mit Worten und verschone es auch nicht mit Scherzen, von denen ich schon beim Aussprechen weiß, dass sie missglücken werden. Um eine gute Konversation führen zu können, denke ich währenddessen zu viel daran, dass ich eine Konversation führe. Habe ich mich erst einmal in einen Dialog begeben, kann ich ihm nicht mehr entfliehen. Er läuft weiter und weiter, lässt sich nicht stoppen.

Aber hier, in Delhi, leben die unangefochtenen Meister der Konversation. Sie sprechen mich an. Sie stellen Fragen, die mir das Gefühl geben, interessant zu sein. Sie beantworten Fragen nicht mit einem harten »Nein«, wie ich, sondern mit einem »Ja, aber«. Sie besitzen ein feines Gespür dafür, wann ein Witz angebracht ist und wann nicht. Und sie klinken sich mit einer eleganten Plötzlichkeit aus, sodass ein paar Augenblicke verstreichen, ehe ich begreife, dass sie längst weitergezogen sind.

Abgesehen von Saskya ist die einzige anwesende Person, mit der ich mich wortlos verstehe, verstehen muss, Urmila. Auch sie hat sich im Rahmen ihrer Möglichkeiten zurechtgemacht. Ihre Aufgabe ist es, den Geschenketisch zu bewachen. Alle paar Minuten bringe ich ihr ein neues Präsent, das mir ein Gast in die Hand gedrückt hat. Auf dem Tisch stapeln sich Päckchen und Blumengestecke. Bald muss ein zweiter Tisch dazugestellt werden. Urmila kümmert sich darum. Wie gerne würde ich sie fragen, was sie von alldem hält, was sie wirklich denkt.

Zum Zeitpunkt unserer Hochzeit kann ich deren schlichte Eleganz noch gar nicht schätzen. Erst in den kommenden Jahren werde ich verstehen lernen, welchen Stellenwert eine Hochzeit in Indien einnimmt. Die damit verbundene Industrie ist ein tragender Pfeiler der indischen Wirtschaft. Rund 40 Milliarden US-Dollar werden jährlich dafür ausgegeben. Familien demonstrieren mit einer Hochzeit ihren sozialen Status und ihren Wohlstand. Viele nehmen immense Kredite auf. Der neueste Trend: »Destination Weddings«. Siddhi, die Prinzessin, erzählt uns, dass sie auf einer Hochzeit in der Toskana war. Nicht nur wurden Hunderte von Gästen aus Indien eingeflogen, selbstverständlich auf Kosten der einladenden Familie, sondern auch Dutzende Kellner. Man wollte eine durch und durch indische Hochzeit zelebrieren. Nur halt in Italien.

Aber nicht allein die Reichen überbieten sich gegenseitig in Dekadenz. Die wachsende Mittelschicht verfügt über mehr Zaster denn je. Der wird in ein halbes Dutzend Festivitäten, sieben verschiedene

Designer-Hochzeitsgewänder für Braut und Bräutigam, Feuer-werke, VIP-Auftritte sowie Einladungen investiert: Simple Karten oder Briefe reichen schon lange nicht mehr. Wer es sich leisten kann, und auch wer es sich nicht leisten kann, sendet Körbe mit getrockne-ten Früchten, Nüssen, Süßigkeiten. Ein Superreicher aus dem Süden ließ für die Hochzeit seiner Tochter Hunderte LCD-Bildschirme verschicken, auf denen ein aufwendig produziertes Video des Braut-paars die Feierlichkeiten bewarb.

Selbst weniger Privilegierte lassen es sich nicht nehmen, dem Feu-dalismus zu huldigen. Vor Kurzem heiratete die Tochter des Bügel-manns von Vasant Kunj: ein opulentes Gelage, das sich fünf Tage lang hinzog. Der Istry-Wallah wird sehr viel bügeln müssen, um die Schulden, die er dafür auf sich genommen hat, in den kommenden Jahren abzuarbeiten.

Daher ist es durchaus möglich, dass Saskyas und meine Hochzeit Urmila nicht sonderlich beeindruckt. Keine Plastikzelte, Heizstrah-ler oder Lasershows, sondern Blütendekorationen. Keine Elefanten. Kein Turbanbinder für maßlose zehntausend Rupien – lieber Jas-want. Keine Marching Bands. Keine kilometerlangen Buffets, statt-dessen ausgewählte Köstlichkeiten bei einem einzigen Mittags-empfang.

Natürlich ist das Ganze trotzdem eine indische Hochzeit. Das kollektive Gold an Hälsen, Nasen, Ohren, Fingern, Armen und Fü-ßen ließe sich selbst mit meinem gewichtigen Ich von einst nicht aufwiegen und unterstreicht ebenso wie der Auftritt diverser nam-hafter Gestalten – in Bayern würde man sagen: Großkopferter – den sozialen Status der Jains. Viel Reichtum und Macht versammeln sich an diesem Tag in Sanskriti. Jutta und Jyotindra haben sich die-sen Platz in der Gesellschaft über Jahre hinweg hart erarbeitet. Als sie heirateten und bald darauf Eltern wurden, konnten sie nicht auf familiäre Beziehungen oder Geld bauen. Sie mussten sich selbst einen Namen machen und auf dem Weg dorthin jede Rupie achten. Dass es einem indisch-österreichischen Akademikerpaar aus öko-nomisch einfachen Verhältnissen gelungen ist, durch qualifizierte

Arbeit sozial aufzusteigen und dabei unbestechlich zu bleiben, sodass sie heute zu den geschätzten Persönlichkeiten Delhis zählen, das ist imposant.

Die Hochzeitsgäste sind aus verschiedenen Gründen gekommen. Manche wegen des Essens oder aus Neugier, andere zum Knüpfen von Kontakten. Viele für Saskya und mich. Aber alle sind hier aus Respekt vor Jutta und Jyotindra.

Die Sonne zieht sich hinter den Hochnebel zurück, die Temperatur sinkt rapide. Ich wüsste gern, wie der Vogel heißt, der sich mit schrillem Geschrei auf Insektenjagd begibt.

Der letzte Gast hat sich verabschiedet. Aber für Saskya und mich ist der Tag noch nicht zu Ende. Wir überlassen den engen Familienkreis sich selbst (ich vertraue auf die neu entdeckten sozialen Fähigkeiten meiner Eltern) und steigen ins Auto. Jaswant fährt uns zum Taj Mahal Hotel. Dort wollen wir den Tag ausklingen lassen. Allein.

Ich spüre den Ring an meiner Hand, er fühlt sich noch etwas fremd an. Sitzt er zu eng? Hab ich seit der Anprobe zugenommen? Vielleicht ist es der Blutdruck.

Während der Fahrt reden wir kaum. Als hätten wir all unsere Worte aufgebraucht.

Auf halber Strecke zum Hotel bleiben wir im Verkehr stecken, ausgelöst von den Protesten wegen der Vergewaltigung. Saskya und ich wollten daran teilnehmen. Aber die Hochzeit nahm uns in Anspruch. Eine lausige Ausrede. Wir hätten uns die Zeit nehmen sollen.

Alle mutmaßlichen Täter wurden inzwischen gefasst. In wenigen Tagen wird man die noch immer bewusstlose Nirbhaya nach Singapur ausfliegen. Damit man sie im dortigen Spezialkrankenhaus für Organtransplantationen behandeln kann. Angeblich. Beobachter werden anmerken, die Maßnahme sei rein politisch motiviert. Man versuche, die heikle Situation in der Stadt zu entschärfen, da eine Operation nicht eher als in ein paar Wochen möglich sei. Noch bevor das neue Jahr anbricht, stirbt das Mädchen.

Vor der Einfahrt des Hotels muss Jaswant anhalten und den Kofferraum öffnen. Wachen überprüfen das Fahrzeuginnere und gucken, wie an einem militärischen Stützpunkt, mit einem Spiegel unters Auto.

In Indien gehört die Auseinandersetzung mit Terrorismus schon lange zum Alltag. Kein Einkaufszentrum, Kino oder größeres Hotel ohne Metalldetektoren und Gepäckkontrollen. Vor der Shopping Mall in Saket werde ich stets von zwei Männern gleichzeitig abgetastet: Der eine sitzt auf einem Plastikhocker und kümmert sich um meine untere Körperhälfte, der andere steht und konzentriert sich auf den Rest. Besonders gründlich sind sie nicht. Dafür ist der Strom an Besuchern zu groß und ihr Lohn zu gering.

Einen der schwerwiegendsten Anschläge in den letzten Jahren verübten islamistische Terroristen am 26. November 2008 an verschiedenen Orten in Mumbai. Vor allem im Hotel Taj Mahal. Es wurden Geiseln genommen. Das Massaker zog sich über sechzig Stunden hin. Danach waren hundertvierundsiebzig Menschen tot, viele weitere verletzt. Und der eigentliche Konflikt ist noch lange nicht beendet. Anschläge in Indien sind häufig auf das schwierige Verhältnis zum nordwestlichen Nachbarn zurückzuführen. Im Kalten Krieg galt Pakistan, im Gegensatz zum sozialistischen Indien, als Alliierter der westlichen Welt. Die USA pumpten Milliarden in das Land; die CIA trainierte religiöse Fanatiker für ihre Zwecke. Aber nach dem Fall des Eisernen Vorhangs wurden sie die Geister, die sie gerufen hatten, nicht mehr los. Heute werden in Pakistan noch immer Menschen ausgebildet, die gegen einen übermächtigen Gegner ins Feld ziehen. Nur werden diese Menschen nicht mehr Freiheitskämpfer genannt, sondern Terroristen. Denn sie bekriegen ihren ehemaligen Mentor. Vor allem im benachbarten Afghanistan gehen sie gegen die USA vor. Gleichzeitig zersetzen sie die staatliche Ordnung in Pakistan. In welchem Maße die pakistanische Regierung ihre Hände im Spiel hat, wenn Terroristen über die Grenze nach Indien kommen und dort Anschläge verüben, ist unklar. Was allerdings auf der Hand liegt: Die pakistanische Regierung unternimmt sicherlich nicht alles erdenklich Mögliche, um ihren politischen Erzgegner vor ihnen zu schützen.

Männer mit goldgeknöpften Uniformen und auffälligen Turbanen öffnen uns die Autotüren. Wir passieren Metalldetektoren und Drehtüren. In der Lobby empfängt uns dezente Klaviermusik gepaart mit dominantem Jasminduft. Der Marmor glänzt, als wäre er erst vor Sekunden poliert worden. Eine Punjabi-Familie hängt im Eingangsbereich herum und stört sich nicht an der Lautstärke ihrer Gespräche. Weiter hinten macht sich ein Christbaum breit. Saskya und ich checken ein und begeben uns dann auf unser Zimmer im siebzehnten Stock. Als ich dort die Vorhänge aufziehe, ist die Sonne fast schon untergegangen. Delhi erstreckt sich bis zum Horizont. Schwarzmilane kreisen über den Ruinen des Lodhi Garden. Ich kenne keine Stadt, deren Straßen so staubig sind und die doch so grün ist.

Ich atme ein paar Mal tief ein und aus. Ich bilde mir ein zu spüren, wie viel reiner die Luft im Taj ist. Wie in einer Festung komme ich mir vor. Da draußen ist die Stadt, die meine neue Heimat werden soll. Ich habe sie noch nicht einmal ansatzweise verstanden. So viele Leute, die in ihr leben, durfte ich heute kennenlernen. Dadurch sehe ich die Stadt nicht deutlicher. Sie scheint mir nur deutlich größer.

Hier drin fühle ich mich entrückt von ihr. Das Hotel gehört nicht zur Stadt, es ist ein neutraler Ort, an dem sich Reisende aus aller Welt wohlfühlen sollen.

Mir bedeuten Hotels mehr als das. Ich kann es monatelang in ihnen aushalten. Das hat nichts damit zu tun, dass mein Urgroßvater das Hotel Fürstenhof in Leipzig besaß und geführt hat. Als ich auf die Welt kam, war die Verbindung zum Fürstenhof nur noch schwach; die DDR hatte ihn sich einverleibt und nach der Wende trennte sich meine Familie endgültig von ihm. Meine Zuneigung für Hotels rührt vermutlich daher, dass ich teilweise in ihnen aufgewachsen bin. Im Montreux Palace am Genfer See stieg meine

Familie regelmäßig ab, wenn wir Verwandte meiner Mutter besuchten: Wein, Queen (die Band), Charlie Chaplin und Jazz in einer Region von berückender Schönheit. Im Pool des Mena House nahe den Pyramiden von Gizeh lernte ich, ohne Schwimmflügel zu schwimmen. Im Villa Cortine Palace Hotel am Gardasee halfen mir Zehn-Gänge-Dinners, meine gewichtige Kindererscheinung zu erhalten, die nett verpackt war, da meine Eltern mir einen Blazer geschenkt hatten, in dem ich aussah wie der Thronerbe einer inzestuösen Monarchie. Im The Plaza in New York übte ich mich mit meiner kleinen Schwester in unorthodoxen Ballwurftechniken und schoss versehentlich einige Kristalle des Kronleuchters ab. Im Hotel Oriental in Bangkok überredete mein Vater mich zu einer Stereo-Pediküre-und-Maniküre, bei der vier Thailänderinnen gleichzeitig meine Nägel bearbeiteten und mir die Schamröte eines Jugendlichen ins Gesicht trieben, der hübschen Mädchen noch nie so nahe gewesen war.

Bevor mein Vater zu Geld kam, und nachdem er es wieder verloren hatte, übernachteten wir natürlich auch in ganz anderen Schuppen. Aber an diese erinnert mich das Taj nicht.

Saskya, die so anders aufwuchs, ist keine Liebhaberin von Hotels. Sie sieht im Taj nicht die nächste Lebensstation, wie ich.

»Wir sollten das zur Tradition machen«, sage ich zu ihr.

»Was?«, fragt sie.

»Jedes Jahr den Hochzeitstag in einem schönen Hotel in Delhi begehen.«

»Wir können doch auch zu Hause feiern«, sagt sie.

»Oder wir können nicht zu Hause feiern«, sage ich.

»Eine Nacht hier kostet so viel«, sagt sie.

»Aber nicht zu viel«, sage ich.

»Für uns schon«, sagt sie.

Da hat sie recht. Eigentlich können wir es uns gar nicht leisten. (Nicht umsonst haben wir die Hochzeitsreise bis auf Weiteres verschoben.) Das Taj ist eines jener Hotels, in denen ich immer befürchte, andere Gäste könnten riechen, dass ich nur über geringe finanzielle Mittel verfüge.

Dann wiederum bemerke ich: Viele Reiche können sich abgebrannte Menschen in ihrem direkten Umfeld gar nicht vorstellen. Saskya und ich müssen uns nur angemessen tarnen. Sari und Dreiteiler erfüllen den Zweck.

So verlassen diese Frau und dieser Mann das Zimmer. Auf dem Weg zum Restaurant muss ich daran denken, dass wir alles, was wir tun, zum ersten Mal als Ehepaar tun. Lifttüren aufhalten. Nach dem richtigen Stockwerk fragen. Aus Versehen gleichzeitig den Knopf drücken. Sich im Aufzugspiegel nebeneinander das Haar richten. Wahrnehmen, wie der andere einen betrachtet.

Beim Essen erzählt mir Saskya, dass ich dank der Heirat in einem Jahr eine PIO-Karte beantragen kann, die das Visum ersetzt und Einreisen erheblich erleichtert. PIO steht für »Person of Indian Origin«.

Vermutlich bin ich bald der erste Königsdorfer mit indischer Herkunft.

Der Kellner tritt an unseren Tisch, stellt sich vor und wendet sich an mich: »Where are you from?«

»From a small village in Bavaria«, antworte ich automatisch, sehe dann meine Frau an und füge hinzu: »And from here.«

# Teil II

## WIE ES IST

# 6

## Dilli

Trauma und Traum
Jugaad
Die einfachen Leute
Weggucken
(A)sozial

# Trauma und Traum

Am 15. August 1947 endete die britische Kolonialherrschaft auf dem Subkontinent und zwei Staaten wurden geboren. Das Dominion Pakistan bestand aus den Gebieten West- und Ostpakistan (dem späteren Bangladesch). Zwischen ihnen erstreckten sich circa 1600 km des anderen Landes: Indien. Die neuen Territorien dienten der geografischen Abgrenzung – Pakistan für die Muslime, Indien für die Hindus, und so folgte auf die gerade errungene Unabhängigkeit ein Bevölkerungsaustausch. Oft wird er als »Umsiedlung« etikettiert. Eine viel zu harmlose Bezeichnung. Pogrome und Gewaltausbrüche führten zum Tod so vieler Menschen, dass man bis heute nicht einmal weiß, wie viele genau in diesen Monaten starben. Schätzungen belaufen sich auf bis zu eine Million. Abertausende Familien wurden zerrissen, Frauen vergewaltigt und in die Prostitution gezwungen und nach ihrer Heimkehr als unrein von den Verwandten zurückgewiesen.

Diese Teilung fügte dem Subkontinent eine tiefe Wunde zu, die noch heute nicht verheilt ist. Sie klafft offensichtlich in Kaschmir, wo die Rivalitäten mit dem Nachbarn täglich auf ein Neues ausgefochten werden. Sie klafft in Debatten darüber, was damals im Vorfeld der Staatengründung schiefgelaufen ist und wie viel Verantwortung die politischen Schlüsselfiguren dafür tragen: Muhammad Ali Jinnah, Gründer und erster Generalgouverneur Pakistans, Jawaharlal Nehru, erster Premierminister Indiens, sowie Louis »Dickie« Mountbatten[*], letzter Vizekönig Indiens. Und sie klafft in der Hauptstadt.

---

[*] Seine Durchlaucht Prinz Louis Francis Albert Victor Nicholas von Battenberg, Sohn der deutschen Prinzessin Viktoria Alberta von Hessen-Darmstadt und Onkel von Prinz Philip.

»Delhi ist ein traumatisierter Ort«, sagt Saskya einmal zu mir.

Wir trinken grünen Tee auf der Terrasse unserer ersten Bleibe in der Stadt, einem *Barsati* – eine gemietete Dachgeschosswohnung – auf einem illegal errichteten, dreistöckigen Gebäude in Bhawani Kunj. Es ist acht Uhr morgens und man kann nicht sagen, dass das Viertel um uns herum erwacht – dafür müsste es erst einmal zur Ruhe kommen. Das geschieht nie. Auf dem Nachbargrundstück dreht sich auch nachts die Mischtrommel, werden Steine zerkleinert und führt ein Schaufelbagger unermüdlich den Robotertanz auf, damit ein neues Haus entsteht. Nach Mitternacht erörtern die Hunde der Nachbarn in erbitterten Akustikduellen mit ihren frei lebenden Artgenossen, welcher Lebensstil vorzuziehen sei. Die letzten Moskitos des Jahres wollen sich vor der Kälte in mein Ohr retten. Pünktlich zur Morgendämmerung beehrt uns ein Chor aus quietschvergnügten *Totas* – indischen Halsbandsittichen – in den Ästen des Neembaums vor unserem Schlafzimmer mit einem Stehauf-Ständchen.

Ich schlafe gut.

Täglich führen wir in den Einbauschränken einen chemischen Krieg gegen Termiten. (Wir verlieren.) Tauben paaren sich obszön gurrend auf unserem Balkon und hinterlassen als Beweise Eier. Das Leitungswasser müssen wir abkochen. Zum Waschen von Gemüse versetzen wir Wasser mit Kaliumpermanganat. Trinkwasser holen wir jeden zweiten Tag von Saskyas Eltern in einem Metallbehälter. Wenn wir das Haus verlassen, trage ich einen Stock bei mir, weil nicht jeder Hund so zahm ist, wie er sich zunächst gibt.

Und ich, der Insomnia-Apostel, schlafe trotzdem verdammt gut.

Bhawani Kunj ist mein erstes Zuhause in Delhi. Zuvor kamen wir immer bei Saskyas Eltern unter. Eine angenehme und bequeme Option. Dennoch war ich dort nur Gast. Jetzt haben wir unsere eigenen vier Wände. Alles, was in diesen und um sie herum geschieht, ist Teil meines neuen Lebens – und so manches davon lästig, oh ja: In diesen Tagen kann man gelegentlich beobachten, wie ein zorniger Deutscher auf einem Balkon im Süden Delhis mit Knabenchor-trainierter Kehle sich in die Diskussionen heulender Hunde einmischt. Aber sie gehören dazu, die Hunde, die Papageien, die Termiten, die Tauben. Ohne sie wäre Bhawani Kunj nicht unser Zuhause.

Und auch Gita darf nicht fehlen. Jeden Morgen klopft sie gegen die schwere Metalltür, woraufhin ich über die Terrasse schlurfe, um ihr zu öffnen. Gitas Gesicht ist oval und von tieferem Ernst geprägt als das von Urmila. Gita verdient sich bei uns ein Zubrot. Eigentlich arbeitet sie bei den Nachbarn unter uns. Meist geben wir ihr ein bisschen mehr Wochenlohn als vereinbart. Noch so ein akustisches Alltagsritual in Bhawani Kunj: die hallende Stimme unserer Nachbarin, wenn sie Gita ausschimpft oder droht, sie nicht weiter zu beschäftigen. Gitas Aufgaben bei uns beschränken sich darauf, einmal durchzuwischen und in der Küche das Geschirr abzuspülen. Mit Vergnügen würde sie auch für uns kochen. Aber das machen wir so gerne selbst.

Ich habe mich noch nicht daran gewöhnt, dass jemand wie Gita als *servant* bezeichnet wird. Das Wort geht mir nicht über die Lippen. Ich sage: »Jemand, der für mich arbeitet.« Oder *maid*, Haushilfe. In Deutschland könnten wir keinen Diener beschäftigen. Das Wort schmeckt zu sehr nach einer Klassengesellschaft, von der wir Deutschen annehmen, wir hätten sie längst überwunden.

Dabei sind unsere Gesellschaftsschichten auch nicht besonders durchlässig. In Königsdorf gingen einige Bauerntöchter und -söhne mit mir zur Grundschule, die mehr Grips hatten als ich. Jeder hätte mühelos aufs Gymnasium wechseln können. Keiner tat es. Schließlich sollten sie möglichst schnell die Schule abschließen und sich um den Hof kümmern, den sie eines Tages übernehmen würden. Auf dem Gymnasium begegnete ich haufenweise Kindern von Ärzten, Lehrern und Architekten. Zu Hause traf ich auf Evi, Haushaltshilfe und Trinkkumpanin meiner Mutter, deren Eltern kein Abitur hatten. Die nudeldicke, spitznasige, circa dreißig Jahre ältere Evi betrachtete ich lange als meine beste Freundin. Obwohl in Königsdorf kaum eine Seele wandelte, die mehr von Bayerntum durchdrungen war als sie, schien sie sich nicht darum zu scheren, dass ich ein Zug'roaster war. Ihr hochherziges Lachen: gleichzeitig ein stakkatohaftes Nach-Luft-Schnappen. Ich fürchtete immer ein wenig, sie könnte ersticken. Sie bewies bewundernswerte Geduld mit einem gelangweilten Jungen ohne Freunde, der sich die Zeit damit vertrieb, sie vom Wäschewaschen, Bodenwischen, Unkrautjäten abzulenken, indem er ihr sein neuestes Spielzeugauto demonstrierte, ihren BH heimlich öffnete oder »Hunger!« krakeelte, was sie herausforderte, ihre Künste als Schnitzel-und-Semmelknödel-Schöpferin zu beweisen.

Ich hätte Evi niemals als Dienerin bezeichnet – und doch ging sie ganz ähnlichen Aufgaben nach wie Gita. Wofür sie, ebenfalls wie Gita, Bares erhielt. Anders als Evi, kann Gita mit ihrem Lohn aber kaum ihre Familie ernähren. Obwohl wir sie anständig bezahlen. Für Evi wie für meine Eltern war es damals in Ordnung, keinen Vertrag aufzusetzen. Für Gita dagegen würde ein Vertrag mehr Sicherheit bedeuten. Nie käme sie auf den Gedanken, nach einem zu fragen. Sollte sie es wagen, dann würde ihre Arbeitgeberin ihre Drohung vermutlich wahrmachen und Gita feuern. Es gibt zu viele Gitas im Land. Ein neues Dienstmädchen lässt sich jederzeit finden. In Deutschland beuten wir vorzugsweise ausländische Zug'roaste aus. In Indien muss vor allem die eigene Bevölkerung dafür herhalten. Das Wohl der Unterprivilegierten hängt von der Großzügigkeit und dem Gewissen ihrer Arbeitgeber ab.

Doch insgesamt haben sich die Abhängigkeitsverhältnisse verbessert. Dank dem staatlichen Jan-Dhan-Yojana-Programm etwa. Gita und Urmila können nun, obwohl sie über relativ niedrige Einkünfte verfügen, ein Bankkonto führen. Vom Premierminister wurde dies als wichtiger Schritt zur Beendigung von »financial untouchability« bezeichnet. Bis 2018 sollen nahezu fünfundsiebzig Millionen Privathaushalte davon profitieren. Urmila und Gita müssen ihr Bargeld nicht mehr zu Hause bunkern. Sie allein, weder ihr Mann noch ihre Familie, haben Zugriff auf das Konto. Es schenkt ihnen Unabhängigkeit und Sicherheit.

Seit Kurzem haben die Jains einen neuen Fahrer. Jaswant verließ sie, nachdem er eine Anstellung bei der Regierung ergattert hatte. Egal ob Museumsdirektor oder Fahrer, ein Regierungsjob ist stets heiß begehrt. Feste Arbeitszeiten, festes Gehalt, kostenlose Behausung. Niemand schlägt das freiwillig aus. Dennoch fiel Jaswant die Entscheidung nicht leicht. Er wusste, bei Jains war er gut aufgehoben. Auf der Suche nach einem Nachfolger wurde der Familie der Bruder des Fahrers der Nachbarn empfohlen: Kalu. Auf Hindi bedeutet sein Name so viel wie »schwarz« oder »der Schwarze«. Ein eindeutig besetztes Wort im Land der Hautbleichmittel, in dem schon bei der Geburt ein möglichst hellhäutiges Ergebnis herbeigesehnt wird – was die Chancen bei der Partnersuche und Karriere erheblich verbessert. Auch Namen wie »Schmutz« oder »Müll« sind nicht ungewöhnlich. Eltern wählen diese aus Fürsorge, als Tarnung vor dem bösen Auge, das solche Kinder übersieht. Dafür wachsen die Kinder zu Frauen und Männern heran, die sich mit einem Stigma arrangieren müssen. Das böse Auge lässt sich täuschen, die indische Gesellschaft nicht. So viel Kalu in seinem Leben auch erreichen mag, ein jeder in Indien weiß, dass ein Mann mit seinem Namen aus der Unterschicht stammt.

Bisher hat Kalu dreiräderige Lieferwagen für Blumenhändler gesteuert. Die Anstellung bei einer Mittelklassefamilie bedeutet einen sozialen Aufstieg für ihn. Kalu muss sich aber erst einmal im neuen Umfeld zurechtfinden. Im wahrsten Sinne: Viele der Wege, die Jains täglich zurücklegen, kennt er nicht. (Jutta ist in dieser Zeit das verlässlichste Navigationssystem und hilft ihm bei der Orientierung.) Er und Jaswant könnten unterschiedlicher nicht sein. In Jaswants Augen saß der Schalk. Wenn man ihn anrief, weil er sich verspätete, und er daraufhin behauptete, er sei schon fast da, konnte man nie wissen, ob er die Wahrheit sprach oder erst zu diesem Zeitpunkt aufbrach. In Kalus Augen sitzt Gemächlichkeit. Schlichter Mittelscheitel, dominanter Rosenduft. Beim Fahren berichten seine Rülpser von seiner letzten Mahlzeit. Wir müssen die Gase ein Weilchen aushalten. Sofort das Fenster herunterzulassen wäre beleidigend.

Wenn man ihn anruft, weil er sich verspätet, behauptet er selten, er sei schon fast da, sondern erklärt, er habe verschlafen oder sein Motorrad habe einen Platten oder das Bett, auf dem er mit seiner Frau und den vier Kindern schläft, sei zusammengekracht und er müsse ein neues besorgen. Jutta nennt Kalu einen Wurschtel. Meine Schwester, die als Aufnahmeleiterin am Filmset einen reibungslosen Ablauf garantiert, würde ihn verplant nennen.

Welche Bezeichnung auch immer für ihn zutrifft, es fällt schwer, ihm seine kleinen Verfehlungen übelzunehmen. Kalu kann nichts dafür, dass ihm das Rüstzeug fürs Leben fehlt. Er kann nur ansatzweise schreiben und lesen, hat nie gelernt, dass die Erde rund ist. Das liegt an den sozialen Umständen und keinesfalls an seiner Neugier. Fahren Saskya und ich mit ihm, fragt er sie über Amerika und Deutschland aus. Gebannt lauscht er ihren Antworten. Eine Weile lang interessiert er sich für Bangladesch. Er hat den Eindruck, ein Visum für dieses größtenteils muslimische Land sei relativ leicht zu erhalten. Und da er weiß, wie schwer es für einen indischen Muslim wie ihn ist, ein Visum für irgendein Land auf dem Planeten zu bekommen, spielt er mit dem Gedanken, dorthin auszuwandern. Später, nach ein paar Erläuterungen Saskyas zu einem der ärmsten Staaten der Welt, schätzt er sich glücklich, in Delhi leben zu dürfen. Auch wenn es ihm immer an Geld fehlt. Jains helfen aus, so gut sie können. Dank ihnen kann er seine Schulden zurückzahlen, sein Motorrad reparieren, ein neues Bett kaufen und eine Toilette bei sich zu Hause installieren, sodass die Familie nicht mehr ins Freie gehen muss.

Gita kann von solchen Arbeitgebern nur träumen. Sie lebt jeden Tag mit der Angst, entlassen zu werden. Saskya und ich würden ihr gerne mehr Sicherheit geben. Aber wir werden nur einige Monate in Bhawani Kunj verbringen, bevor wir wieder nach Berlin reisen.

Gita kommt nie allein zu uns. Ihre Tochter ist keine drei Jahre alt und weicht ihr nicht von der Seite. Sie hat den ernsthaften Gesichtsausdruck ihrer Mutter geerbt. Selbst wenn ich mit ihr Quatsch mache, verzieht sie keine Miene. Ich glaube, sie fürchtet sich ein wenig vor mir. Nur Saskya bringt sie zum Lächeln, als sie ihr eine Tasse warme Milch reicht. Das Mädchen leert sie in einem Zug. Im Minutentakt fragt sie ihre Mutter, wann sie endlich fertig sei. Gita antwortet ihr jedes Mal in monotoner Durchsagenstimme – »bald«. Vor Kurzem wurde dem Mädchen bei der *Mundan*-Zeremonie der Kopf rasiert. Im hinduistischen Glauben gelten die Haare als Träger negativer Energien aus einem früheren Leben. Das Ritual steht für eine Befreiung von der Vergangenheit und Hinwendung zur Zukunft.

Aber wie kann man sich von einer Vergangenheit lösen, die man kaum kennt?

»Delhi ist ein traumatisierter Ort«, hat Saskya gesagt. Damit meint sie, dass vielen Bewohnern die Verbindung zur dreitausend Jahre alten Geschichte der Stadt fehlt. Der Großteil der Bevölkerung wurde nach der Teilung ausgetauscht. Vertriebene und Flüchtlinge siedelten sich in der Hauptstadt an. Heute ziehen viele aus den umliegenden Regionen nach Delhi, weil sie sich eine Veränderung ihres Lebens wünschen: bessere Jobs, höhere Löhne. Womit die Zug'roasten nicht gerechnet haben: schlechtere Lebensbedingungen und höhere Kosten. Neuankömmlinge werden von der Stadt geschluckt. Delhi lässt sie nicht nur jeden Tag ums Überleben strampeln, es flößt ihnen auch reizvolle, schlafraubende Ideen ein. Vielleicht, ja, vielleicht werden sie eines Tages auf der anderen Seite der getönten Scheiben des SUVs sitzen, der sie auf der Straße zu Ausweichmanövern drängt. Vielleicht werden sie ein Mädchen heiraten, das ihnen ähnlich zu Füßen liegt, wortwörtlich, wie die Frauen in den Internetvideos, die sie heimlich auf ihren Smartphones gucken. Vielleicht kehren sie nach ein paar Jahren erfolgreicher Arbeit in ihr Dorf in Haryana, Bihar oder Uttar Pradesh zurück, schenken der Gemeinde Wohlstand und ein paar anständige Söhne.

Zu diesen Hoffnungsvollen zählen Gita und Kalu. Aber auch die sechs Täter der Gruppenvergewaltigung. Der Hauptangeklagte erhängt sich in seiner Zelle; so die offizielle Version der Behörden. Wenig später werden vier von ihnen zum Tode verurteilt. Der sechste war zum Zeitpunkt des Mordes minderjährig und erhält drei Jahre Jugendarrest, auch das die Höchststrafe.

Die Berichterstattung konzentriert sich auf Nirbhaya, die Studentin. Wie die Öffentlichkeit erfährt, heißt sie Jyoti Singh Pandey. Ihr Vater gibt den Namen bekannt. Um anderen Frauen, die Ähnliches erlitten haben, Mut zu machen. Damit sie sich zur Wehr setzen. Jyoti Singh Pandey war eines der ersten Mädchen, die auf einer Privatschule zugelassen wurden. Jyoti Singh Pandey war eine Wissbegierige, die Bücher ebenso verschlang wie die ›Hindustan Times‹. Jyoti Singh Pandey war auf dem besten Weg, ihren Karrieretraum – Neurologin – zu verwirklichen. Je öfter die Medien das »war« betonen, umso deutlicher wird, dass sie aus dieser traurigen Geschichte Kapital schlagen wollen. An ihrem Todestag brüstet sich ein Fernsehsender damit, ohne Werbeunterbrechung über sie zu berichten.

Die Geschichten der Täter bleiben im Hintergrund. Die Männer wurden verurteilt, noch bevor sie den Gerichtssaal betraten. Sie gelten als Monster. Aber so monströs die Tat auch war, sie wurde von Menschen verübt. Ram, der Hauptangeklagte, verlor seinen Vater schon als Kind. Ab seinem elften Lebensjahr ging er nicht mehr zur Schule. Er musste arbeiten, die Familie brauchte Geld. In Delhi lebten sie im Ravi Dass Camp, einem Slum. Ram heiratete eine geschiedene Frau, die an einer Krankheit starb. Bei einem Verkehrsunfall zog er sich einen komplizierten Armbruch zu. Die Versehrtenrente von tausend Rupien pro Monat war nicht annähernd genug, um ihn zu ernähren.

All das rechtfertigt keinesfalls das Verbrechen. Aber es kann helfen zu verstehen, wie es dazu kommen konnte. Rams Reaktion auf die eigene Ohnmacht war Gewalt. Jemand wie er, dem Gleichberechtigung fremd war und dessen Leben geprägt war von der Idee, dass er als Mann immer die Macht haben sollte, so einer ließ seinen Zorn über die eigene Machtlosigkeit an einer Tochter der Stadt aus.

Das Trauma Delhis manifestiert sich auch in der Geografie der Stadt. Sie hat zwar einen alten Kern, ist aber nicht in immer neuen

Lebensringen aus diesem gewachsen. Vielmehr scheint sie ein Labyrinth zu sein, das sich andauernd neu strukturiert. Diese Uneindeutigkeit drückt sich schon in ihrem Namen aus. Eigentlich heißt die Stadt »Delhi National Capital Territory«. Was natürlich niemand so sagt. Es reicht »Delhi«. Oder vielmehr »Dilli«. Nur einer von woanders würde »New Delhi« verwenden. Es wäre auch falsch. Mit »New Delhi« ist allein Lutyens'* Delhi gemeint, jener Teil, der heute nur einen Bruchteil der Metropole ausmacht und den einst die Briten gebaut haben, als sie die Hauptstadt von Kalkutta (heute Kolkata) dorthin verlegten. Bis dahin bestand Delhi nur aus der heutigen Altstadt »Old Delhi«.

Kurz nach unserem Einzug in Bhawani Kunj glaube ich, dass ich mir die Stadt gefügig machen kann. So wie ich mir schon Berlin oder New York oder Stockholm oder Rom gefügig gemacht habe. Ich bin eben noch weit davon entfernt, als Delhiite bezeichnet zu werden.

Das beweise ich gleich an einem der ersten Tage: als ich vorschlage, einen Brief zu verschicken.

»Ein Brief?« Saskya wirkt nicht erfreut. »Mal sehen, wann wir uns darum kümmern können.«

»Du meinst, das geht heute nicht?«

»Doch. Schon.«

»Aber?«

»Das ist aufwendig.«

Ich lache. »Wie schwer kann es schon sein!«

Dann erfahre ich: *Letter-Boxes* sind in Delhi eine Seltenheit. Wir müssen für den Brief zur Post. Eine befindet sich in der näheren Umgebung, aber nicht nah genug, um hinzulaufen. Wenn wir schon fahren müssen, sollten wir das mit etwas verbinden, sage ich zu Saskya und schlage als Ausflugsziel Hauz Khas Village vor, von dem

---

* Nach einer Konversation mit anderen Delhiites, in der keiner verstand, wovon ich redete, erklärt mir Saskya, man spreche das aus wie *Lattschens Delhi.*

ich gehört habe, dass es sich mit seinen Bars, die sich übereinander türmen, schon lange von seiner Vergangenheit als Dorf verabschiedet hat.

»In Delhi sollte man lieber nicht versuchen, Dinge miteinander zu kombinieren«, sagt Saskya. »Außerdem ist Hauz Khas ein Stück entfernt.«

Von so einem Stück lasse ich mich doch nicht einschüchtern. Saskyas Einwände wische ich beiseite. Sie gibt nach, weil sie weiß, dass ich diese Erfahrung selbst machen muss.

Wenn auch nicht allein. Saskya begleitet mich. Sie gibt das zwar nicht zu, aber ich glaube, sie befürchtet, ich könnte verloren gehen. Also laufen wir zur Vasant Kunj Marg, der Hauptstraße, die an unserem Viertel vorbeiführt. Ich halte Abstand zu Saskya, als würden wir nicht zusammengehören, und sie winkt eine Rikscha herbei. Sie verhandelt mit dem Fahrer. Danach ruft sie mich zu sich. Hätte er mich von Anfang an gesehen, wäre der Preis deutlich höher ausgefallen. Deutlich höher bedeutet etwa einen Euro mehr. Nicht viel Geld für jemanden, der im Westen verdient. Viel Geld für den Fahrer. Mir macht es nichts aus, mehr zu löhnen, auch wenn wir als Schriftstellerpaar mit unserem Durchschnittseinkommen meist nur knapp über der deutschen Armutsgrenze liegen. In Delhi ist das Gemüse beim Sabzi-Wallah zwar günstiger als im Kreuzberger Supermarkt, und auch ein Metroticket kostet umgerechnet nur ein paar Cent, aber die Miete einer Wohnung mittleren Standards steht der in Berlin fälligen um nichts nach. Andererseits kann ich Saskya verstehen. Ihr liegt daran, den üblichen Fahrpreis zu bezahlen. Rikschafahrer in Delhi sind dafür berüchtigt, übertriebene Summen zu verlangen. Saskya aber ist von hier und ein angemessenes Beförderungsentgelt eine Sache des Respekts.

Während der Fahrt wickeln wir unsere Köpfe in Schals, die so ausladend wie Badehandtücher sind. Sie halten warm und filtern den Abgasgestank. Bei der Chattarpur Metrostation steigen wir aus und laufen die sandigen Treppenstufen hoch. Am Schalter kaufen wir eine Metrocard und laden sie mit Rupien auf. Von der Pünktlichkeit der Metro schwärmen selbst höhnische Hauptstädter. Die Waggons sind voll, das verlässlichste Transportmittel Delhis erfreut sich ungeheurer Beliebtheit. Im Damenabteil wäre Platz für Saskya. Sie weicht dennoch nicht von meiner Seite. Frauen in Kurtas, die nicht halb so viel wiegen wie ich, stoßen mich mühelos beiseite. Ihre Bärenstärke ist einschüchternd. Wahrscheinlich bin ich nicht das einzige Hindernis in ihrem Leben, das sie aus dem Weg räumen müssen.

Die Metro trägt uns oberhalb der Baumkronen durch Delhi, schneller als irgendein anderes Fortbewegungsmittel – abgesehen von den Helikoptern einiger Milliardäre. Wohnviertel ziehen an uns vorüber, dazwischen Waldabschnitte, aus denen Ruinen ragen. Auch wenn das Wissen verschüttet wurde, die Vergangenheit ist in Delhi fester Bestandteil des Alltags. Die Stadt reicht weiter als mein Blick. Unter uns stockt der Straßenverkehr. Dann taucht die Metro in den Untergrund. Ich verfolge unsere Route auf dem Stadtplan.

Die Umrisse Delhis gleichen einer ausufernden Pfütze. Die rapide Zunahme an Bewohnern führt zu Mutationen. Jenseits der Grenzen dehnen sich Satellitenstädte wie Noida oder Gurugram aus. Dort streben babelhafte Glastürme dem Himmel entgegen, noch bevor die Infrastruktur funktioniert. So drängt die Hauptstadt in die umliegenden Staaten. Bauern verkaufen ihr Ackerland für astronomische Preise und werden vom erlangten Reichtum korrumpiert. Über Nacht lässt die Regierung Straßen walzen, deren Teergeruch sich kaum gelegt hat, ehe sie wieder aufgerissen werden. Die Odyssee eines Satellitenstadtbewohners ins Zentrum kann länger dauern als ein Direktflug Delhi-Mumbai.

Bei der Station Hauz Khas steigen wir aus und wiederholen das Ich-gehöre-nicht-zu-ihr-Spiel. Einige Rikschafahrer lassen Saskya abblitzen, sobald sie den Zielort nennt. Ein ewiges Rätsel Delhis: Trotz der Bedrohung durch Uber sowie zahlreiche Taxiunternehmen und eines scheinbaren Überschusses an Rikschas sind sie doch wählerisch. Wer in die falsche Richtung möchte, hat es schwer, eine Fahrgelegenheit zu finden.

Endlich erbarmt sich einer. Widerwillig akzeptiert Saskya den frechen Preis. Wir nehmen Schleichwege durch eine Siedlung. Ich sehe auf die Uhr. Vor einer Dreiviertelstunde haben wir Bhawani Kunj verlassen. Nach einer Weile beschleicht uns das Gefühl, dass der Fahrer nicht so genau weiß, wo es längs geht. Auf Saskyas Fragen hin stellt sich heraus, dass er den Weg nicht kennt. Da auch wir ihn nicht kennen, wird er bald ungeduldig. Mit jeder zusätzlichen Minute verliert er Benzin und Geld. Wenigstens kann Saskya auf Hindi Passanten nach dem Weg fragen. Wäre ich allein unterwegs, ich müsste mich dem Labyrinth geschlagen geben. Ich frage mich, ob es auch nur eine Person gibt, die in Delhi keine Orientierungshilfe benötigt. Viele können keine Straßenkarten lesen; die Übertragung von Wirklichkeit auf eine Zeichnung und andersherum hat keine Tradition. Zudem werden Straßen im Sprachgebrauch nicht immer mit denselben Namen bezeichnet wie auf den Karten. Vinay Marg etwa ist Fahrern als Nehru Park Road bekannt, weil sie an diesem Park liegt. Etliche Wege sind namenlos oder nicht verzeichnet, selbst bei Google Maps nicht. Navigationsgeräte geben manchmal nur die ungefähre Richtung an, wie ein Kompass. Die genaue Adresse lässt sich allein durch Nachfragen ermitteln.

So auch diesmal. Endlich erreichen wir unser Ziel. Saskya hat mich vorgewarnt, wir müssten bestimmt Schlange stehen. Aber drinnen ist nichts los. Elektronisches Piepen und Rattern erfüllt den Raum. Die Dame am Schalter vertröstet uns, sie drucke gerade die Wochenbelege aus. Das könne ein bisschen dauern.

Eine halbe Stunde später sind wir auch schon dran. Den Plan, Hauz Khas Village zu besuchen, haben wir inzwischen verworfen. Es ist das erste Mal in meinem Leben, dass ich eine Briefmarke siegreich aufklebe.

»Weiß gar nicht, was du hast«, sage ich zu Saskya. »War doch überhaupt nicht aufwendig.«

Saskyas Stadt hat mir eine Lektion erteilt: Delhi ist der große weiße Wal. Niemand legt sich mit ihm an. Ein chancenloses Unterfangen, die Stadt bezwingen zu wollen. Erwartungen an Delhi zu stellen, führt so verlässlich zu Enttäuschungen wie das Formulieren guter Vorsätze fürs kommende Jahr. Es wäre schlauer, mich meiner Rolle als Zug'roaster zu fügen. Die beherrsche ich ja schon seit meinem ersten Lebensjahr. Vielleicht musste ich deshalb früh lernen, wie man sich zurechtfindet. Mein Orientierungssinn ist der einzige meiner Sinne, auf den ich mich verlassen kann. Delhi stellt für ihn eine Herausforderung dar. Gewöhnlich muss ich einen Weg nur einmal beschreiten oder fahren, um ihn abzuspeichern. In Delhi kommen mir selbst mehrfach zurückgelegte Strecken fremd vor.

Die Hauptstadt ist ein Netz aus Straßen, das Inseln miteinander verbindet. Ein Inselstaat. Das von Diplomaten und Reichen besiedelte Vasant Vihar. Lutyens' Delhi. Das Botschaftsviertel Chanakyapuri. Das ruhelose Old Delhi. Das unter Ausländern beliebte Nizamuddin.

Zwischen diesen Inseln bewegt sich nur zu Fuß, wer sich kein Gefährt leisten kann, ein lebensmüder Flaneur ist oder Christopher Kloeble heißt.

Ich beginne mit kleinen Schritten im direkten Umfeld. Bhawani Kunj und das angrenzende Vasant Kunj werden die ersten Inseln meiner Mindmap Delhis. Dank Saskya kenne ich ja bereits einige Ecken: den Anand Store, den Mülltonnen-Betonquader, die Badmintonplätze. Unser Spaziergang durch die Zukunft stellt sich als genau das heraus. Täglich verfeinere ich die Route mit der geringsten Hunde-Begegnungsrate, die mich durch die Siedlung zur Wohnung von Saskyas Eltern führt. Ich präge mir den Standort des Arztes ein, der mir Gelosil gegen Magenschmerzen verschreibt. Ich finde heraus, ab wie viel Uhr es zu heiß ist, um einen kiloschweren Wasserbehälter und mein Selbstmitleid durch die Gegend zu schleppen.

Manchmal wage ich mich tiefer in die Stadt. Aber nur an Saskyas Seite.

Wir begeben uns ins staubige, stauverstopfte Kalkaji im Südosten, wo Chandrahas' Schmuckkästchen von einer Wohnung liegt, in der das Lachen zu Hause ist.

Wir wagen eine Expedition nach Old Delhi; halten uns die Nasen zu, als wir auf der Fahrradrikscha an Metzgereien vorbeikutschiert werden, vor denen sich Blutlachen bilden; kaufen Früchte, die süßer und voluminöser sind als ihre Verwandten im Süden Delhis; schlendern auf der Buchmarktmeile in Daryaganj zwischen historischen Wälzern, Lexika, pseudoliterarischen Schmökern, während auf der Straße Lkw tröten; schöpfen das auf der leckeren Tomatensoße schwimmende Öl bei Karim's ab; wandern barfuß durch das Jain-Vogelkrankenhaus, während wir Kerne unter unseren Fußsohlen sammeln.

Und wir fahren immer wieder zum Khan Market, der trotz seiner kaputten Pflastersteine, hart umkämpften Parkplätze und Stromleitungen, die wie die Luftwurzeln eines Banyanbaumes wuchern, als teuerste Gewerbeimmobilie Delhis gilt. Früher ging hier Saskyas lebenslustige Oma aus Österreich in Ramschläden auf Schnäppchenjagd, heute reihen sich Geschäfte und Restaurants für Besserbetuchte aneinander, deren Glastüren einem beflissen aufgehalten werden. Hier essen wir lecker nicht-indisch, entdecken herkömmliche Hochzeitsgeschenke – oder auch Arundhati Roy, die im Duftkerzenaroma eines Good Earth-Ladens ihre Garderobe ergänzt.

Fühle ich mich fremd? Ein bisschen. Wäre ja auch seltsam, wenn ich mich an einem Ort, an dem ich noch nie gelebt habe, nicht fremd fühlen würde.

Aber seit meinem ersten Besuch in Delhi vor anderthalb Jahren hat sich etwas in mir verschoben. Ich kann mir mittlerweile vorstellen, eines Tages mit dem Sabzi-Wallah auf Hindi den Preis einer Mango zu verhandeln oder mit Makaken um einen Parkplatz zu kämpfen oder im Sports Complex trotz neunzig Prozent Luftfeuchtigkeit zu joggen. Eines Tages.

Saskya und ich teilen einen Traum: dass Delhi irgendwann das ganze Jahr über unser Zuhause ist und unsere Kinder hier zur Schule gehen und so fließend Hindi sprechen wie Deutsch.

# Jugaad

Damit dieser Traum Wirklichkeit wird, muss ich *Jugaad* praktizieren. Für Jugaad gibt es kein Wort auf Deutsch. Es beschreibt die Fähigkeit, etwas aus dem zu machen, was einem gegeben wurde. Am ehesten lässt es sich wohl als Anpassung, Improvisation, Adaption übersetzen. In Indien ist Jugaad eine Überlebenskunst. Wem die Glühbirne kaputtgeht, der wandelt sie in eine Öllampe um. Wird im Bus der Platz knapp, hockt man sich halt auf den Schoß des Nachbarn. Wer keine Kochplatte, aber ein Bügeleisen besitzt, dreht Letzteres um, damit er es als Ersteres verwenden kann. Erfinderische Bauern flechten aus der überall herumliegenden Plastikverpackung von *Gutka,* einer stimulierenden Kautabakmischung, solide Sitzflächen. Da Werbung für Spirituosen in Kino und Fernsehen verboten ist, schalten Whiskymarken frivol anmutende Werbespots für gleichnamiges Wasser.

Noch bevor ich wusste, was Jugaad ist, hatte ich mich bereits darin geübt. Als Zug'roaster in Oberbayern. Als Klößle im Knabenchor. Und als Sohn gutbetuchter Eltern im linken Studentenmilieu Leipzigs.

Am ersten Studientag fand eine Vorstellungsrunde statt: Ich sei einer kleinen Gemeinde in Bayern entsprungen, ganz in der Nähe von Wolfratshausen, dem Heimatsitz des bayerischen Ministerpräsidenten Edmund Stoiber, den ich selbstverständlich bei jeder Wahl mit meiner Stimme unterstütze[*], legte ich dar, als die Reihe an mir war.

Niemand lachte. Konsterniertes Räuspern.

Sofort bemühte ich mich, den seichten Scherz zu erklären.

---

[*] Tatsächlich ließ meine Familie sich nie davon einschüchtern, wenn vor dem Königsdorfer Wahllokal ein Mannsbild der CSU wachte, das uns mit forschem Handschlag und der Bemerkung begrüßte, wir wüssten ja, wer zu wählen sei. Wir stimmten ihm zu und machten unser Kreuzchen bei den Grünen.

Damit machte ich es nur noch schlimmer. Die Kommilitonen wandten sich dem nächsten Neuling zu. Ich konnte ihre Gedanken lesen: Selbst diejenigen, die mir glaubten, hielten mich für vorlaut.

Nicht nur deshalb fiel mir Jugaad am Literaturinstitut schwer. Als einziger Studienanfänger schrieb ich mich für das Seminar »Größere Projekte« ein. In der ersten Stunde spürte ich das Misstrauen der anderen Studenten. Was hatte ich, der einundzwanzigjährige Frischling, in diesem Kurs zu suchen? Ihre Stirnfalten des Selbstzweifels ließen auf reichlich Kritikerfahrung schließen. Meine Stirn war arglos glatt. Die meisten von ihnen stellten ein Dutzend Seiten vor, aus denen, so hofften sie, ein Roman sprießen würde. Mich erstaunte das. Aufgrund des Seminarnamens hatte ich angenommen, wir würden über längere Texte sprechen. Darum hatte ich auch gleich zweihundert Seiten mitgebracht. Bei der Diskussion blätterten die Studenten darin, als müssten sie sich vergewissern, dass ich all das geschrieben hatte. Nach der Besprechung fragte ich mich auch, wie ich all das hatte schreiben können. Weder der Stil noch die Geschichte, nicht einmal die zugrunde liegende Idee überzeugte. Insgeheim war ich davon ausgegangen, in den kommenden Monaten mein Buch bei einem guten Verlag unterzubringen. Mit jeder weiteren Kritikerstimme im Seminar wuchsen meine Stirnfalten. Ich werde nie veröffentlichen, dachte ich. Gegen Ende der Stunde wandte ich mich wie ein Schwerverwundeter an den Professor und fragte, ob denn irgendwas an dem Text gut sei, irgendwas. Darauf meldete sich ein Student. Ich atmete auf. Er sagte: »Der Titel ist nicht schlecht.«

»The first cut is the deepest«, kommentierte mein Vater, als ich ihm das schilderte. Rod Stewart – der neben James Dean und Frank Sinatra zur Trinität seiner Popikonen zählt – hatte er schon nach meiner Trennung von Cynthia bemüht. Für ihn lag auf der Hand, wie mit diesem Rückschlag umzugehen sei.

Ich hielt die Klappe, wenn männliche Kommilitonen bei Debatten ihre Detailkenntnis der gesammelten Werke von Foucault oder Wittgenstein demonstrierten, ich hielt die Klappe, als bei der Analyse eines Prosaauszugs eine halbe Stunde lang über einen einzigen Satz gestritten wurde, obwohl (oder vielleicht weil) keiner der Anwesenden so genau zu wissen schien, was in dem Text eigentlich erzählt wurde, und ich hielt die Klappe, nachdem ein Studienkollege eine Lesung von mir gelobt und mir im selben Atemzug empfohlen hatte, in Zukunft möglichst nichts zu interpretieren, damit der Text *ganz für sich* wirken könne. Stattdessen steckte ich alles, was ich zu sagen hatte, ins Schreiben. Jugaad hin oder her, auf dem Papier hielt ich nie die Klappe. Dies war noch immer der Ort, an dem ich mich stets zu Hause fühlte – was nicht heißen soll, dass ich Kritik abblockte. Ich lernte viel durch Zuhören. Das Studium erweiterte mein Verständnis davon, wie Erzählen funktioniert; das hätte ich mir nur mühsam selbst beibringen können und für diese erhellenden Unterrichtsstunden bin ich bis heute dankbar. Das neue Wissen hielt mich aber nicht davon ab, hemmungslos zu schreiben. Unausgegorene Geschichten. Überambitionierte Geschichten. Miserable Geschichten. Aber immer Geschichten, die mir beim Schreiben Freude bereiteten. Manche Kommilitonen, das war offensichtlich, hielten mich für stur, einfältig, masochistisch und/oder couragiert.

Ich weiß nur: Mit Mut hatte das wenig zu tun. Ich konnte einfach nicht anders, auch wenn ich mir das manchmal wünschte. In Nächten vor einem Seminar, in dem ich *dran war*, hielten mich Magenkrämpfe wach. Ich verfluchte die Jury, die mich für dieses Studium zugelassen hatte, obwohl ich doch eindeutig ungeeignet war, immerhin hatte ich das bereits im Vorstellungsgespräch bewiesen, als ich gestand, die erste Lektüre meines Lebens seien Stephen-King-Schmöker gewesen. Am Morgen war meine Bettwäsche schweißnass. Auf dem Fußweg zum Literaturinstitut fantasierte ich Zwischenfälle, die mir erlauben würden, nicht zu erscheinen. Beim Austeilen meines Textes zitterten mir die Hände. Sobald es losging, sagte ich mir, Verrisse sei ich inzwischen gewohnt. Sobald es vorbei war, musste ich mir eingestehen, an Verrisse würde ich mich nie gewöhnen.

Dreieinhalb Jahre lang badete ich in Drachenblut. Danach traf mich Kritik nie mehr so wie die im Seminarraum der Jugendstilvilla, in der einst Gäste der Staatssicherheit abgestiegen waren. Das Literaturinstitut war kein weißer Wal, aber ein eherner Turm. Mehr und mehr verfestigte sich mein Eindruck, dass ich nicht dazugehörte. Etwa bei Literatenpartys, wenn acht Introvertierte mit Bierflaschen im Kreis standen und einander sporadisch Konversationsbröckchen zuschoben, weshalb ich nie den bescheuerten Impuls unterdrücken konnte, zur allgemeinen Unterhaltung eine mittelmäßige Anekdote beizusteuern, die prompt von einem der angehenden Schriftsteller hinterfragt wurde, als hätte ich ihn um ein Lektorat gebeten.

Bald gab ich die Versuche auf, Freundschaften in der schreibenden Zunft Leipzigs zu knüpfen. Und da ich schon mal dabei war, gab ich auch gleich die ganze Stadt auf. Obwohl die Geschichte meiner Familie so eng mit ihr verknüpft ist, fand ich dort nie ein Zuhause und zog noch vor dem Bestehen meiner Diplomprüfung fort.

Mit Delhi muss ich eine bessere Beziehung führen. Aber wie?

Eines Abends spazieren Saskya und ich eine Straße entlang, auf der Suche nach der nächsten Riksha. Es dämmert und die Sonne leuchtet so diffus wie die gelben Straßenlaternen. Wir gehen auf dem Fahrweg, weil der Bürgersteig einem Hindernisparcours gleicht: niedrig hängende Stromkabel, schlafende Hunde, metertiefe Kanalisationslöcher, in denen manchmal Kinder verschwinden. Ein Auto nähert sich von hinten mit aufgeblendeten Scheinwerfern. Wir weichen zur Seite. Der Fahrer hupt, fährt auf und stößt uns fast um. Ich schlage auf die Motorhaube. Sofort verlassen vier Halbstarke den Wagen und beschimpfen mich auf Hindi. Sie wirken aufgebracht. Aber unter ihrer Aggression schwelt Freude darüber, dass sie einen Gegner gefunden haben. Gerade auch in Delhi gilt: Egal, wer du bist oder wo du herkommst, das Leben ist so viel erträglicher, wenn du jemanden für die eigene Misere verantwortlich machen kannst. Die Jungen sind nicht betrunken, nur berauscht von der Möglichkeit einer Auseinandersetzung. Saskya ermahnt mich, keinen Streit anzufangen. Alles in mir sträubt sich dagegen. Ich will mich nicht schikanieren lassen. Aber sie sind zu viert und wir befinden uns in einer verkehrsarmen Nebenstraße. Ich gebe nach und entschuldige mich. Nur so lassen sie sich besänftigen, steigen wieder ins Auto. Sie hupen noch einmal, damit wir aus dem Weg gehen. Erst dann rollen sie langsam vorbei.

An so etwas will ich mich nicht gewöhnen. Ebenso wenig an bettelnde Kinder, in Müllhaufen wühlende Kühe oder Greise auf rostigen Fahrrädern, die Ziegelsteine in einem Wägelchen hinter sich herziehen, wobei jeder Tritt in die Pedale wirkt, als könnte es ihr letzter sein.

Wie ich das von meinen extrovertierten Eltern gelernt habe, halte ich meinen Unmut nicht zurück. Ich rede schlecht über Delhi. Ich rede sehr schlecht über diese Rabenmutter von einer Stadt. Ich rede so oft und ausgiebig und leidenschaftlich schlecht über Delhi, dass es schon wie ein Kompliment klingt, wenn ich nicht schlecht rede.

Als Saskya mich darauf hinweist, dass ich in letzter Zeit viel klage, erwidere ich: »Ich muss doch äußern dürfen, was mich stört.«

»Aber nicht die ganze Zeit«, sagt sie.

»Es gibt eben die ganze Zeit Dinge, die mich stören.«

»Mich stören sie ja auch.«

»Und das lässt du jeden wissen«, sage ich.

»Ja, aber das ist was anderes«, sagt sie.

»Und warum?«

»Ich bin von hier.«

»Und ich nicht«, sage ich.

»So war das nicht gemeint«, sagt sie.

Zu spät. Ich schmolle bereits.

Es ist nicht das erste und ganz sicher nicht das letzte Mal, dass wir darüber streiten. Stets landen wir in derselben Sackgasse: Saskya darf über Delhi schimpfen, weil es ihre Heimat ist. Ich darf das nicht, weil ich sonst über ihre Heimat schimpfe. Nur, wie soll ich Delhi zu meiner Heimat machen, wenn ich nicht darüber schimpfen darf?

Schließlich ist dies das beste und vielleicht einzige Jugaad, um Delhi zu ertragen. Man kann durchaus von einer Tradition des Klagens sprechen. Die meisten seiner Bewohner gehen ihr wie einem Hobby nach, und zwar umso enthusiastischer und formvollendeter, je besser sie Delhi kennen.

Was ist der Liebe zuträglicher als Zurückweisung? So ein paar Flüche und Hassgedanken lassen eine intime Beziehung doch erst richtig florieren. Im Leben eines Delhiites verstreicht kein Tag, ohne dass er seine Heimat verteufelt.

Anlass gibt es genug.

Für Niedergelassene: ein Nachbargrundstück, auf dem Händler ihre Abfälle verbrennen, sodass ein stetes Feuer schwelt, dessen beißender Rauch selbst die Kühe zu Tränen rührt.

Für Rechenkönige: der Kassierer, der einem zu wenig Wechselgeld gibt, weil er sich angeblich verzählt hat.

Für lebensbedrohlich Erkrankte: Ärzte, die Patienten gegen ein »Motivationsgeld« auf die Spitzenposition der Warteliste für chirurgische Eingriffe setzen.

Für Herpetophobe: Löcher in der Bausubstanz, in die der *Saanp-Wallah* von der Pest Control vergessen hat, Zement zu gießen, damit man nicht länger auf giftige Mitbewohner achten muss.

Für Fußgänger: Motorradfahrer, die Gehwege als Abkürzungen interpretieren.

Für Damen: hemmungslose Männerhände im überfüllten Bus.

Für Asthmatiker: Smog.

Für Athleten: Smog.

Für Straßenkinder: Smog.

Für Flugzeugpiloten: Smog.

Für Unschuldige: die Zeitlupengeschwindigkeit der Judikative.

Für Ästheten: die abstrakten Gemälde *Gutka*-roter Spucke an öffentlichen Mauern, deren Schöpfer nicht einmal vor Kacheln mit hinduistischen Gottheiten zurückschrecken.

Für Zug'roaste: die Liebe der Ehepartnerin zu ihrer Heimatstadt.

All unsere Diskussionen – mit denen sich im Übrigen wunderbar die Wartezeit während ausgedehnter Staus verkürzen lässt – führen zum selben Schluss: Damit ich ein Delhiite werden kann, muss Saskya mir erlauben, Delhi gelegentlich nicht zu mögen. Es ist so viel leichter, etwas zu lieben, das man auch ein wenig hassen darf. Und siehe da, es funktioniert. Langsam. Nicht immer. Aber doch. Saskya lässt mich ihre Heimat verfluchen und so kann ich meine Hassliebe zu Delhi pflegen. Mit jedem Fluch wird es mehr zu meiner Stadt, unserer Heimat.

## Die einfachen Leute

Und dann kommt Delhi mir plötzlich entgegen, wie ein störrisches Wesen, dem ich das Richtige (Gemeinheiten?) zugeflüstert habe. Auf einer Heimfahrt lernen wir Delhis außergewöhnlichsten Rikschafahrer kennen. Er spricht in gebrochenem Englisch mit uns, damit auch ich ihn verstehen kann. Selbst wenn sie es wollten, wären die meisten Fahrer dazu nicht in der Lage, und viele wollen ohnehin nicht kommunizieren. Sie schweigen lieber gegen den Straßenlärm an. Oder sie stimmen in diese Kakophonie ein, indem sie *Bhangra*-Rhythmen aus Lautsprechern abfeuern. Ich bin mir nie ganz sicher, ob sie die Musik als Service betrachten oder ob sie bloß sehen wollen, wie ich, der *Angrez**, darauf reagiere. Unser zuvorkommender Rikschafahrer unterhält sich lieber mit uns. Die offensichtliche Frage, wo ich herkomme, stellt er gar nicht erst. Die Antwort darauf quittierte der einzige seiner Kollegen, mit dem ich je einen Dialog geführt habe, so: »Ah! Hitler country!« Nein, mit solchen Oberflächlichkeiten hält sich der Mann nicht auf, dessen brauner Schal, den er um seinen Kopf gewickelt hat, im kalten Fahrtwind flattert. Er will wissen, in welchem Bereich wir arbeiten. Saskya antwortet ihm auf

---

* Hindi für »Engländer« und eine generelle Bezeichnung für weiße Ausländer.

Hindi. »Writers!«, erwidert er. »Novels?« Wir bestätigen. Das muss hart sein, sagt er. Der Rikschafahrer aus Delhi hält mein Leben für hart. Seine Tochter, teilt er uns mit, wolle auch Künstlerin werden. Make-up Artist. Sie habe es bereits auf eine Hochschule dafür geschafft. Wir beglückwünschen ihn dazu, das sei erstaunlich. Es ist erstaunlich. Als wir in unserer Straße eintreffen, lehnt er unsere Bezahlung ab. In Indien gehört sich das. Eine Sache der Höflichkeit. Davon sollte man sich nicht irritieren lassen. Der Gebende muss insistieren. Aber selbst Saskya ist in dreißig Jahren noch keinem Rikschafahrer begegnet, der nicht sofort ihre Rupien einsteckte. »Wieso nicht?«, fragt sie ihn. Der Mann deutet auf die Häuser. Das sei keine billige Gegend. Er betrachtet uns mitleidig und anteilnehmend: »Ihr seid Autoren.« Wir behaupten, dass wir bei Freunden leben. Trotzdem kostet es uns viel Überzeugungskraft, bis er seinen Lohn annimmt. Er besteht auf weniger Rupien als zunächst vereinbart. Als er davonfährt, sehen wir ihm nach, und obwohl ich weiß, wie gering die Wahrscheinlichkeit ist, wünsche ich mir, ihm bald wieder zu begegnen.

Mein Wunsch wird erfüllt. In gewisser Weise. Auf jenen Rikschafahrer treffe ich zwar nicht mehr, dafür aber immer wieder auf diesen nicht zu unterschätzenden Menschenschlag: die einfachen Leute Delhis.

In Berlin kommt es häufig vor, dass ich in der Schlange an der Supermarktkasse hinter einem Herrn stehe, der offenbar ein distanziertes Verhältnis zu Körperhygiene hat. In Delhi putzen sich selbst die einfachsten einfachen Leute heraus, so gut sie jedenfalls können. Das gepflegte Äußere verleiht ihnen einen hohen Grad an Würde. Gebügelte Kleidung. Mit Kokosnussöl gekämmtes Haar. Schmuck. Kajalschminke oder rasiertes Gesicht – es sei denn, der Glaube verlangt Haarigkeit.

Bei einem Stau an einer Kreuzung, wenn die Polizei sich mal wieder nicht blicken lässt, steigen sie aufs Dach ihres Autos und dirigieren den Verkehr so lange, bis der Knoten sich gelöst hat.

Dem Kunden an ihrem Gemüsestand schenken sie eine Extraportion Chili und Koriander.

In den verschlungenen Gassen Shahpur Jats nehmen sie große Umwege in Kauf, damit ein indisch-deutsches Pärchen den Weg nach draußen findet.

Aus den offenen Türen eines rollenden Zuges strecken sie ihre Hände Fahrgästen auf dem Bahnsteig entgegen und helfen ihnen aufzuspringen.

Und im anbrechenden Winter 2013 wird ihre Partei, die erst im November 2012 gegründet wurde, zweitstärkste Kraft im Parlament von Delhi. Sie heißt: Aam Aadmi Party, die »Partei der einfachen Leute«. Eine Revolution in der indischen Politik. In weiten Teilen des Landes und vor allem bei nationalen Wahlen duellieren sich seit Jahrzehnten nur die zwei großen Volksparteien und werfen sich gegenseitig die Versäumnisse des Landes vor. Nun werden die politischen Karten in der Hauptstadt neu gemischt, dort deutet sich ein Erwachen an. Kalu, den ich als vollkommen unpolitisch eingeschätzt habe, erzählt uns, dass er und alle anderen in seiner Nachbarschaft die Aam Aadmi Party, kurz AAP, wählen und dafür sogar die Wahlgeschenke der regierenden Kongresspartei ablehnen: tausend Rupien und eine Flasche Whisky.

Die einfachen Leute in Delhi akzeptieren die etablierte Hierarchie nicht länger. Sie wollen gehört werden. AAP schenken sie ihr Vertrauen. Schließlich geht sie aus einer Antikorruptionsbewegung hervor. Ihr Symbol: Ein Handbesen, wie er in keinem indischen Haushalt fehlen darf. Er prangt auf weißen Fahnen, mit denen Fahrer ihre Rikschas schmücken. Herr Anand bringt ein Plakat hinter dem Tresen seines Geschäfts an. Studenten tragen Kappen mit dem aufgedruckten Besen und marschieren skandierend durch die Innenstadt. Wie schon im Jahr zuvor, als Tausende für mehr Frauenrechte protestierten, flackert erneut Hoffnung auf in Delhi.

An der Spitze der Partei steht Arvind Kejriwal, ein auf den ersten Blick unscheinbarer Mann. Mich erinnert er an den prominentesten Videospielhelden meiner Kindheit: den Klempner Mario. Seitenscheitel, Schnurrbart, sachlicher Blick – man könnte ihn leicht für einen Beamten halten. Was vermutlich daran liegt, dass er früher einer war, im Finanzministerium. Bei seinen Reden in der Öffentlichkeit hat er stets einen Schal um den Kopf gewickelt, wodurch seine Erscheinung, ob beabsichtigt oder nicht, der eines einfachen Rikschafahrers ähnelt.

Trotz des beachtlichen Wahlerfolgs reichen die Stimmen nicht, damit seine Partei Delhi alleine regieren kann. Eine Koalition muss her. Nur mit wem? Der national-hinduistischen BJP? Oder der Kongresspartei, die von Sheila Dikshit angeführt wird, einer Frau, deren Alter von fünfundsiebzig auf die verkrustete Herrscherdynastie verweist, die seit Ende der Neunziger in Delhi Missmanagement betreibt? AAP entscheidet sich für letzteres Übel. Aber ist es auch das kleinere? Die Jan Lokpal Bill, ein Gesetz zur Bekämpfung von Korruption, scheitert bald darauf an dieser unglückseligen Allianz. Die Konsequenz: Nach gerade einmal neunundvierzig Tagen als Chief Minister Delhis tritt Kejriwal zurück.


## Weggucken

In Delhi gibt es eine Haltung, eine Lebensweise, gegen die kommen die einfachen Leute kaum an. Sie vereint in sich die Eigenschaften eines Egoisten, Ignoranten, Opportunisten und findet sich in allen Gesellschaftsschichten, Delhi ist von ihr durchsetzt. Die Armen sind abhängig von ihr, sie können nur so überleben.

Aber sie manifestiert sich ebenso in der Ober- und Mittelklasse, die sich ein Dasein ohne sie durchaus leisten könnte. Man wirft unbekümmert Müll auf die Straße, fährt für Notfallambulanzen nicht zur Seite, hortet Schwarzgeld, zahlt seinen Angestellten weniger, als man für einen Restaurantbesuch ausgibt, und wählt die Partei, die den illegal errichteten Privatbesitz für rechtmäßig erklärt. Es liegt einem vor allem das eigene Wohl am Herzen – und das der Familie. Die Millionen Nachbarn in der Stadt interessieren einen weniger. Man entzieht sich seiner gesellschaftlichen Verpflichtung, ja, man erkennt nicht einmal an, dass man zu irgendetwas verpflichtet ist.

Darüber rege ich mich auf. So richtig. Und richtig oft. Ich praktiziere mal wieder Jugaad'sche Hassliebe, schimpfe über diese Haltung und demonstriere jedem in meinem Umfeld, der nicht schnell genug fliehen kann, dass ich ein soziales Gewissen besitze.

Ich ertappe mich dabei, dass viele meiner Sätze beginnen mit »In Deutschland …«. Anstatt Deutschen Indien zu erklären, erkläre ich nun Indern Deutschland. Ich monologisiere undifferenziert. *In Deutschland wird aus Müll Energie hergestellt. In Deutschland kann man fast umsonst studieren. In Deutschland gibt es einen Mindestlohn. In Deutschland kommt der Atomausstieg. In Deutschland sprechen wir über unsere historischen Vergehen an der Schule.*

»In Deutschland ist alles besser«, unterbricht mich Saskya und lächelt ironisch.

»Das will ich damit nicht sagen«, verteidige ich mich.

»Was willst du denn damit sagen?«, fragt sie.

»Dass in Deutschland manche Dinge besser sind, weil die Leute nicht weggucken.«

»Stimmt«, sagt sie, »Indien ist ein Mekka für Weggucker.«

Es erstaunt mich, dass sie mir nicht widerspricht.

»Aber«, fährt sie fort, »tu nicht so, als ob in Deutschland niemand weggucken würde.«

Sie hat recht. Wieder einmal. Wir alle sind ihnen schon begegnet. Manche von ihnen schlafen im Bett neben uns, andere weichen unserem Blick aus, wenn wir in den Spiegel sehen. Sie haben für Brandanschläge auf Flüchtlingsheime nur ein Schulterzucken übrig. Sie kaufen günstige Jeans beim Discounter Kik, die in Bangladesch unter menschenverachtenden Bedingungen hergestellt wurden. Sie schauen betreten in die andere Richtung, wenn Obdachlose in der U-Bahn um eine Spende bitten.

Wo ich herkomme, ist es einfacher als in Delhi, nicht täglich mit den Sorgen der Welt konfrontiert zu werden. Das schafft die Illusion von gesellschaftlicher Überlegenheit. Dabei weiß jedes Kind, dass

Deutschland noch immer nicht so ist, wie es sein könnte, und es nicht immer so war, wie es heute ist. Der Reichtum des Landes half, den Fortschritt zu fördern. Man muss es sich finanziell leisten können, umweltfreundlich, sozial und aufgeklärt zu sein.

Indien kann das zunehmend besser.

1990 war dort jeder Zweite von starker Armut betroffen, inzwischen ist es weniger als jeder Fünfte. Seit der indischen Unabhängigkeit hat sich die Alphabetisierung von gerade einmal 12 Prozent auf beachtliche 75 Prozent gesteigert, die Zeitungsbranche boomt. Seit Kurzem produziert Sikkim im Nordosten als erster indischer Staat ausschließlich kontrolliert biologisch. Rikschas und Busse werden mit Erdgas angetrieben. Indien gehört zu den weltweit führenden Entwicklern hochqualitativer, günstiger Impfstoffe.

Es gibt viele weitere Beispiele und mindestens ebenso viele gewaltige Probleme. Trotzdem. Die Tendenz in den vergangenen Jahren ist positiv. Auch wenn sich der Prozess mühsam gestaltet. Der Bevölkerungsgigant kommt nur schleppend voran. Und was, oder wer, bremst diesen Prozess?

Privates und Öffentlichkeit sind in Indien strikter voneinander getrennt als in Deutschland. Auf den Straßen Delhis findet sich bei Weitem mehr Dreck als im angeblich so schmutzigen Berlin, aber die Sauberkeit in den Haushalten übersteigt selbst die schwäbischer Lebensart. Während das Draußen nur die wenigsten schert, wird das Drinnen sorgfältig gepflegt. Zu Hause glänzen die Steinböden frisch gewischt, werden Terrassen täglich nass abgespritzt, stapelt sich in der Küche nie Geschirr, enthält der Kühlschrank immer ausreichend Lebensmittel für unerwartete Gäste, riecht es nach Jasmin und Phenyl und Liebe zum Heim.

Auch deshalb waren die Massenproteste wegen der Vergewaltigung oder die überfüllten Kundgebungen von AAP so sensationell. Noch immer akzeptieren viele Menschen auf dem Subkontinent ihren Rang in der Gesellschaft und die Umstände, unter denen sie leben müssen. Ausgerechnet die Ärmsten wehren sich dagegen weder durch Streiks noch mit einem etwas unorthodoxeren Mittel: Kriminalität.

Zwar gilt das Land als nicht mehr ganz so sicher wie zu Zeiten der Hippiebewegung, aber im Vergleich zu anderen aufstrebenden Nationen wie Südafrika oder Brasilien ist Indien ein Ort, an dem Reisende, solange sie gewisse Regeln einhalten, sich wenig Sorgen machen müssen.

Jene Schweizer Touristen, die eine Fahrradtour nach Agra unternommen hatten, würden mir widersprechen. Als sie in einem Wald in Madhya Pradesh zelteten, wurden sie von sechs Kleinbauern überfallen. Sie fesselten den Mann, vergewaltigten die Frau, raubten das Paar aus. Man fasste die Täter kurze Zeit später. Jeder Einzelne wurde zu lebenslanger Haftstrafe verurteilt, keiner von ihnen wird das Gefängnis zu Lebzeiten verlassen. Seit der Gruppenvergewaltigung in Delhi wurden die Strafen für sexuelle Delikte erhöht. Es ist allerdings fraglich, ob ein härteres Vorgehen gegen die Symptome auch die Ursachen bekämpft.

Die Schweizer kehrten für den Prozess nicht nach Indien zurück. Sie sind gewiss der Ansicht, dass man sich allerhand Sorgen machen sollte, wenn man den Subkontinent bereist. Das ist nur zu verständlich. Aber vielleicht hätten die Touristen sich mehr damit auseinandersetzen müssen, was in Indien üblich ist und was nicht. Dass man mit dem Fahrrad nach Agra fahren kann, ist eine westliche Idee, ein Standard ihrer Heimat. Ich würde sogar behaupten, es zeugt von einer gewissen Ignoranz, wenn man in Indien über Land mit dem Fahrrad reist und nachts im Wald zeltet (einmal abgesehen von den frustrierten, mittellosen Kleinbauern gehören in jedem Fall Wüstenhitze, Skorpione und gefährliche Überholmanöver der Truckfahrer zu den bekannten Risiken). Man würde ja auch nicht nach Einbruch der Dunkelheit in einem Detroiter Ghetto joggen, trotz Gewitterwarnung die Zugspitze besteigen oder als Ausländerin in Isfahan ohne Kopftuch herumlaufen. Jeder Ort hat gewisse Regeln, mit keiner davon muss man sich einverstanden erklären, manche sind sogar unmenschlich. Das heißt aber nicht, dass man sie ignorieren sollte. Natürlich würden viele Inder es willkommen heißen, könnte man einfach so überall zelten und radeln. Auch hätten sie bestimmt nichts dagegen, gäbe es keine Korruption oder wären die Kolonialmächte nie über den Subkontinent hergefallen. Nur ändert das nichts an der tatsächlichen Lage. Und in dieser ist es nun einmal nicht ratsam, seine Vorstellungen von einer sportlichen Urlaubsreise auf Indien zu übertragen. Dort hat Fahrradfahren sich noch nicht als gesunde, umweltfreundliche Fortbewegungsmaßname der Mittelklasse etabliert*. In Indiens Städten fährt in der Regel jener Fahrrad, der sich nicht einmal den öffentlichen Bus leisten kann. Weite Strecken werden mit der Bahn zurückgelegt. Eine Fahrradtour von Delhi nach Agra nehmen nur Arme, Unwissende oder Fanatiker auf sich.

Wer die Ordnung fremder Orte ignoriert, der muss mit Konsequenzen rechnen. In dieser Ordnung spielt der Weggucker eine wesentliche Rolle. Besonders in Delhi. Dort guckt jeder ein bisschen weg. Dies scheint die beste Methode, um sich mit den Problemen des Landes zu arrangieren. Selbst diejenigen mit einem ausgeprägten sozialen Gewissen können den Schwierigkeiten nicht fortwährend die Stirn bieten. Sonst würden sie zu Zynikern. Das Weggucken nimmt sie in Schutz und lässt Gedanken zu wie etwa: *Das Unrecht dort draußen kann sowieso niemand ohne Weiteres abschaffen, wieso sich damit belasten, das führt nur zu Insomnie und glücklosem Alltag, besser sich der Familie und dem eigenen Dasein widmen.*

Mit jedem weiteren Tag in Delhi wirkt diese Haltung verführerischer. Ich begegne ihr nicht nur in unserem Zuhause in Bhawani Kunj, sondern bei den vielen gesellschaftlichen Anlässen, die Delhi so lebenswert machen.

---

* Auch hier deutet sich Fortschritt an: In Uttar Pradesh wurde ein 207 Kilometer langer Fahrradweg eröffnet. Zwischen dem Taj Mahal und einer Safari-Attraktion. Die Lokalregierung möchte den Öko-Tourismus stärken.

# (A)sozial

Diese Stadt ist vielleicht der sozialste asoziale Ort der Welt. In den privilegierten Kreisen finden nahezu jeden Tag Buchpremieren, Vernissagen, Konzerte statt. Danach folgt die obligatorische Party. Die Rhythmen eines Songs von Jaleebe Cartel oder Indian Ocean. Schweißfilm auf der Haut. Das Selbstbewusstsein, mit dem Einladungen ausgesprochen werden. Tänzerisches Gestikulieren. Eine mindestens drei Generationen übergreifende Gästeschar. Sprunghafter Wechsel von Englisch zu Hindi zu Englisch. Der Kontrast zwischen elegant geschnittenen *Kurtas* und abgetretenen *Chappals*.

Ein Abend ohne Verköstigung ist undenkbar. Ich bringe Leute zum Lachen, als ich berichte, dass in Deutschland das Publikum häufig Eintritt für eine Lesung zahlt, bei der nicht einmal Wasser gereicht wird. Die elementare Formel für eine Zusammenkunft von Menschen in den Künstlerzirkeln Delhis ist die Kombination von Kunst mit illustren Persönlichkeiten plus Essen plus Drinks. Nicht unbedingt in dieser Rangfolge.

Diese offiziellen Anlässe finden im IIC statt. Oder in der dystopisch anmutenden Architektur des India Habitat Centre. Oder im Social, einem Café/Restaurant/Club/Working Space mit Anklängen an ein Brooklyner Etablissement, eines von vielen in Hauz Khas Village.

Aber das wesentliche soziale Dasein spielt sich im Privaten ab. Wen wundert das in einer Stadt, in der es so beschwerlich sein kann, von einem Ort zum anderen zu kommen; einer Stadt, in der ein Glas säuerlichen *Sula*-Weins in einem gewöhnlichen Lokal dank Steuern mehr als drei Hefeweizen in einer Berliner Kneipe kostet; einer Stadt, in der selbst ein Zug'roaster wie ich sich kaum vor Dinner-Einladungen retten kann; einer Stadt, in der die Mächtigen und Einflussreichen des Landes Feierlichkeiten auf ihren *Farms* ausrichten, die mit richtigen Farmen nur gemein haben, dass sie viel Land umfassen; einer Stadt, die vom Weggucker inspiriert ist.

Und vom Alkohol. Abends bilden sich vor Liquor Shops Menschentrauben. Im Scheinwerferlicht strecken sich den Verkäufern Hände voller 1000-Rupien-Noten entgegen, mit einer Dringlichkeit, als könnte der Vorrat jederzeit zur Neige gehen. Gin und Whisky und Wodka werden kistenweise verscherbelt. Auf die beste und gleichzeitig preiswerte Spirituose des Subkontinents, Old Monk Rum, kann man sich stets verlassen, kein Haushalt ist komplett ohne ihn.

Bis zu meinem achtzehnten Lebensjahr habe ich nicht einen Schluck Alkohol getrunken. Zu sehr schreckten mich bayerische Volksfestorgien ab, bei denen nicht wenige Freunde auf unnatürliche Weise ihren Magen entleerten oder wegen Alkoholvergiftung im Krankenhaus landeten. Aber als ich anfing, in der Gesellschaft von Menschen zu trinken, deren gemeinsames Ziel nicht darin bestand, möglichst rasch einen Zustand zwischen Ohnmacht und Zügellosigkeit zu erreichen, lernte ich die Wirkung von Alkohol schätzen.

Als Autor entspreche ich dem Klischee. Ich bevorzuge Whisky. Aus vielerlei Gründen. Zunächst einmal verbessern ein paar Schluck Whisky meine Englischkenntnisse. Mir fallen Vokabeln ein, die ich zuletzt bei Herrn Zimmermann im Leistungskurs Englisch gepaukt habe. *Fair is foul and foul is fair!* Und das ist noch lange nicht alles. Mit Whisky im Blut bin ich ein besserer Mensch. Ich bin freundlicher, lache häufiger und neige zu peinlichen Tanzaktionen. Es fällt mir leichter, Menschen in die Augen zu sehen, denen ich nicht gerne in die Augen sehe. Ich spreche offener aus, was ich denke und fühle. Ich mag Menschen mehr. Dafür braucht es gar nicht viel. Ein Glas, nicht mehr. Ich wage zu behaupten, dass ich noch nie betrunken war. Na ja. Fast nie.

Auf diesen Partys will ich nicht als Angrez auffallen, ich will in die Gesellschaft eintauchen. Und von wem könnte ich das besser lernen, als von Sarnath Banerjee, Graphic Novelist aus Kolkata und Meister des Socialising? Seit meinem ersten Besuch in Delhi imponieren mir die geschmeidig navigierten Dialoge dort. Aber die seidigste Zunge von allen besitzt Sarnath, das Epizentrum jeder Party. Mit seinem Bart, der widerspenstigen Haarpracht und dem Schalk in seinen Augen sieht er aus wie ein bengalischer Salvador Dalí. Sarnath verfügt über die einmalige Fähigkeit, dass er mit jedem, aber auch jedem, eine Konversation führen kann. Seine Empathie lässt ihn die Befindlichkeiten seines Gegenübers lesen, und wenn er sich einmal verliest, helfen ihm seine Wendigkeit und seine Assoziationskraft zu entwischen. Er macht Leute miteinander bekannt, wie ein Zirkusdirektor die nächste Attraktion ankündigt, und dabei liefert er regelmäßig falsche Informationen, von denen man nie weiß, ob er sie absichtlich einflicht, weil sie die Personen noch interessanter machen. Er bindet Zurückhaltende ins Gespräch ein, lockt sie mit halbwahren Aussagen, zu deren Korrektur sie sich verpflichtet fühlen, und er widerspricht jenen, die sich auf Klischees kaprizieren, und leitet so jede Diskussion in komplexe Untiefen. Dabei rückt er nie sich selbst ins Zentrum, berichtet erst auf wiederholtes Nachfragen hin, dass ein Porträt über ihn im ›The New Yorker‹ erschien oder seine Zeichnungen für die Olympischen Spiele Plakate in ganz London zierten. Lieber dirigiert und dominiert Sarnath die Konversation auf charmante Weise von der Seitenlinie.

Halt macht er nur vor seiner ebenso erfolgreichen Frau. Bani Abidi, eine Künstlerin aus Pakistan, kennt alle seine Tricks und lässt sich von seiner Cleverness nicht blenden. Jedenfalls zeigt sie das nicht. Bani drückt ihre Zuneigung durch die Andeutung eines Schmunzelns oder Kommentare aus à la *Shut up!* oder *You're so full of shit!* In ihr erkenne ich Eigenschaften, die ich eher mit Deutschland als mit dem Subkontinent assoziiere. Bani schleicht nicht um ein Thema herum, sie spricht es direkt an. Ihr Freundeskreis ist kleiner als der von Sarnath, dafür pflegt sie jede Beziehung sorgfältiger. Wenn Bani etwas nicht will, dann sagt sie es. Wenn Sarnath etwas nicht will, dann startet er ein wortgewandtes Ablenkungsmanöver, das so weit fortführt vom Thema, dass man später glaubt, er hätte durchaus gewollt. Es gibt Delhiites, die können ihn nicht leiden, weil er sich nie festlegen lässt und in allen Kreisen verkehrt. Aber es gibt noch mehr Delhiites, die seine Nähe suchen, da er Lebendigkeit versprüht und einen großzügigen Umgang pflegt. An Sarnaths Seite ist immer Platz für Gesellschaft, woher man auch kommt und wer man auch ist.

Eines Abends sind Saskya und ich bei Bani und Sarnath zum Abendessen eingeladen. Andere Freunde von ihnen sagen in letzter Minute ab. Wie geht Sarnath damit um? Er nimmt uns kurzerhand mit zu einer Schlendertour durchs nahe Shahpur Jat. »Let's ask Chiki, no?«, sagt er und betritt das Gebäude, in dem Penguin Books India, einer der wichtigsten Literaturverlage des Landes, sein Hauptquartier aufgeschlagen hat. Chiki Sarkar ist die Verlegerin. »Kennst du sie gut?«, frage ich erstaunt. »Yaaa«, sagt er und dehnt das »a« so lang, bis es auch ein bisschen nach Nein klingt. Wie uns vom Wächter mitgeteilt wird, hat Chiki das Büro bereits verlassen. Sarnath wechselt trotzdem noch ein paar Worte mit dem Mann, der so viel Aufmerksamkeit nicht gewohnt ist. Wir treten wieder auf die Straße. »How about Manu?« Saskya und ich tauschen einen Blick aus. »Manu Joseph?«, fragt Saskya, »der Autor, der auch Herausgeber von ›Open‹* ist?« Sarnath nickt. »Manu is very smart.« Und schon sind wir unterwegs zum Büro des Magazins. Wir finden Manu an seinem Schreibtisch. Falls er sich überrumpelt fühlt, lässt er sich das nicht anmerken. Sarnath stellt mich als »famous writer« vor. Sofort korrigiere ich ihn. Worauf alle lachen, weil sie wissen: Es ist zwecklos, gegen Sarnaths Adjektive Widerstand zu leisten.

Seine Überredungskünste sind nicht nötig, Manu sagt augenblicklich zu. Es wird ein langer Abend, »very smart«, der mich wünschen lässt, auch einfach so in das Büro der ›Zeit‹ oder von Rowohlt Berlin (in Kreuzberg gleich um die Ecke von uns) marschieren und jemanden zum Dinner entführen zu können, den ich nicht sehr gut kenne.

Im indischen Klub der Privilegierten gehören derlei Schäkereien zum Alltag. In Deutschland werden ähnliche Avancen oftmals zu-

---

* Diese indische Wochenzeitschrift ist vergleichbar mit ›Der Spiegel‹ oder ›Focus‹.

rückgewiesen, in der berechtigten Befürchtung, der andere wolle etwas von einem. Solche in Delhi ebenfalls berechtigten Befürchtungen halten einen Delhiite aber nicht vom Flirten ab. Man kann ja immer noch Nein sagen (oder vielmehr »Yes, but«). So entsteht ein weit verzweigtes Netz aus Kontakten. Im Kulturbetrieb Delhis, ach was, Indiens, kennt jeder jeden. Das ist keine pauschale Übertreibung. Mir scheint, im selben Maße, wie Indien größer ist als Deutschland, ist der Zirkel an Kulturschaffenden auf dem Subkontinent kleiner.

Und alle reden, wie Saskya mir schon zu Beginn unserer Beziehung deutlich gemacht hat, leidenschaftlich gern übers Essen. Ein Klischee, das so wahr ist wie praktisch. Mit diesem Gesprächsthema kann ich in allen Unterhaltungen punkten. Dazu hat jeder eine Meinung. Welches Restaurant die besten *Jalebis* serviert, wie lange *Mung Dal* gekocht werden sollte, dass Karim's seine Gerichte heutzutage viel zu ölig serviert oder auf welche Weise man mit maximaler Ästhetik und minimalem Kleckern *Pani Puri* verzehrt.

Aber die Gespräche drehen sich nicht allein um die Einnahme von Nahrung. Ich habe mich noch nie so ausführlich mit Fremden über meine Verdauung unterhalten. Manche fragen mich besorgt, wie ich mit der allgemeinen Schärfe der Speisen klarkomme. Ich betone, dass ich diese durchaus schätze, nur leider mein Magen nicht. Da raten sie mir zu Isabgol. Die an Sägespäne erinnernden Flocken, in Deutschland bekannt als »indische Flohsamen«, beruhigten die Magensäfte. Man müsse sie schnell schlucken, bevor sie im Mund aufquellen.

Eine weitere Empfehlung meiner Konversationspartner: Chilis meiden. Was ich durchaus versuche. Urmila bitten wir bei jedem Besuch, keine Chilischoten in die Mahlzeit zu schnippeln. Sie sagt darauf, natürlich werde sie weniger Chilis verwenden, aber ein bisschen Chili müsse schon sein. Wir erwidern, dass wir es vorziehen würden, wenn sie ausnahmsweise auf Chilis verzichten könnte. »Gar keine Chilis?« Das scheint ihr absurd. Darum würzt sie dann doch mit einer Chili. Und noch einer Chili. Nicht, weil sie uns übergehen möchte, sondern aus Sorge, dass es uns nicht schmecken wird. Ähnliches Verhandlungsgeschick wird mir in Restaurants abverlangt. Wiederholt weisen mich Kellner darauf hin, dass die von mir ausgewählten Speisen »very dry« seien. Ich solle doch etwas mit mehr Curry (soll heißen: Soße) bestellen: »Better for your stomach, Sir.«

Erzähle ich diese Anekdote, erwidern meine indischen Gesprächspartner, Reisenden nach Deutschland rate man stets, deutsche Speisen mit Vorsicht zu genießen. »Warum?«, frage ich sie. Na, weil deutsches Essen arg solide sei. Schnitzel und Spätzle und kiloweise Brot führten verlässlich zu Verstopfung*.

Von solch kulinarischen Exkursen abgesehen, thematisieren Delhiites so gut wie nie, dass ich aus Deutschland bin. Ich muss mich keinen Fragen zur Autobahn oder Pünktlichkeit stellen, muss keine Witze über meinen Akzent oder meine Größe erdulden (es sei denn von einem angeschwipsten Briten), muss nicht einmal als Referent zu Nazi- und DDR-Thematiken herhalten. Ich fühle mich akzeptiert.

Das habe ich wesentlich Saskya und ihrer Familie zu verdanken. Sie verschaffen mir Zutritt zu Gemächern der Gesellschaft, die Außenstehenden für gewöhnlich verschlossen bleiben. Manchmal fragt mich jemand, wie meine Frau mit Familiennamen heißt. Auf das magische Wort folgt sofort die nächste Frage: Ihr Vater ist nicht etwa *der* Jyotindra Jain? Ich nicke. Im selben Moment verwandle ich mich in den Augen meines Gegenübers. Ich bin nicht länger ein Fremder, sondern gehöre dazu. Die Jains sind mein Allzweckschlüssel zur Delhi Society.

Und selbst wenn Saskyas Familie in einer Konversation nicht vorkommt, treffe ich auf keine Skepsis. Niemand scheint anzuzweifeln, dass ich bald so viel Delhiite sein werde wie jeder andere. Deshalb mag ich Delhi. Jahrelang habe ich mich darum bemüht, ein Königs-

---

* Auch da hilft Isabgol.

dorfer, ein Bad Tölzer, ein Münchner, ein Berliner zu sein. Dazuzugehören, nichts wünschte ich mir sehnlicher. Es gelang mir nie. Aber dieses *Dilli*, jener kniffligste aller Orte, dessen Sprache\* ich nicht einmal beherrsche, in dem ich mehr denn je heraussteche und der mir den Orientierungssinn geraubt hat, ist auf dem besten Weg, so etwas wie eine Heimat zu werden.

Und dann das: Bani, diese immer engere Freundin, erwähnt beiläufig, ihr gefalle an mir, dass ich kein typischer Deutscher sei. Ich bedanke mich bei ihr, davon ausgehend, das habe sie als Kompliment gemeint. Doch sie war noch nicht fertig: »Für mich bist du ein Bayer.«

---

\* Es beschämt mich als Monosprachler mit englischem Grundvokabular immer wieder, wenn ich feststelle, dass in ganz Indien kaum ein Mensch nicht mindestens bilingual kommuniziert. Trotz indogermanischer Wurzeln fällt es mir schwer, Hindi zu lernen. Für meine Ohren klingen *d* und *dh* und *th* und *t* immer nur wie *t*. Einen Lernerfolg erziele ich bloß bei Worten, die mit Nahrung zu tun haben. Im Lesen von Speisekarten bin ich Profi.

# 7

# Deutschland 2.0

Nein
Von Fahrern, Chauffeuren und Fahrlehrern
Desi

# Nein

Erst in Indien wurde ich zum Bayer.

Dass Bani mich so sieht, passt jedenfalls ins Schema. In Bayern bin ich ein Preiß, in Delhi ein Bayer. Selten werde ich als der wahrgenommen, der ich bin bzw. zu sein glaube. Sicherlich nichts Ungewöhnliches. Ich vermute, es geht den meisten Menschen so. Als ich wieder in Deutschland lande, fühlt es sich alles andere als vertraut an. Mehr denn je wird mir deutlich, dass sich etwas in mir verschoben hat. Ich sehe Dinge, die ich kenne und doch nie so gesehen habe.

Schon der Straßenverkehr auf der Fahrt vom Flughafen nach Kreuzberg. Betritt ein Passant einen Zebrastreifen, halten Autos an. Meist. Es mutet fast unnatürlich an, wie strikt den Regeln gefolgt wird. An sich schätze ich das durchaus. Indes liegt ein Element der Kontrolle in der deutschen Luft. Wir folgen den Regeln nicht unbedingt aus Überzeugung, sondern in dem Wissen, dass ein Ausscheren, ein Verstoß gegen das System mit einem Klaps auf die Hand geahndet werden könnte (und meistens wird). Das gegenseitige Korrigieren spielt dabei eine zentrale Rolle. Wenn ich den Müll nicht anständig trenne, mich auf der falschen Spur einordne, während der Mittagsruhe staubsauge oder ein Formular unzulänglich ausgefüllt habe, ernte ich schnell ein Kopfschütteln in Kombination mit einem peitschenden *Nein*. Ein wichtiges deutsches Wort. Mir ist nie zuvor aufgefallen, was für eine Klarheit und Härte es ausstrahlt. In Delhi wurde ich von »Ja, aber« verwöhnt. Nun muss ich mich der Deutlichkeit stellen.

»Wissen Sie, wo diese Adresse ist?«

»Kann ich bei Ihnen Geld wechseln?«

»Würden Sie mir kurz Auskunft erteilen?«

»Wäre es möglich, dass ich …?«

Die Antwort könnte nicht eindeutiger sein. Wenn sie selbst mich erschreckt, wie muss das dann erst auf weither Zug'roaste wirken?

Von Freunden aus anderen Teilen der Welt, die in Berlin leben, Saskya inklusive, weiß ich, dass sie es als Unhöflichkeit deuten. Ich verteidige meine Landsleute, erläutere, das sei ein Missverständnis und nicht *so* gemeint. Eher *so*: ehrlich und direkt. Ist doch in mancher Hinsicht beruhigend zu wissen, Nein bedeutet nichts anderes als Nein. In Deutschland herrscht Wertschätzung für Leute, die sagen, was sie denken. Auch und oft gerade, wenn das Gesagte unangenehm ist. Ich würde sogar behaupten, dieses Nein ist die Höflichkeit des Deutschen.

Die These muss ich auch deshalb vertreten, weil ich mir das Nein nicht abgewöhnen kann.

»Gefiel dir Goa?«

»Wirst du ein Buch über deine Erfahrungen in Indien schreiben?*«

»Darf wenigstens eine Chili ins *Dal?*«

Aber wenn ich so viel deutscher sein sollte, als ich dachte, wieso fühle ich mich dann manchmal so fremd?

Einer jener Orte, an die ich mich nie gewöhnen werde, ist die Supermarktkasse.

Lebensmittel aufs Laufband legen, und zwar platzsparend, damit die Kunden hinter mir sich möglichst bald einreihen können, Geldbeutel zücken, leeren Einkaufswagen präsentieren, Tasche öffnen, Lebensmittel sofort nach dem Scannen verschwinden lassen, und das Ganze hurtig bitte, bloß kein Schwätzchen mit der Kassiererin, und keinesfalls, wiederhole, keinesfalls damit beginnen, beim Bezahlen das Kleingeld zusammenzusuchen, das raubt allen Wartenden wertvolle Lebenszeit, die Kunden hinter mir atmen schon geräuschvoll durch die Nase und ihre Blicke brennen in meinem Nacken, sodass ich es nicht wage, mich umzudrehen.

Es geht aber noch fremder: das Amt.

Dort möchte ich meinen Pass erneuern lassen. Mein erster Ver-

---

* Als meine Eltern mir damals diese Frage stellten, dachte ich, meine Antwort entspreche der Wahrheit.

such schlägt fehl, weil ich zur offiziellen Öffnungszeit erscheine. Da zieht sich die Warteschlange schon bis ins Treppenhaus. Am Tag darauf tauche ich um sechs Uhr morgens auf. Trotzdem sind bereits ein paar hartgesottene Bürgeramtsveteranen da. Ein smarter Bürger beginnt eine Liste. Auf der tragen sich alle ein, damit sie sitzen können und nicht stundenlang anstehen müssen. Später, wenn die Büros öffnen, werden sich alle der festgehaltenen Reihenfolge fügen. Siehe da, das funktioniert! Einer dieser Momente, in denen ich tiefe Ordnungsliebe empfinde. Da schreitet die Beamtin vom Bürgeramt ein. Als sie von der Liste Wind bekommt, zerreißt sie das Papier und verkündet, man könne hier doch nicht einfach irgendwelche Listen anfertigen! Die Menge murrt. Der smarte Bürger argumentiert. Aber er hat bereits verloren. Ein Schieben und Drängen entsteht. Einige Kandidaten weit unten auf der Liste wittern ihre Chance. Ein besonders Ungeduldiger platziert sich ganz vorn in der Schlange, obwohl er eben erst eingetroffen ist. Ein Mann mit einem Baby auf dem Arm weist ihn darauf hin, wie unsozial dieses Verhalten sei. Der Unsoziale zuckt mit den Schultern: »Man kann halt nicht immer nett zu allen sein!«

Das ist ziemlich ehrlich. So ehrlich, dass ich eine Lüge bevorzugen würde.

Seit meiner ersten Reise nach Indien hat sich wiederholt bestätigt, dass dort wie in Deutschland das Anstehen opportunistisch gehandhabt wird. Insofern kann ich mich, zumindest was das betrifft, in beiden Kulturen zu Hause fühlen. Oder fremd.

Aber die Liebe zur Regel wird auf dem Subkontinent nicht selten von einer Affäre mit der Ausnahme unterlaufen. Und so frustrierend das manchmal sein kann – es hat durchaus seine Vorteile.

Im indischen Winter packen Saskya und ich tagsüber zuweilen unsere Laptops ein und fahren zur nahegelegenen Shopping Mall in Saket, um dort zu arbeiten. Meine Empfehlung: die Eisdiele von Häagen-Dazs. Deren Kaffee ist erschwinglich und besser als der Durchschnitt, im Gegensatz zu den meisten Haushalten in Delhi verfügt der Laden über Zentralheizung und nicht zuletzt ist dort selbst an Wochenenden kaum etwas los, denn wer hat schon Lust auf Eis bei neun Grad Celsius. Einmal wollen wir nach getaner Arbeit ins Kino gehen. Wir kaufen zwei Tickets und öffnen am Eingang unsere Taschen zur Sicherheitsüberprüfung. Die Wachen entdecken unsere Laptops. Die dürfen wir nicht mitnehmen, wird uns mitgeteilt. Ich frage, warum. »It's against security regulations.« Ich schalte den Laptop an, demonstriere, dass ich damit weder heimlich Filme aufzeichnen noch eine Bombe reinschmuggeln möchte. Das überzeugt nicht. »It's against regulations.« Wir sollen die Laptops in einem Schließfach lassen. Wir trauen dem Schließfach nicht. Unser Lebensunterhalt befindet sich auf diesen Laptops. Verärgert bestehe ich darauf, mit dem Manager zu sprechen. Sie rufen ihn übers Funkgerät. Der Manager lächelt mehr als die Wachen. Er sagt: »It's against regulations.« Bevor ich ausfallend werde, legt Saskya eine Hand auf meine Schulter. Sie erklärt, wir sind Autoren und diese Laptops enthalten die Arbeit von Jahren, sie ist unersetzbar, wir können nicht riskieren, sie zu verlieren. Der Manager sieht mich an. Ich nicke zustimmend. Daraufhin winkt er uns, ihm zu folgen. Er führt uns zu unserem Kinosaal und lässt uns rein. Wortlos. So hat er nie Ja gesagt. Aber auch nicht Nein.

## Von Fahrern, Chauffeuren und Fahrlehrern

Ich beginne ansatzweise zu verstehen, wie Saskya sich gefühlt haben muss, als sie das erste Mal nach Berlin kam. Mir scheint die Luft jetzt auch manchmal kalt, obwohl es eigentlich recht warm ist. Ich lästere über das, was uns in sogenannten indischen Restaurants vorgesetzt wird. Bin ich zu Gast, fällt mir auf, wenn mir nicht einmal Wasser angeboten wird. Ich höre mich Sätze sagen wie: »Deutsche sind so komisch mit Geld.« Als bestätigender Laut in einem Gespräch entweicht mir oft ein »Ha«. Beim Mittagessen mit meinen Eltern zieht sich jedes Mal etwas in mir zusammen, wenn meine

Mutter Indien als »den Dschungel« bezeichnet oder wenn mein Vater Aussagen mit den Worten beginnt:»Die Inder …«

Für die ›Süddeutsche Zeitung‹ verfasse ich einen Artikel über unsere Hochzeit. Als dieser erscheint, trägt er einen Untertitel:»Früher radelte er über das Kopfsteinpflaster der Königsdorfer Hauptstraße, jetzt fährt ihn ein Chauffeur durch den Stau von Delhi.« Ein Chauffeur? Über eine solche Berufsbezeichnung würden sich Jaswant und Kalu freuen. Aber die Wortwahl vermittelt ein falsches Bild. Ich habe nicht in eine reiche Familie eingeheiratet. In Indien beschäftigt fast jeder Haushalt der Mittelklasse einen Fahrer, ebenso wie ein Dienstmädchen. Der Redakteur, der sich diese Zeile zusammengereimt hat, geht offenbar davon aus, eine Familie mit Fahrer müsse wohlhabend sein.

Damit gehört er zur Mehrheit. Immer wieder reagieren Deutsche erstaunt, wenn ich das Wort »Fahrer« in den Mund nehme.»Ihr habt einen Fahrer?« Da schwingt ein kritischer Unterton mit. Wie kann man denn einen Fahrer beschäftigen, heutzutage!

Es stimmt: Viele Fahrer erhalten zu wenig Lohn dafür, dass sie sich die ganze Nacht über auf Parkplätzen Wärme in die Hände hauchen müssen, während ihre Arbeitgeber auf einer Farm-Party japanischen Whisky süffeln. Aber nicht jeder beutet seinen Fahrer aus. Siehe die Jains. Oder die Familie von Arti und Dennis, ein befreundetes japanisch-indisch-deutsches Paar; sie stellen ihrem Fahrer eine Wohnung zur Verfügung, in der er mit seiner Frau und seinen Kindern leben kann. In einem Land, in dem es mehr Menschen gibt als Arbeitsplätze, ist jede Form der Beschäftigung willkommen. Anstellungen als Fahrer sind begehrt. Man kommt herum, erhält mehr Lohn als eine gewöhnliche Haushaltshilfe und kann, wenn man so gerissen ist wie Jaswant, das Auto zwischendurch auch für eigene Erledigungen nutzen.

Darum ist es keineswegs verwerflich, einen Fahrer zu beschäftigen. Interessant finde ich die besonders kritischen Reaktionen. Sie legen nahe, dass wir hier im Westen uns für viel sozialer halten.

Dabei lassen wir viele Menschen für uns arbeiten, die nicht mehr als einen Hungerlohn erhalten. Nur werden wir, anders als in Indien, nicht täglich daran erinnert, weil wir diese Menschen kaum zu Gesicht bekommen. Sie leben in fernen Ländern, arbeiten in Minen, Fabriken, auf Feldern. Ohne sie müssten wir auf etliche Produkte unseres Alltags – Smartphones, Kleidung, Autos – verzichten oder viel mehr dafür bezahlen. Im Vergleich zu einem Fahrer in Delhi fristen sie das Leben von Sklaven.

Die Erfahrung mit der ›SZ‹ ist keine Ausnahme. Immer wieder finden Saskya und ich uns in der Gesellschaft von Deutschen, die mir verdeutlichen, wie wenig wir über Südasien wissen und wie viel sie wiederum zu wissen meinen.

Immer wieder werde ich gefragt, was ich denn so an Indien mag. Abgesehen von »dort wurde ich erstmals als Bayer wahrgenommen«, könnte ich antworten: »Eine beachtliche Vielfalt an Sprachen, Religionen und Traditionen fließt auf dem Subkontinent ineinander, zu jedem Beispiel lässt sich ein Gegenbeispiel finden, radikale soziale, politische, ökonomische, kulturelle Umwälzungen haben das Land erfasst und es prescht rücksichtslos, spielerisch, umständlich der Zukunft entgegen.« Aber meistens gehe ich auf diese Frage nicht genauer ein, weil ich mich nicht erklären möchte.

Immer wieder nehme ich mir vor, mich wie Saskya zu verhalten, die mit Neugierde so viel gelassener umgeht.

Immer wieder heißt es: »Sprichst du auch Indisch?«

Immer wieder erwidert Saskya: »Ich spreche Hindi.« Und möchte erwidern: »Sprichst du Europäisch?«

Immer wieder bewundere ich, wie hemmungslos erschöpfend das Gegenüber Saskya ihre eigene Heimat schildert. Ohne Stocken. Mit Begeisterung. Ein Strom aus Behauptungen – fast jedes Mal inklusive des Dreiklangs aller indischen Klischees: Yoga, Kasten und Curry –, der kein Ende findet.

Immer wieder wirkt das Gegenüber ungemein froh, jemandem von Indien berichten zu können, der etwas von Indien versteht. Ob seine Eindrücke Saskya interessieren, kümmert wenig. Dem anderen gefällt die Rolle des Erklärers. Denn was man erklärt, davor muss man keine Angst haben, das beherrscht man.

Immer wieder muss ich aufpassen, dass ich nicht zum Gegenüber werde.

Ein Freund meines Vaters lädt zur Filmpremiere ins Hackesche Höfe Kino ein. ›Drive me crazy‹ heißt die Dokumentation. Drei Geschichten über das Fahren-Lernen in drei Welten: Bayern, Mumbai, Tokyo. Keine schlechte Idee, unterschiedliche Kulturen auf diese Weise erfahrbar zu machen, denken wir. Aber dann beginnt der Film.

Wie ein Wissenschaftler, der seine Experimente allein darauf ausrichtet, seine Theorien zu untermauern, bedienen die Filmemacher Vorurteile. Der bayerische Fahrlehrer ist grobmäulig, seine koreanische Schülerin zart und unterwürfig. Der Japaner wird als hyperpenible Instruktionsmaschine dargestellt. Die deutsche Fahrschülerin in Mumbai verzweifelt an den hoffnungslos chaotischen Indern. Sie beschwert sich, dass ihr Lehrer nicht einmal Englisch spricht, sondern bloß Marathi*. Dass extra für sie ein Dolmetscher aufgetrieben wird, der die Anweisungen ihres Lehrers für sie gleich ins Englische übersetzt, weiß sie nicht zu schätzen. Das Publikum lacht. Das Publikum lacht ausgelassen über jede Kuh im Verkehr, jedes Kopfwackeln und jede vierköpfige Familie auf einem Motorrad. Saskya neben mir schweigt. Sie hat wieder ihren mir vertrauten Blick aufgesetzt. Mit jedem Lachen zieht sie sich mehr in sich zurück. Wäre es dieselbe Erfahrung für mich, in einem Kino in Mumbai zu erleben, wie das indische Publikum sich über Alltägliches in Deutschland amüsiert? Ich bezweifle es. Dieses Lachen ist das Echo einer Verletzung. Es erinnert an diese unausgeglichene Beziehung zwischen Asien und dem Westen. Ich biete Saskya an, dass wir gehen. Sie lehnt dankend ab. Aus Höflichkeit dem Freund meines Vaters gegenüber? Vielleicht. Vielleicht aber auch, weil sie vor solchen Erfahrungen nicht weglaufen will.

---

\* Die Muttersprache einer indischen Minderheit von über 70 Millionen.

Diese reichen weit zurück – in ihrer persönlichen Geschichte wie in der Geschichte Indiens. Nach der Einschulung besucht sie, wie ihr Bruder, die Deutsche Schule in Delhi, weil Jutta und Jyotindra Wert darauf legen, dass ihre Kinder neben Englisch und Hindi fließend Deutsch sprechen. Die meisten anderen Schüler dort sind Kinder von Diplomaten und Geschäftsleuten. Saskya entwickelt sich rasch zum Lehrerschreck und zur Klassenprima. »Ihr Deutsch ist besser als das der Deutschen«, wird sie vom deutschen Lehrer gelobt. Das ärgert sie. Ist sie nicht auch deutsch?

Besonders unangenehm empfindet sie jene Deutschen, die ihr alte Kleidungsstücke schenken, um ihr soziales Gewissen zu beruhigen. Deutsche, die es vorziehen, das Schwimmbad der deutschen Botschaft nicht mit den indischen Mitarbeitern zu teilen, da sie, so lautet die Begründung, keine Diplomaten sind. Deutsche, deren herablassende Art von ihren Kindern kopiert wird – einer von Saskyas Klassenkameraden zeigt ihr einen Aufkleber der Hilfsorganisation »Ein Herz für Kinder« und dichtet: »Kein Herz für Inder«. (Knapp vierzehn Jahre später treten die Republikaner im Wahlkampf in NRW sozusagen in seine Fußstapfen, als sie den Satz von CDU-Politiker Jürgen Rüttgers über indische Computerfachkräfte und deutsche Schulkinder reduzieren auf: »Kinder statt Inder«.)

Es gibt sie natürlich, die kulturell aufgeschlossenen Deutschen. Sie bereisen während der Schulferien Indien, anstatt im Club Med in Phuket abzusteigen. Sie importieren weder Jägermeister noch Vollmilch, Eier, Fleisch, Gummibärchen oder sogar Butter, sondern kaufen die gleichen indischen Produkte und essen die gleichen indischen Gerichte wie der Rest der Bevölkerung. Die Söhne dieser deutschen Familien spielen Cricket im Park. Unter diesen Kindern findet Saskya gute Freunde.

Und doch sind die Welten, die Saskya in sich vereint, in ihrem Umfeld deutlich voneinander getrennt. Es herrscht keine Apartheid, aber das Prinzip der Parallelgesellschaft. Entweder ist Saskya bei deutschen Familien zu Gast oder sie tobt mit Kindern aus ihrer Nachbarschaft durch ihre Wohnsiedlung Kaka Nagar – am liebsten mit den Kindern der Bediensteten, die Spiele kennen, von denen sie noch nie gehört hat.

In der Schule wird weder indische Geschichte noch eine der Sprachen Indiens gelehrt. Man spricht gerne von »den Indern«. Auch vor Saskya. Manchmal, um sie zu kränken. Meistens, weil man sich nicht bewusst macht, dass sie so indisch wie deutsch ist.

Am 22. Mai 1991, als Saskya acht Jahre alt ist, klingelt das Telefon der Jains in aller Frühe. Am Apparat: Jyotindras Sekretärin, die ihm mitteilt, der ehemalige Premierminister Rajiv Gandhi ist tot. Sofort schaltet die Familie den Fernseher ein. Eine Selbstmordattentäterin der Liberation Tigers of Tamil Eelam* hat Gandhi, sich und siebzehn weitere Menschen am Vorabend mit einem Sprengstoffgürtel bei einer Wahlveranstaltung getötet. Gerade einmal sieben Jahre nach dem Mord an seiner Mutter Indira Gandhi.

Aufgrund der Nachrichten und der damit verbundenen Aufregung verpassen Saskya und ihr Bruder den Schulbus. Jutta muss sie fahren. Saskya erreicht ihr Klassenzimmer fünf Minuten nach dem Läuten der Schulglocke. Alle sind schon da.

»Du bist zu spät!«, sagt die Lehrerin, während Saskya Platz nimmt.

»Weil Rajiv Gandhi umgebracht wurde!«

Die Lehrerin hält inne und sieht Saskya an. Dann wendet sie sich der Klasse zu und fragt: »Wer kann mir sagen, wer Rajiv Gandhi ist?«

Saskya hebt ihre Hand, ein anderes Mädchen ebenso, es schnippt mit den Fingern. Ein Junge flüstert seinem Banknachbarn etwas zu und sie kichern.

Die Lehrerin räuspert sich. »Warum lässt du uns nicht an deinem Witz teilhaben?«

Er schweigt. Die Lehrerin bezieht vor ihm Stellung. Sein Banknachbar verpetzt ihn bereitwillig, um seine Haut zu retten: »Er sagt, wen kümmert's schon, wer das ist, es ist ein Inder weniger.«

---

* Eine paramilitärische Organisation, die in Sri Lanka für Unabhängigkeit kämpfte.

Saskya möchte dem Jungen sagen, dass er fett wie ein Reifen ist. Aber sie schweigt und starrt auf ihren Tisch, wünscht sich nach Kaka Nagar.

Die Lehrerin stemmt die Arme in die Hüften. »Wie kannst du so was sagen! Ich hoffe, du hast es nicht so gemeint.« Er sieht zur Seite, aus Trotz oder Angst. Die Lehrerin fixiert ihn. »Hast du das wirklich so gemeint?«

Er schüttelt seinen hängenden Kopf.

»Gut«, sagt sie, »jetzt entschuldige dich bei Saskya dafür, dass du so etwas Beleidigendes über Inder gesagt hast.«

Er murmelt »Entschuldigung« in seinen Tisch.

»Also, wer erzählt uns jetzt, wer Rajiv Gandhi ist … war.«

»Der Sohn von Mahatma Gandhi«, antwortet das fingerschnippende Mädchen.

Saskya verdreht die Augen.

»Ist schon in Ordnung, Saskya«, sagt die Lehrerin, »den Fehler machen viele. Kannst du übernehmen?«

»Er war der Premierminister von Indien und *nicht* verwandt mit Mahatma Gandhi.« Es misslingt ihr, ein stolzes Lächeln zu unterdrücken.

»Sehr gut, Saskya, danke. Das war jetzt aber genug indische Geschichte. Öffnet eure Übungshefte!«


Bevor ich Saskya kennenlernte, dachte ich, Indira Gandhi und Mahatma Gandhi seien Verwandte. Und ich nahm an, Indigo würde in Indien hergestellt, nicht auch in den chemischen Braukesseln der Bayer AG. Weder wusste ich von der großen Rebellion 1857 gegen die East India Trading Company, die bis dahin Indien verwaltet hatte, noch war mir klar, dass erst nach der brutalen Niederschlagung dieses Aufstands Indien britische Kolonie (und weiterhin kolonial ausgebeutet) wurde. Ich hatte nie gelernt, dass 1943 drei Millionen Menschen während der berüchtigten Hungersnot in Bengalen verendet waren, weil die Briten es vorgezogen hatten, die Nahrungsmittel aus der Region nach Griechenland zu senden. Die britische Regierung in Delhi wies Churchill damals darauf hin, Bengalen benötige dringend Lebensmittel. Er lehnte eine bessere Versorgung ab und fragte bloß, warum denn dieser Gandhi noch nicht tot sei. Ich hatte keine Ahnung, dass Churchill nicht nur der englische Held des Zweiten Weltkriegs war, sondern auch ein Rassist: »I hate Indians«, sagte er als Reaktion auf die Widerstandsbewegung Gandhis, »they are a beastly people with a beastly religion.« An der Hungersnot, so argumentierte er, seien sie selbst schuld, weil sie sich wie Hasen vermehrten.

Mir war auch nicht bewusst gewesen, dass manche Engländer die historische Verknüpfung ihres Landes mit Indien als positiv für beide Seiten deuteten. Als in der Oxford Union* über Reparationszahlungen an die ehemaligen Kolonien debattiert wurde, ging es zunächst darum, ob Indien von der kolonialen Herrschaft der Briten profitiert oder darunter gelitten habe. Fasziniert verfolgte ich, wie führende britische Denker die Schaffung des weit umspannenden Schienennetzes auf dem Subkontinent in die Waagschale warfen. Als ob die Züge nicht in erster Linie für Briten und deren Interessen bestimmt gewesen wären. Das erinnerte mich an die Behauptung, Hitler habe ja nicht nur Schlimmes getan, nämlich immerhin die Autobahn gebaut. (Auf der praktischerweise Panzer schneller rollten.) Noch ein Pro-Kolonien-Argument: Demokratie. Man habe sie Indien geschenkt. Dr. Shashi Tharoor, ein indischer Jurist, Politiker und Schriftsteller, widersprach eloquent: Man könne doch nicht Millionen Menschen zweihundert Jahre lang versklaven, unterdrücken und morden – und sich am Ende als der Überbringer von Demokratie feiern lassen. Demokratie wurde Indien lange verwehrt, die musste es sich am Ende selbst erkämpfen. Tharoor schloss seinen Vortrag mit den Worten: »As far as I'm concerned, the ability to acknowledge a wrong that has been done, to simply say sorry, will go a far, far, far longer way than some percentage of GDP in the form of aid. What is required is accepting the principle that reparations are owed. Personally, I'd be quite

---

* »The world's most prestigious debating society«, wie die Gesellschaft sich selbst bezeichnet.

happy if it was one pound a year for the next two hundred years, after the last two hundred years of Britain in India.« Großbritannien hat sich nie offiziell für die Vergehen seiner kolonialen Herrschaft entschuldigt. Zuletzt sträubte sich David Cameron dagegen. Als erster Premierminister Großbritanniens besuchte er die Grünanlage Jallianwala Bagh im Punjab (wo viele Sikhs leben, keine unbedeutende Minderheit bei britischen Wahlen). Am selben Ort waren 1919 mindestens dreihundertneunundsiebzig friedlich Protestierende, darunter Frauen und Kinder, von den Briten niedergemetzelt worden. Cameron bezeichnete das Massaker als »deeply shameful event« und zitierte Churchill, der es als »monstrous« kritisiert hatte. Aber eine Entschuldigung hielt Cameron für unangebracht. »I don't think the right thing is to reach back into history and to seek out things you can apologise for.«

Man stelle sich vor, ein deutscher Politiker würde dergleichen äußern.

Angesichts der aktuellen Entwicklungen scheint eine Entschuldigung von britischer Seite ferner denn je. Dabei sind die Folgen der Kolonisierung selbst heute, siebzig Jahre nach der indischen Unabhängigkeit, noch immer nicht überwunden. Sie wirken tief in der Seele des Landes. Helle Hautfarbe wird in allen Klassen favorisiert, siehe Bollywood-Stars; und in Drogerien füllen sogenannte »Fairness Creams« ganze Regale. So mancher Straßenladen trägt einen Namen wie Oxford Copy Shop oder British Man Hair Saloon. Wenn es ihnen finanziell möglich ist, schicken Eltern ihre Kinder auf Universitäten in England, Australien oder den USA, das schindet Eindruck bei den Bekannten und verspricht sozialen Aufstieg. Wer kein Englisch spricht, gehört nicht zu den oberen Klassen – auch wenn dieses Englisch heutzutage zunehmend amerikanisch klingt, weil die USA seit einiger Zeit die Poleposition unter den Sehnsuchtsorten einnehmen.

Das Verhältnis zum Exkolonialherren ist ambivalent. Großbritannien wird nicht strikt als ehemaliger Unterdrücker abgelehnt. Dafür verbindet beide Länder zu viel Geschichte. Ein »Britisher« mag sich in Indien nicht unbedingt großer Beliebtheit erfreuen, aber er wird dort kaum auf offenen Widerstand treffen.

Das hat auch damit zu tun, dass Indiens Selbstbewusstsein wächst. Seit der wirtschaftlichen Öffnung schielt man nicht mehr so vehement gen Westen wie früher. Das Bruttoinlandsprodukt ist nahezu vier Mal so hoch wie das Großbritanniens – erst vor Kurzem überholte Indien ökonomisch und gilt nun als die sechstgrößte Wirtschaftsmacht der Welt, vor den Briten. Auf dem Subkontinent sprießen Universitäten aus dem Boden; der Wohlstand nimmt zu (sowie natürlich auch die Kluft zwischen Arm und Reich), dieser Markt aus 1,3 Milliarden potenziellen Käufern zählt zu den begehrtesten der Welt. Ein symbolhaft anmutendes Zeichen dafür, wie sich die Machtverhältnisse verlagert haben: Hochhausgroße Plakate in Delhi, Mumbai, Kolkata werben für Urlaub in den malerischen Landschaftsstrichen Großbritanniens.

Saskya bleibt bis zum Ende von ›Drive me crazy‹. Die Filmemacher, das ist deutlich, wollten niemanden verletzen. Allerdings haben sie sich meiner Meinung nach keine Gedanken zum Kontext ihrer Erzählung gemacht. Ihr Film kann nicht losgelöst von der Historie gesehen werden. Vor dem Hintergrund der Kolonialgeschichte muss man es als ignorant bezeichnen, eine weiße westliche Frau durch Mumbai zu begleiten, die sich ständig über das Verhalten und die Verhältnisse »der Inder« mokiert. Dieser exotisierenden Darstellung fehlt es nicht nur an Originalität, sondern auch an Einfühlungsvermögen, Reife und vor allem: Wissen.

Noch vor ein paar Jahren hätte ich den Film wahrscheinlich ähnlich konzipiert. Obwohl ich so viel von Saskya über Südasien lerne, weiß ich noch immer wenig. Aber ich muss gestehen, der Ärger, den ich während des Films empfunden habe, fühlte sich gut an. Ich habe mich nicht den lachenden Deutschen nahe gefühlt, ich erlebte die Dokumentation eher so wie Saskya. Ein gutes Zeichen, oder? Bedeutet das nicht, dass Indien mehr zu einem Teil von mir wird?

# Desi

Ich schätze es mehr denn je, dass Saskya die Hälfte des Jahres mit mir in Deutschland lebt, trotz der vielen Menschen hier, die sie nicht richtig verstehen können. Das hat wenig mit Sprache zu tun, eher mit Erfahrung, mit Prägung. Manche von Saskyas Seiten sind nicht zugänglich für Leute anderer Herkunft. Zum Beispiel für mich. So sehr ich mich auch bemühe, ich werde nie begreifen, wie man den Monsun in Delhi vermissen kann oder was an Chappals so bequem sein soll. Selbst wenn sie mir ihre Sehnsucht beschreibt, kann ich ihr nicht folgen. Es ist, als würde sie mir eine Farbe schildern, die ich noch nie gesehen habe. Macht es unsere Liebe nicht unwahrscheinlicher, wenn ich nicht nachvollziehen kann, warum ihr etwas so viel bedeutet? Ich weiß nur: Saskya braucht Delhi. Insbesondere solange sie nicht in Delhi ist. Dafür reicht es nicht, hin und wieder indisch zu kochen oder einen Hindi-Film zu gucken. Für mehr Delhi in Berlin benötigt sie *Desis*.

»Desi« stammt vom Sanskritwort *Desh*, was so viel heißt wie Land oder Region. In Indien bedeutet *desi* »ländlich« oder »aus Indien«. Im Ausland stehen Desi-Leute für Menschen aus Südasien. Das können etwa Pakistanis, Inder, Bangladescher, Nepalesen, Sri-Lanker sein. Es drückt aus: »Wir kommen vom selben Ort, wir verstehen einander.« Desi stellt ein verbindendes Element dar. Du bist in der Fremde, du kommst nicht zurecht mit dem Essen, den Umgangsformen, dem Wetter, und du fühlst dich isoliert, allein, aber wenn du jemanden triffst, der auch desi ist, dann müsst ihr nur ein bisschen von Süßigkeiten wie *Barfi* fabulieren, und schon steigt eine Wärme in euch auf, als hättet ihr Heimatluft geschnuppert.

Ich kann nicht desi sein. (Allerdings schon deutsch: In Indien führe ich mit anderen Deutschen ausgedehnte Unterhaltungen über Laugengebäck.) Ich kann es mir auch nicht aneignen. Desi ist eines dieser Dinge, die ich Saskya niemals werde geben können. Aber zum Glück gibt es ja Bani und Sarnath.

Sie leben auch zwischen dem Subkontinent und Deutschland, weil sie ein Kind erwarten. Als indisch-pakistanisches Paar sind sie eine Verbindung eingegangen, die von ihren Nationen deutlich erschwert wird. Obwohl Bani mit Sarnath verheiratet ist (was bedeutet, dass der gebürtige Bengale zum Islam konvertieren musste), erhält sie stets nur ein räumlich und zeitlich begrenztes Visum für Indien. Darum soll ihrer beider Sohn in Berlin aufwachsen. Mit einem deutschen Pass wird es für ihn um ein Vielfaches leichter sein, die Heimatländer seiner Eltern zu besuchen. Für seine Zukunft nehmen sie eine schwierige Gegenwart auf sich. Keiner von beiden spricht Deutsch oder hat mehr als ein paar Kontakte in Berlin. Trotzdem lassen sie sich hier nieder, was mir imponiert. Natürlich sind sie ein weltgewandtes Paar, das schon in Chicago, Stuttgart, Delhi oder für kürzere Phasen im Kongo sowie in Rio de Janeiro gelebt hat. Dennoch kann ich mir kaum vorstellen, auf Dauer mit Saskya an einen Ort zu ziehen, dessen Sprache und Kultur uns beiden fremd ist. Ich glaube, die zusätzliche Belastung trägt wesentlich dazu bei, dass die unwahrscheinliche Liebesgeschichte zwischen Bani und Sarnath endet. Bald nach der Geburt des kleinen Mir trennen sie sich. Trotzdem führen sie weiterhin eine enge Beziehung. Sie gehören nicht zu den Leuten, die ihre Freunde vor die Wahl stellen. Wir müssen uns nicht für einen von beiden entscheiden. Saskyas und meine Freundschaft mit ihnen hält und vertieft sich.

Für Saskya verkörpern die beiden ihre kulturelle Standleitung nach Südasien. Macht Saskya eine Anspielung, zum Beispiel auf ›Zanjeer‹, einen populären Hindi-Film aus den Siebzigern, oder auf Bournvita, den beliebten Kakao ihrer Kindheit, erntet sie dafür kein Stirnrunzeln wie von mir, sondern Wiedererkennen. In Gesprächen mit Bani und Sarnath kann Saskya spielerisch mitten im Satz zwischen Englisch und Hindi wechseln. Bani und Sarnath können Saskya Rat erteilen, wenn es sich um Aspekte ihres Schreibens handelt, die mit Südasien zu tun haben. Dank Bani und Sarnath wissen wir immer Bescheid, wenn Desi-Leute in Berlin sind. Sie bringen den Subkontinent zu uns.

Wir schlürfen Caipirinhas im Preußenpark mit Mohammed Hanif, der so barsch von Karatschi schwärmt, dass wir es unbedingt selbst kennenlernen wollen. Wir lauschen auf dem Tempelhofer Feld Nikhil Rao, der Anekdoten vom Bombay seiner Kindheit wiedergibt. Wir spazieren mit Ruchir Joshi durch Charlottenburg und hören seinen Erzählungen über Kolkata zu. Nie wird viel Aufhebens darum gemacht, dass einige dieser Desi-Leute renommierte, ja, prominente Persönlichkeiten sind. Die Begegnungen sind geprägt von ungezwungenem, respektvollem Zusammensein, als würde man sich bereits seit Jahren kennen.

Davon hätte ich gerne mehr in Deutschland. Sarnaths adelnde Vorstellungstiraden sind gewiss hilfreich, um Fremde einander näherzubringen. Aber es ist mehr als das. In deutschen Kreisen beschleicht mich manchmal das Gefühl, ich müsse mich vom ersten Wort an beweisen. Äußere ich die richtigen Vokabeln, Namen, Gedanken, dann werde ich angenommen. Desi-Leute akzeptieren mich von Anfang an. Wobei in beiden Kulturkreisen die falschen Vokabeln, Namen, Gedanken mir diesen Status rauben können.

Dass im Deutschen kein wirklich treffendes Wort für Socialising existiert, verwundert jedenfalls nicht. Ich kopiere Sarnaths Vorgehensweise mit mäßigem Erfolg. Das liegt womöglich an meinem mangelnden Charme. Aber es gibt bei uns auch eine Klasse von Leuten, die irritiert reagiert, wenn man sie spontan und unverbindlich auf einen Kaffee oder ein Abendessen zu sich nach Hause einlädt. An solch scheue Individuen muss man sich vorsichtig heranpirschen, lerne ich, eine direkte Einladung verschreckt sie. Wie das sein muss, in Berlin anzukommen, wenn man in einem Land aufgewachsen ist, in dem – ehrliche und nicht bloß höflich gemeinte – Dinner-Offerten quasi Unbekannter zum Alltag gehören?

Das erste südindische Abendessen in Berlin beschert uns Shiva, der Kulturattaché, dem ich mein indisches Touristenvisum zu verdanken habe. Die indische Botschaft hat ihn in einem modernen Apartment am Gendarmenmarkt untergebracht. Wir müssen mehrere

Sicherheitssperren überwinden, um in den obersten Stock zu gelangen. Auf der Terrasse könnte ein Campingwagen parken, der Deutsche Dom gegenüber wirkt bescheiden klein. In einer Glasvitrine ruht Geschirr mit dem Wappen Indiens, dem Kapitell einer Ashoka-Säule. Auf den ersten Blick zeigt es ein Löwentrio. Aber eigentlich sind es vier, nur stehen sie Rücken an Rücken. Die Wohnung ist nicht sonderlich aufgeräumt, hier und da liegen ein Schal herum, ein Paar Schuhe. Auf dem Esstisch Zeitungen, Batterien, abgebrannte Kerzen. Shiva begrüßt uns in einem Hausmantel. Seit meiner ersten Begegnung mit ihm haben wir ihn ab und zu gesehen, zuletzt auf dem Literaturfestival in Jaipur, und wir sind Freunde geworden. Er drückt uns herzlich an seinen festen Bauch und entschuldigt sich, er komme mit dem Aufräumen nicht hinterher, sein Angestellter sei ihm weggelaufen. »Weggelaufen?«, fragt Saskya. Shiva nickt betroffen. Die deutsche Regierung hat der indischen Botschaft mittlerweile untersagt, aus Indien Dienstpersonal einzufliegen. Zu oft ist es schon vorgekommen, dass die einfachen Männer nur eine Weile lang arbeiteten, ehe sie in der Hoffnung auf ein besseres Leben ihren Pass zurückließen und abhauten. Ohne Pass können sie, wenn die Polizei sie schnappt, nicht identifiziert und somit auch nicht in ihr Ursprungsland zurückgeführt werden. Manche finden in südasiatischen Lokalen Unterschlupf, als Kellner oder Koch.

Shiva öffnet eine Flasche Wein und reißt zwei Tüten Haldiram's auf. Ich hätte vorher etwas essen sollen. Mein Hunger lässt mich zu viel trinken. Ich versuche, mit Snacks auszugleichen. Shiva merkt an, ich sei hungrig. Nur ein kleines bisschen, gestehe ich. So geistesabwesend er manchmal auch scheint, ihm entgeht viel weniger, als man annehmen möchte. Wir begeben uns in die Küche. In einem speziell gefertigten Kochtopf dämpft er Teig aus fermentiertem Reismehl. Das Ergebnis: *Idlis*. Köstliche Reisküchlein, deren Form fliegenden Untertassen gleicht. Wir tunken sie in die selbst gemachten Chutneys, scharfe Tomate oder Kokosnuss. Als zweiten Gang gibt es, wie in Shivas Heimat üblich: mehr Reis. Saskya und Shiva formen ihn mit den Fingern zu mundgerechten Happen, ich benötige die Unterstützung eines Löffels. Beim Essen atmet Shiva lautstark durch die Nase. Danach trägt er uns Gedichte von Rumi vor. Mit ausgestreckten Armen und langsam tanzenden Händen.

An einem solchen Abend, mit jemandem, der so was von *desi* ist, kommt Saskya Berlin näher. Weil Berlin auch das ist: ein im Hausmantel rezitierender Kulturattaché in einer Luxuswohnung am Gendarmenmarkt. Desi-Leute machen Saskyas Berlin zu etwas, als das die Stadt selten bezeichnet wird: schön. Sie schenken Saskya genau das, was sie vermisst.

Und nicht nur ihr.

Allerdings wusste ich, anders als Saskya, lange Zeit nicht, was mir gefehlt hat.

Die Stadt und ich, wir kamen anfangs nicht besonders gut miteinander klar; als Dorfjunge störten mich lieblose Graffitivokabeln auf frisch gestrichenen Hauswänden, die Vorliebe für schroffe Eckkneipen, das Dröhnen kreisender Flugzeuge, die Weitläufigkeit, das Schulterzucken der Berliner. Heute kann ich mir nicht mehr vorstellen, in Deutschland in einer anderen Stadt zu leben. Bin ich toleranter geworden? Wohl kaum. Nur älter, schulterzuckender und, zu meinem eigenen Erstaunen, optimistischer.

Auch die Stadt selbst hat sich verändert. »Echte« Berliner preisen häufig das frühere Leben in ihren Kiezen. Ich bin nicht alt genug, um deswegen nostalgisch zu sein. Aber trotz allem Optimismus mache ich mir, wie so viele Berliner, Sorgen um die Stadt. Sie kämpft mit erheblichen Problemen: zunehmende Gentrifizierung und damit verbundene Mietpreissteigerung, organisierte Kriminalität, die Kluft zwischen Arm und Reich.

Berlin ist ganz sicher nicht mehr das, was es einmal war. Und dennoch gefällt es mir besser denn je. Aus einem einzigen Grund: Noch nie waren so viele Menschen aus so vielen Teilen der Welt hier zu Hause.

Restaurants bieten Speisekarten auf Hebräisch an. Die Komische Oper zeigt ihre Übertitel unter anderem auf Türkisch. Die Namen auf den Klingelschildern unseres Kreuzberger Altbaus lesen sich wie die Besetzungsliste eines internationalen Filmstreifens. Studenten auf der ganzen Welt lernen Deutsch, damit sie ein Auslandssemester in Berlin verbringen können. Und wenn ich durch die Innenstadt spaziere, höre ich mindestens ein halbes Dutzend verschiedener Sprachen.

Ein Luxus für alle, die in Berlin leben: Die Welt kommt zu uns. Das mag so manchem Berliner bedrohlich vorkommen, auch unkontrollierbar, überfordernd. Zudem bringt es, wie oben erwähnt, sehr reelle Probleme mit sich.

Aber wir müssen auch das Gute darin sehen. Noch nie wurde es uns so schwer gemacht zu ignorieren, dass die Nabelschauzeiten vorbei sind, in denen wir uns ausschließlich mit unserem Land und unserer Kultur beschäftigen konnten.

Diese Internationalität Berlins war es, die mir, ohne dass ich mir dessen bewusst war, gefehlt hat. Saskya und ich, wir hegen große Sympathie für dieses neue Berlin. Küchenpsychologisch lässt sich das einfach erklären: Wir sind Zug'roaste wie so viele andere. Uns verbindet, dass wir alle nicht von hier sind und doch hier leben wollen. Pathetisch formuliert: eine Heimat der Heimatlosen.

Trotzdem werde ich Berlin, ebenso wie Deutschland, nie lieben. Dafür bin ich zu vertraut mit der Geschichte eines Volkes, das seine Vaterlandsliebe über alles andere gestellt und unendliches Leid verbreitet hat. Liebe gegenüber meiner Heimat fühlt sich verdächtig an. Ich würde ihr gerne trauen. Aber ich kann nicht.

Was ich lieben kann: mein Leben in Berlin.

Im Sommer 2013 heiraten Saskya und ich noch einmal. Diesmal in Berlin. Eine Standesbeamtin mit Pumuckl-Haar, neonroter Brille und herzerweichender Akribie traut uns im Schöneberger Rathaus. Ich trage einen königsblauen Anzug, den ich mir naiverweise bei Ede & Ravenscroft, dem englischen Hofschneider, geleistet habe, als ich das Honorar für mein erstes Drehbuch erhielt und glaubte, ich sei nun wohlhabend. Seine dicke Baumwolle ist ungeeignet für schwül-heiße Julitage wie diesen. Auf dem Parkplatz des Rathauses stoßen unsere Familien nach dem offiziellen Teil mit Champagner an. Ich bin sofort leicht beschwipst. Mein Vater dokumentiert alles mit der Videokamera. Im Felix Austria in der Bergmannstraße essen wir im intimen Kreis über den Tellerrand ragende Schnitzel, in Erinnerung an Saskyas österreichische Wurzeln.

Am Vortag haben wir bereits einige Hochzeitsgäste zum Augustiner gebeten, wo meinem vorgeblichen Bayerntum gefrönt wurde. Einem meiner besten Freunde, dem israelischen Autor Ofir Touché Gafla, bestellte ich eine Maß Bier. Nun muss man wissen, Touché ist ein schlanker, feingliedriger Mensch. Als ihm das Bier serviert wurde, betrachtete er es ehrfürchtig und bange. Er wollte nicht glauben, dass die Menschen dort, wo ich aufgewachsen bin, oft mehr als eine Maß in sich reinschütten.

Am Abend fahren Saskya und ich zu Clärchens Ballhaus in Mitte. Wir feiern dort im Spiegelsaal, der seit den Zwanzigern langsam verfällt. Genau das verleiht ihm seinen Zauber. Bröckelnder Stuck, Risse in den Spiegeln, knarzender Parkettboden, abblätternde Wandfarbe.

Ich bin angespannt, so angespannt, dass ich mir wiederholt sagen muss, ich sollte weniger angespannt sein. Das liegt nicht an der Heirat. Saskya und ich führen schon seit unserer indischen Hochzeit, sechs Monate zuvor, eine Ehe. Was mich nervös macht, ist die Verantwortung für diesen Hochzeitsabend. In Delhi durfte ich sie abgeben, in Berlin trage ich sie zu fünfzig Prozent.

Als die ersten Gäste eintreffen, werden unsere Väter nervös. Sie überlegen, vielleicht doch keine Reden zu halten, wie zuvor besprochen. Je stärker der eine Zweifel äußert, desto mehr stimmt der andere zu. Ich verbiete meinem Vater, einen Rückzieher zu machen. Mit einem deutschen Nein. Zum Entschuldigen bleibt keine Zeit: Timm, Freund und Konditormeister, ruft an. Die hohen Temperaturen seien der Stabilität unserer Hochzeitstorte nicht zuträglich. Jemand müsse ihm beim Transport assistieren. Auch eine Stunde nach Beginn fehlen noch immer drei Hochzeitsgäste. Shiva entschuldigt sich telefonisch, die Botschaft hält ihn auf. Die anderen zwei, ein Paar, werden wir nie wiedersehen. Francesco Clemente betritt den Saal. Er ist ein alter Freund Jyotindras und strahlt in sich ruhende Souveränität aus. Ich rede zu viel und schwitze. Trotz Hitze ziehe ich das Jackett nicht aus. Das Hemd klebt an meinem Rücken wie nach einem Lauf um den Tiergarten. Ich trinke drei Gläser Wasser hintereinander. Alle möchte ich willkommen heißen, jeder soll sich wohlfühlen. Gespräche beende ich abrupt, um in neue hineinzustolpern. Ich wünschte, ich hätte das Fest schon hinter mir und könnte die Erinnerung daran schönfärben. Auf den ersten Fotos dieses Abends habe ich ein hochrotes, glänzendes Gesicht und einen stieren Blick.

Saskya und ich nehmen am Kopfende einer hufeisenförmigen Tischordnung Platz. Der erste Gang wird serviert. Bevor ich probiere, sehe ich mich um. Der Abend hat sich längst verselbstständigt. Es braucht keinen Gastgeber, die Leute finden sich auch prima ohne zurecht. Ich lege das Jackett ab. Kühle Luft streift meinen Nacken. Wie gut es tut, in einem vielstimmigen Saal zu schweigen! Langsam komme ich bei meiner Hochzeit an. Fast hätte mich der Stress davon abgelenkt, wie glücklich ich bin. Saskya ist meine Frau und wir sind umgeben von Menschen, die uns viel bedeuten.

Unsere Mütter, unsere Geschwister, unsere Väter. Freunde aus verschiedensten Ländern, alte Freunde und neu gewonnene. Zu meiner Rechten: Saskya. Zu ihrer Linken: ich.

Nur die wenigsten von uns sind desi oder stammen aus Berlin, manche leben erst seit Kurzem in der Stadt, andere kommen häufig zu Besuch, beinahe alle waren schon einmal hier. Wir sind fremd und wir sind vertraut. Gemeinsam bilden wir eine ganz eigene Form von desi. Dafür bin ich dankbar, dafür liebe ich das Leben in Berlin – auch an Tagen, an denen ich nicht heirate: Diese Stadt bringt Menschen von woanders zusammen. Von ihnen werde ich wahrgenommen als Bayer, Preiß, Berliner und angehender Delhiite. In ihrer Nähe fühle ich mich zu Hause.

# 8

## Familiär

Die Stadt gewinnt immer
Neues Leben
Nachbarschaft
Freie Frauen
Mächtige Männer
Deutscher Subkontinent

# Die Stadt gewinnt immer

Im Herbst 2014 kehre ich nach Delhi zurück und denke, nur weil ich ein paar Mal zwischen Indien und Deutschland gependelt bin und galanterweise vom Charmeur Sarnath als Delhiite bezeichnet werde, dass ich mich nun an dieses neue Leben gewöhnt habe. Ich kenne mich aus, nichts kann mich mehr irritieren. Ich schnalle mich, wie alle anderen, auf Autofahrten nicht an. Ich atme den Smog tief ein. Ich esse Chutneys in Restaurants mit zweifelhafter Wasserqualität. Das geht eine Woche lang gut. Danach straft mich Delhi für meine Arroganz.

Zuerst verabreicht die Stadt mir eine Papaya, mit der sich mein Magen nicht einverstanden erklärt. Ich muss für achtundvierzig Stunden ins Bad ziehen. Erst Antibiotika erlauben mir, dass ich wieder etwas zu mir nehme.

Aber von dieser Erziehungsmaßnahme Delhis lerne ich nichts und gehe schon am nächsten Tag erneut laufen. Noch immer renne ich vor meinem dickeren Ich davon, daran hat sich seit über zehn Jahren nichts geändert. Auch Delhi wird mich nicht davon abhalten! Ein paar Tage ohne Laufen machen mich unruhig. Ich muss rennen. So viel, dass ich dem Laufband der Jains einen Wackelkontakt verpasse. Nach jedem Lauf bin ich so durchgeschwitzt, als hätte ich eine Sauna aufgesucht. Meine Hosen halten nicht mehr ohne Gürtel. Manchmal zieht sich ein Schmerz von meinem Rücken ins linke Bein bis zum kleinen Zeh. Ich laufe trotzdem weiter und ignoriere die ersten Anzeichen eines, wie sich später herausstellen wird, Bandscheibenvorfalls.

Weil ich noch immer nicht auf Delhi höre, lässt es mich ausgedehnte Phasen einer Erkältung absolvieren, verbunden mit Schwindel. Manchmal verschwimmen Buchstaben vor meinen Augen. Das kann nur ein Gehirntumor sein, sage ich mir.

Es ist kein Gehirntumor. Meine Sehkraft hat sich verschlechtert. Ich muss nun öfter zur Brille greifen.

Von wegen Delhiite. Ich werde länger brauchen, als ich dachte, um das Leben in Delhi so zu lieben wie das in Berlin. Ich sehe und schätze ja vieles an Delhi. Aber das ist der Stadt egal. Sie wird es mir nie einfach machen, sie zu lieben. Vor allem nicht, wenn ich versuche, ihr meinen Lebensrhythmus aufzuzwingen. Die Stadt gewinnt immer.

Solange ich glaube, dass ich ohne Saskya keinen Tag dort verbringen würde, wird es nie mein Zuhause werden, sondern bloß das Zuhause meiner Frau. Ich muss es mehr zu meinem Zuhause machen.

Ich gründe eine Familie. Damit meine ich nicht, dass wir Mutter und Vater werden. (Dieses Thema schieben Saskya und ich vor uns her, weil wir beide wissen, wir müssen erst einmal unser eigenes Leben zwischen Delhi und Berlin auf die Reihe kriegen, bevor wir uns erlauben dürfen, im Leben weiterer Personen herumzupfuschen.) Ich meine damit, dass ich meine Verbindung zu Delhi wachsen lasse, indem ich Beziehungen zu Menschen aufbaue. Ich war nie ein großer Freund der Idee Familie. Aber an etwas muss ich mich ja festhalten. Die Familie verfolgt mich, wie die meisten von uns, schon lange. In meinem Schreiben führten alle Wege stets zurück zu ihr. Niemand entkommt seiner Familie. Und wer glaubt, ihm sei es gelungen, der ist nicht ehrlich zu sich selbst. Diese oder jene Form von Familie wird es immer geben. Auch wenn sich die einzelnen Mitglieder nicht lieben. Gerade dann. In Deutschland zählt selbst so mancher Verwandte nicht zur Familie. In Indien ist das nicht selten genau andersherum. Natürlich habe ich bereits eine Familie in Delhi. Selbst wenn ich nur ein Bündel Koriander auf dem Markt kaufen will, sind Jains sofort mit Rat und Tat zur Stelle. Ich kann mir keine bessere Familie wünschen. Aber zu der Familie, die ich gründen möchte, sollen auch Menschen gehören, mit denen ich nicht verwandt bin. Mit jeder Person, die ich in Delhi besser kennenlerne, werde ich, so die Hoffnung, meiner zweiten Wahlheimat näherkommen.

## Neues Leben

Zum Gründen meiner erweiterten indischen Familie benötige ich zunächst einmal ein besseres Nest. Nichts gegen Bhawani Kunj, aber die Küche voller Termiten und die Hundegangs halten selbst unerschrockene Delhiites davon ab, sich unserem Haus zu nähern.

In Navjeevan Vihar, einer kleinen Siedlung nahe Saket, in der auch Mohita mit ihrer Familie lebt, finden Saskya und ich ein neues Zuhause. »Navjeevan«, lerne ich, bedeutet »neues Leben«.

Wir nehmen Abschied von Gita, den Totas und unserem Barsati und ziehen in eine Mietwohnung in einem Gebäude, das der Familie von unserer Freundin Arti gehört.

Hier fühlen wir uns sofort wohler. Navjeevan Vihar ist so übersichtlich, dass ein Gefühl kiezhafter Nachbarschaft entsteht. Der Laden um die Ecke wird von einem hilfsbereiten, grimmigen, pockennarbigen Jain geführt. Im Safal Shop, der staatlich subventionierte, nicht immer frische Lebensmittel führt, lässt es sich kostengünstig einkaufen.

Nur fünf Minuten zu Fuß von der Siedlung entfernt, befindet sich ein weitläufiger Stadtpark, in dem ich von nun an jogge. Ja, ich jogge unter freiem Himmel. Smog hin oder her. Ich brauche das. Wenn mir entgegenkommende Leute ausweichen und ich ihnen, kollidieren wir fast miteinander. Liegt das am internalisierten Links- bzw. Rechtsverkehr? Im Park vermischen sich die indische Mittel- und Unterschicht. Arbeiter schlafen ausgestreckt auf dem Rasen; junge Liebespaare sitzen händchenhaltend auf Parkbänken oder zeigen sich gegenseitig Musikvideos auf ihren Smartphones; Gärtner ringen mit meterlangen Wasserschläuchen, Gärtnerinnen rupfen Unkraut; in einer verfallenen Ruine hängen Frauen Wäsche zum Trocknen auf; Jungen spielen Cricket mit derselben Leidenschaft wie bayerischer Nachwuchs Fußball; Mädchen in Schuluniformen beobachten alles aus den Augenwinkeln; zwei Buben auf Mountainbikes verfolgen mich und schneiden meinen Laufweg; ein Ge-

schäftsmann drückt mit einer Hand, die vier protzige Goldringe
zieren, sein Mobiltelefon gegen sein haariges Ohr, während er eine
milde Form von Walken praktiziert; an mehreren Stellen im Park
stehen Schilder mit wohlwollenden Ratschlägen auf Hindi und
Englisch – mein Favorit:

YOU MAY RELAX HERE:
LEAVE YOUR BODY
LOOSE AND BREATHE:
BE IN A EASY CONDITION
AND TUNE WITH NATURE

Auf dem Heimweg spaziere ich an einer Bushaltestelle vorbei, hinter
der ein Friseur seinen Shop eröffnet hat. Der Spiegel hängt an der
Mauer des Sri Aurobindo Colleges, seine Kunden sitzen auf einem
Hocker davor. Der Barbier trimmt Bärte und schnippelt den klassi-
schen Seitenscheitellook mit Würde und Gelassenheit. Ich habe erst
ein einziges Mal einen hiesigen Friseur aufgesucht. Danach nie wieder. Mich hatte keiner vorgewarnt, wie intensiv die übliche Kopf-
massage ausfallen würde. Danach fühlte ich mich, als wäre ich Ach-
terbahn gefahren.

Andere Sehenswürdigkeiten auf der Strecke zwischen Stadtpark
und Navjeevan Vihar: der Taxistand, der von Sikhs betrieben wird,
denen es selbst im dichten Verkehr gelingt, die Gaspedale ihrer
Minibusse hingebungsvoll zu testen. Ein Beauty Salon, den Herren
nicht betreten dürfen und in dem Delhis Damen sich mit einem Fa-
den, den die Angestellten mit Mund und Fingern halten, an uner-
wünschten Stellen im Gesicht die Haare zupfen lassen. Ein Kiosk
mit Milch, Speiseeis, Joghurt und nach bengalischem Rezept her-
gestelltem *Mishti Doi*, einem fermentierten, süßen Joghurt, dem ich
nie widerstehen kann. Ein Massage-Etablissement, zu dessen Besuch ich mich einmal von Saskya überreden lasse und prompt von
einem Mädchen mit der Statur einer kurz geratenen Elbin und den
Pranken eines Holzfällers auf der Matratze herumgeworfen werde,

als wäre ich eine Demonstrationspuppe in einer Lehrstunde für Kickboxen. Und nicht zuletzt ein Firmenschild mit hellroten Großbuchstaben, das ich keinmal ohne Schmunzeln passieren kann: DR. S. K. KACKER CLINIC.

In Navjeevan Vihar selbst gehe ich nur ein paar Mal laufen, als es bereits dunkel ist und ich unter Zeitdruck bin. Es gibt dort einen kleinen, quadratisch angelegten Garten. Für dessen Umrundung brauche ich keine Minute. Ich renne und renne im Kreis, begegne jungen Damen mit transparenten Schals, tratschenden Mütterchen und einem Männerpaar, von dem mich einer darauf hinweist, ich solle gegen den Uhrzeigersinn laufen, so wie alle anderen. Zunächst bin ich mir nicht sicher, ob er das ernst meint, und lächle dümmlich. Ausgerechnet in der Welthauptstadt des eigenwilligen Straßenverkehrs korrigiert man meine Laufrichtung? Der Herr hebt mahnend einen Zeigefinger. Er meint das ernst.

Wenn ich verschwitzt in unsere neue Wohnung im ersten Stock zurückkehre, sitze ich am liebsten noch ein paar Minuten neben dem Eingang und gucke nach draußen auf den Balkon (der, wie alle Balkone Delhis, wegen der Moskitos und der Temperaturen höchstens zum Aufhängen von *Diwali*-Lichterketten und Trocknen von Wäsche genutzt wird), einen verschlungen wachsenden Baum, dessen Namen ich nicht kenne, und die ruhige Seitengasse vor unserem Haus. In Delhi weht selten Wind, aber wenn er es tut, verschwinden sofort Hochnebel und Smog und bronzefarbenes Licht fällt durch die Blätter des namenlosen Baums.

## Nachbarschaft

Das Zentrum unserer neuen Bleibe ist die Küche. Ihre Maße entsprechen denen einer Einzimmerwohnung. In der Mitte steht ein Marmorblock mit Schubladen, der großflächig genug ist, dass ich mit meinen 1,90 Meter auf ihm schlafen könnte. Ein Backofenduo von Miele daneben stellt sicher, dass Hiromi, Artis Mutter und unsere Vermieterin, jedes Jahr zu Diwali vegane Plätzchen zubereiten kann. Die Japanerin Hiromi heiratete vor vielen Jahren den Punjabi Lalit. Während Hiromi die meiste Zeit in Delhi anzutreffen ist, befindet sich Lalit immer auf dem Sprung. Ihn umgibt noch mehr Unruhe als meine Mutter. Er haspelt Worte mit Höchstgeschwindigkeit, als müsste er so viele wie möglich zwischen zwei Atemzügen unterkriegen. Seine Aura ist energiegeladen und vieldeutig. Er trägt schulterlanges Haar, maßgeschneiderte Klamotten und ein paar Kilo zu viel mit sich herum. Eigentlich ist er ein Geschäftsmann, doch wenn er eine Sonnenbrille aufhat, erinnert er an Elvis in dessen später Lebensphase. Seine geistliche Seite vernachlässigt er aber auch nicht. Regelmäßig betont er, dass er ein Brahmane ist, und er grüßt jeden mit *Namaste*. Macht er auf seinen Reisen in Navjeevan Vihar Zwischenstation, treffen Saskya und ich ihn gelegentlich. Er gehört jetzt zu meiner neuen Familie. Nicht nur ist er der Onkel von Saskyas alter Freundin Mohita, sondern auch der Vater von Arti und Schwiegervater von Dennis, mit denen wir eine neue, aber dafür umso innigere Freundschaft pflegen.

Einmal klingelt Mohita in aller Frühe bei uns, weil sie uns zum Frühstück mit Lalit abholen möchte. Wir teilen ihr mit, dass wir nichts von einem Frühstück wissen. Mohita ist erstaunt. Lalit habe ihr erzählt, er sei bei uns in der Wohnung gewesen und wir hätten uns zum Frühstück verabredet. Seltsam. Wir sind uns ziemlich sicher, dass wir bis eben noch geschlafen haben. Also ruft Mohita Lalit an. Dieser sagt, vielleicht war er auch nur spirituell bei uns. Was in Deutschland als falsche Behauptung oder Lüge kategorisiert werden würde, wird bei Lalit mit einem Lachen beiseitegewischt. Fünf Minuten später holt uns sein Fahrer in einem SUV ab und fährt uns zu einem Café, in dem Lalit bereits wartet. Er hat Snacks und Tee für uns bestellt. Außerdem schenkt er uns eine Flasche Wein, die er von seiner letzten Reise mitgebracht hat. Wir bestehen darauf, ihn wenigstens auf einen Tee einladen zu dürfen. Er lacht und macht uns Komplimente zu unserem Aussehen, meiner deutschen Herkunft, Saskyas angesehener Familie. Leute sagen das so daher: »Man muss ihn einfach mögen.« Aber auf Lalit trifft das tatsächlich zu. Man muss. Alles andere wäre undenkbar.

Lalits Extravaganz zeigt sich besonders deutlich bei Artis und Dennis' Hochzeit. Ein mehrtägiges Fest mit Hunderten von Gästen und den beliebten Zutaten wie Gold, dampfende Buffets, Trommler, Whisky, Blitzlicht, *Mehndi*, *Bhangra*. Wer sich ein konkretes Bild davon machen möchte, muss sich nur auf YouTube den Zusammenschnitt zu Gemüte führen, wie es bereits fast dreihunderttausend Menschen getan haben. Am ersten Abend der Hochzeit sieht Dennis mitgenommen aus. Zwar wuchs er nicht in einem bayerischen Dorf auf, dafür aber in einer Kleinstadt in Nordrhein-Westfalen. Vor der Hochzeit fertigte ein Pandit für die Zukunft des Brautpaars eine astrologische Reiseroute an. Als Dennis sie sah, bekam er einen Riesenschreck. Der Pandit hatte den Text so angeordnet, dass er eine symbolhafte Form hatte: ein Kreuz mit vier gleich langen, abgewinkelten Armen. Ein Hakenkreuz. Als Symbol für ihre Zukunft. Dabei war das Hakenkreuz eigentlich gar keins, sondern eine Swastika. Ein zwölftausend Jahre altes Zeichen, das wegen ein paar deutschen Idioten mit Weltmachtfantasien in Verruf gekommen ist. »Swastika« kommt aus dem Sanskrit und bedeutet Glücksbringer. Deshalb findet man Swastika überall in Indien. (Zu Weihnachten habe ich meinen Eltern eine Kerze in Swastika-Form mitgebracht und darauf hingewiesen, dass man sie vielleicht nicht ins Fenster ihrer Berliner Wohnung stellen sollte, um Missverständnissen vorzubeugen.)

Am finalen Hochzeitstag hat Dennis eine Transformation durchgemacht. Er reitet in einem Sherwani samt Turban auf einem Elefanten zur Trauzeremonie und schwingt einen Säbel. Ich glaube, er hat viel schneller als ich eingesehen, dass es keinen Zweck hat, gegen Delhi und seine Traditionen anzukämpfen – insbesondere, wenn diese von einem so enthusiastischen wie eifrigen Punjabi-Schwiegervater vorangetrieben werden. Zudem sieht Dennis glücklich aus, da oben auf seinem Elefanten. Ja, ich würde sogar behaupten, er genießt den Ritt.

Hiromi, Lalit, Arti und Dennis werden Teil meiner neuen Familie. Bis auf Lalit sind sie Zug'roaste. Und Lalit reist immer umher. So unterschiedlich und widersprüchlich sie auch sein mögen, sie alle verstehen, was es heißt, wenn man sich nicht nur einem Ort verbunden fühlt.

Aber in Navjeevan Vihar lebt noch jemand, der meine Nachbarsfamilie wesentlich bereichert.

Siddharta betrat angeblich in seinem dreißigsten Lebensjahr den Pfad der Erleuchtung, der ihn in Indien später zu Buddha und dem Begründer der viertgrößten Weltreligion werden ließ. Ich übertreibe nur ein bisschen, wenn ich behaupte, dass ich mir ungefähr vorstellen kann, wie es gewesen sein muss, in seiner Nähe zu weilen.

Denn Mohita ist eine meiner engsten Freundinnen. Sie und Saskya kennen sich seit ihrer Zeit an der British School. Damals, zu Beginn des neuen Schuljahres, fiel Saskya auf dem Pausenhof sofort dieser Neuankömmling auf. Die sechzehnjährige Mohita trug eine Bluse mit Leopardenmuster und klobige Schuhe wie Mickey Mouse, nur in Schwarz und mit Absätzen. Noch dazu unterhielt sie sich mit ihren Geschwistern auf Japanisch. Saskya war hingerissen von diesem Mädchen, das so cool war, ohne cool sein zu wollen.

Als ich ihr zum ersten Mal begegne, weiß ich nicht, wie ich Mohita einschätzen soll. Trotz ihres kleinen, ovalen Mundes gelingt es ihr, beim Lächeln alle ihre Zähne zu zeigen. Sie hat dieselben traurig-verträumten Augen wie ihre Mutter. Ihre Familie führte jahrelang ein indisches Lokal in Nagoya, wo Mohita aufwuchs. Erst 1999 kam sie nach Delhi. Dort gründete ihre Familie »Sushiya«, das, wie ich behaupten möchte, beste Sushi-Etablissement der Stadt. Obwohl Mohita längst die dreißig überschritten hat, teilt sie mit ihren Eltern und dem kläffenden Haarknäuel Totoro eine Wohnung. Vor einigen Jahren stand sie einmal kurz davor zu heiraten, aber daraus wurde nichts, weil sie feststellte, dass ihr die Beziehung zu wenig bedeutete. Auf den ersten Blick könnte man meinen, Mohita sei behütet aufgewachsen. Das stimmt auch. Aber sie hat noch ganz andere Seiten.

Zum Beispiel zählt seit ihrer Schulzeit in Japan ein sexuell experimentierfreudiges Mädchen zu ihren besten Freundinnen, das sich inzwischen zum Pornostar gemausert hat. Typisch für Mohita ist, dass sie jene Freundin in einem Gespräch irgendwann nebenbei erwähnt, als wäre es das Gewöhnlichste der Welt. Auf ähnliche Weise erfahren wir, dass sie einen Empfang für den japanischen Kaiser organisiert oder sich in einen afghanischen Diplomaten verliebt hat. Bei Dinnerpartys in Delhi sticht Mohita heraus, weil sie weder zu den Geschäftsleuten gehört noch zu den Künstlern und Intellektuellen. Und doch halten alle die Klappe und lauschen, wenn Mohita zu einer Anekdote ansetzt. Mohitas Stärke liegt darin, dass sie ganz sie selbst ist. In einer Stadt wie Delhi, in der viele um Macht und Geld miteinander konkurrieren, bahnen etliche sich ihren Weg mit Verschlagenheit. Umso mehr verblüfft Mohita durch ihre offene Art. Sie sagt ihre Meinung unverblümt, behandelt aber jeden mit Anstand, egal, ob sie mit dem japanischen Botschafter oder einem Rikschafahrer zu tun hat. Von ihr geht eine positive Energie aus, wie ich es selten erlebt habe. Ich bin mit Gewissheit kein religiöser Mensch, zu der Überzeugung brachten mich bereits die Ordensschwestern im Königsdorfer Kindergarten, doch vor Mohitas Spiritualität habe ich Respekt. In ihr wohnt eine sanfte Ruhe, ein tieferer Glaube. Es sind nicht immer die schlauesten Dinge, die sie von sich gibt, und dennoch vermittelt sie ihre Gedanken auf eine selbstbewusste Weise, dass ich nicht anders kann, als ihr zuzuhören. Mohita scheint mehr zu wissen als die meisten von uns. Sie muss als Kind in einen Brunnen der Spiritualität gefallen sein. Oft kehrt sie in ihren Geschichten und Parabeln mit der ihr eigenen charmanten Ernsthaftigkeit zu Buddhas Lehren zurück und ich stelle fest, wie schwer es als Atheist sein kann, jemandem zu widersprechen, der von Herzen glaubt, wirklich glaubt. Mein Misstrauen schert Mohita nicht, dafür hat sie Verständnis. Überhaupt hat sie verdammt viel Verständnis. Vor allem für die Nöte ihrer Familie.

Sie lebt noch immer zu Hause, weil sie sich ihren Eltern und ihren Geschwistern gegenüber verantwortlich fühlt. Ihre Mutter, eine gemütliche, herzliche Frau, hat Mohita prophezeit, sie würde sterben, sollte Mohita ausziehen. Nun, Mohita will natürlich nicht, dass ihre Mutter stirbt. Das macht es Mohita allerdings nicht leicht, Männer kennenzulernen. Einen mit nach Hause zu bringen, ist unmöglich. Mohitas Vater spricht uns einmal an, als wir im Safal Shop Lebensmittel einkaufen. Er sagt, Mohita müsse unbedingt bald einen Mann finden, sie sei ja nicht mehr die Jüngste, er wisse jede Hilfe zu schätzen und verlasse sich auf uns. Wir versprechen ihm, die Augen offenzuhalten.

Dabei hat Mohita längst einen Mann gefunden. Allerdings hält sie die Beziehung zu dem afghanischen Diplomaten geheim, weil sie weiß, dass ihre Eltern eine Verbindung mit einem Muslim nicht gutheißen würden, noch dazu aus einem kriegszerrütteten Land. Mohitas Familie gehört zur aufstrebenden Mittelklasse, sie betreiben ein erfolgreiches Geschäft, sprechen mindestens drei Sprachen und haben auf verschiedenen Kontinenten gelebt – trotzdem fällt es ihnen schwer, sich von gewissen Ideen zu verabschieden. Sie hätten nichts gegen eine arrangierte Ehe. Eine solche ist auch in sogenannten »elitären« Kreisen nicht ungewöhnlich, ja, derzeit erleben sie eine Renaissance. Weil die von Bollywood propagierten Liebesehen so oft scheitern und die Scheidungsraten im ganzen Land zunehmen, kehrt man gerne zum altbewährten Prinzip zurück. Früher hing alles von persönlichen Kontakten ab, heutzutage werden nicht nur die Friseure als Vermittler genutzt oder Zeitungsannoncen geschaltet, sondern man zieht auf der Suche nach dem perfekten Ehepartner auch Internetseiten wie Shaadi.com zurate. Eine bei Weitem effizientere Methode als das heimliche Herumfragen bei Freunden und Verwandten, ob sie eventuell jemanden mit großem Potenzial kennen: also mit einem guten Familiennamen, der auf eine angesehene Herkunft (und durchaus auch Kaste) schließen lässt, einem gesunden (und durchaus hellhäutigen) Äußeren, einem (durchaus viel) Geld bringenden Job. Junge Leute, die sich noch nie zuvor gesehen haben, werden einander traditionell im Kreis der Familie vorgestellt. Man präsentiert der anderen Familie das eigene Prachtexemplar. Spätestens zu diesem Zeitpunkt beginnt die Verhandlung. Die Familie möchte sicher sein, dass sie etwas bekommt für das, was sie bietet. Die Mädchen und Jungen stehen unter dem Druck, zueinander zu finden, um den Wünschen ihrer Familien zu genügen.

Was macht also eine Frau wie Mohita, die ihre Familie liebt und um jeden Preis zufriedenstellen will, aber kein Interesse an den aufgeblasenen Geschäftsmännern hat, die ihre Familie für sie auswählt und mit denen sie zähe Stunden verbringen muss, obwohl sie bereits Minuten nach dem ersten Augenkontakt weiß, dass sie mit so einem niemals glücklich werden wird?

Sie erfindet Ausreden, warum sie noch einmal kurz nach draußen muss, und schleicht zum Auto ihres wartenden Liebsten. Ben ist erst Mitte zwanzig. Ein langgliedriger Mann, dessen Haupthaar sich lichtet. Er redet nicht viel, lächelt höflich. Was Mohita genau an ihm findet, lässt sich schwer beurteilen, weil er so zurückhaltend, fast scheu ist. Teil der Anziehung mag sein, dass Mohita weiß, ihre Familie wäre gegen ihn. Trotzdem plagt sie das schlechte Gewissen. Mohita wäre nicht Mohita, wenn sie dieses Versteckspiel nicht bald beenden und ihrer Familie die Wahrheit sagen würde, in der Hoffnung auf Verständnis.

Aber Mohitas Eltern, ihr Bruder, ihr Onkel Lalit und weitere Familienmitglieder sind gegen Ben. (Und Bens Familie ist gegen Mohita.) Man verbietet ihr, sich weiter mit ihm zu treffen. Es gäbe doch so viele nette indische Männer, die ihr zu Füßen lägen. Oder Japaner, dagegen hätten sie auch nichts. Selbst Deutsche wären in Ordnung. (Auch wenn Hiromi es verdächtig findet, dass Dennis und ich, die Männer, den Abwasch in der Küche erledigen.) Aber ein

Muslim? Noch dazu aus einer politisch einflussreichen Familie Afghanistans?

Also trennt sich Mohita von Ben. Ihr liegt mehr daran, ihre Familie glücklich zu machen als sich selbst.

## Freie Frauen

Einigen Töchtern Delhis wurde ein tiefgreifender Schuldkomplex eingepflanzt. Sie tun alles für ihre Familie. Selbst wenn das bedeutet, Privatsphäre aufzugeben und das Persönlichste dem Urteil der Verwandten zu überlassen. Die Einmischung kennt kaum Grenzen. Nebenbei erfahre ich, dass Mohitas Familie ein *Puja,* ein Ritual, über unserer Wohnung in Navjeevan Vihar abgehalten hat, bei dem sie dafür gebetet haben, dass Saskya und ich viele Kinder kriegen. Eine spirituelle Befruchtung sozusagen. Ob und wann wir Kinder wollen, darüber haben sie nie mit uns gesprochen. Die Familie setzt voraus, dass der Wille der Familie unantastbar ist. Die Familie will stets nur das Beste für ihre Mitglieder. Die Familie liegt immer richtig. Auch und gerade dann, wenn das nicht der Fall ist.

An einem schwülen Abend im Oktober 2014 findet in unserer Küche eine Eheberatung statt. Prianka, eine weitere Freundin aus Saskyas Schulzeit, spielt mit dem Gedanken, sich scheiden zu lassen. Es vergehe, erzählt sie Saskya, Mohita und mir, kein Tag mehr, ohne dass sie sich mit ihrem Ehemann zoffe. Rohan ist ein gut aussehender, elegant gekleideter Mann mit den vielleicht sinnlichsten Lippen Delhis. Er verdient prächtig bei einer PR-Firma, die unter anderem dem neuen Premierminister Modi zum Sieg verholfen hat. Wenn Rohan trinkt, und er trinkt viel, hält er das Glas mit zwei Fingern locker in der Hand und schlürft daraus wie ein Playboy aus ›Mad Men‹. Auf unserer Hochzeit leerte er etliche Bloody Marys, die vom Tomatensaft nur andeutungsweise rötlich gefärbt waren. Wird er betrunken, lallt er nicht, sondern bekommt glasige Augen, schwebt durch den Raum, klappt seine Augenbrauen unschuldig nach oben, flirtet mit jeder Dame jeden Alters (unter anderem meiner Mutter), deckt sein Gegenüber mit zuckersüßen Komplimenten ein. Für seine Frau hat er bloß gezischte Worte übrig.

Was nicht heißen soll, Prianka sei ein Kind der Unschuld. Sie gesteht, dass sie mitunter ganz schön austeilt. Bei ihren Streitigkeiten brennt die Wut in ihr. Entspannte Abende zusammen gelingen ihnen meist nur mehr, wenn sie gekifft und getrunken haben. Aber nicht zu viel. Sonst kippt die Stimmung.

Das Paar lebt in einem der Hochhäuser in Gurugram. Dieser künstliche Dschungel aus Glas und Beton und Schwarzgeld hat mehr Ähnlichkeit mit Dubai oder mit Las Vegas als mit der indischen Hauptstadt. Die drögen Architektenfantasien, die einst als modern galten und heutzutage konservativ wirken, locken mit Swimmingpools, Restaurants, Fitnessstudios, Kinos, Shoppingcentern. Man soll die Gebäude am besten gar nicht verlassen. Rund eine Million Menschen leben in Gurugram, weil die Kosten im Verhältnis zur Sauberkeit und Funktionstüchtigkeit der Wohnungen relativ erschwinglich sind und alles so bestechend neu glänzt. Viele der Anwohner sind Delhiites, die täglich mehrstündigen Pendelverkehr auf sich nehmen. Noch schlimmer kann es nach starken Regenfällen werden. Denn Gurugram wuchert dermaßen, dass die Infrastruktur hinterherhinkt. Im Monsun sind Straßen überflutet, kilometerlange Staus entstehen. Fahrer harren in ihren Autos aus, bis ihnen das Benzin ausgeht. Manche lassen ihr Fahrzeug erst nach zwölf Stunden zurück und laufen zu Fuß nach Hause.

Genau so, sagt Prianka, komme sie sich vor: als würde sie mit Rohan in einem endlosen Stau feststecken. Sie steht kurz davor, auszusteigen und ohne ihn weiterzugehen.

Wäre da nicht die Familie. Jedenfalls nach meiner Beurteilung, wie ich später Saskya erläutere. Ich glaube, abgesehen von der Angst vor Veränderung halten die Verwandten sowie das nähere (und durchaus auch das weitere) Umfeld Prianka davon ab, Rohan zu verlassen. In Deutschland, so mein Argument, könnten Partner unabhängiger agieren und müssten nicht, wie Prianka, ihr eigenes Leben zurückstellen, um den Wünschen der Familie zu entsprechen.

Saskya widerspricht mir. Sie weist darauf hin, dass Prianka aus einer privilegierten Klasse stammt. Bei ihr wird zu Hause Englisch gesprochen, sie besuchte ein teures Internat in England. Prianka konnte ihren Ehepartner so frei wählen wie jede beliebige Frau in Deutschland. Sie entschied sich für Rohan. Weil sie in ihm den »perfect deal« sah: ein schöner, erfolgreicher Mann aus einer fest in ihrer Kultur verwurzelten Familie aus Jaipur. Er ist mit Hindi aufgewachsen, hat es in der Schule gelernt. Wegen der Frömmigkeit von Rohans Großmutter musste Priankas Familie auf der Hochzeit verbergen, dass sie halb christlich sind. Sollte das Paar sich scheiden lassen, werden Rohans Eltern und Geschwister, die ihren Sohn und Bruder vergöttern, Prianka vorwerfen, die Ehe sei ihretwegen gescheitert. Aber niemand wird sie davon abhalten, sie wird danach nicht als beschädigt gelten – jedenfalls nicht mehr als in einer Stadt wie Berlin. Priankas Entscheidung ist sicherlich nicht vollkommen frei von Zwängen und doch frei genug. Sie kann Rohan jederzeit verlassen.

»Warum zögert sie dann?«, frage ich Saskya.

»Weil sie eine Frau ist«, sagt sie. »Die Verantwortung für eine funktionierende Beziehung liegt mehr bei ihr als bei ihrem Mann. Das ist in Indien nicht anders als im Westen.«

Ich muss daran denken, wie besonnen sie mit meiner Unwissenheit von Anfang an umging. Als Mann, und ganz besonders als weißer Mann in Indien, habe ich die Freiheit, unangepasst zu sein. Selten stößt sich jemand daran, wenn ich »meinen eigenen Weg« gehe. Auch wenn dieser von Ignoranz geprägt sein mag. Überall widerfährt mir Verständnis, denn: »Er weiß es ja nicht besser.« Für jedes Fünkchen Anpassung oder Mühe – ein Wort Hindi aus meinem Mund oder das Zubereiten einer vegetarischen Lasagne – wird mir Wertschätzung entgegengebracht. Wäre ich eine deutsche Frau und hätte einen Inder geheiratet, dann würde man mehr von mir erwarten. Soziale Ansprüche an Frauen sind höher.

Aber gilt das nicht auch für Deutschland?

Ich erinnere mich an meine Gymnasialzeit, in der die Jungs, die am schlechtesten in der Schule und am besten im Rollen eines Joints waren, die feschesten Mädchen anzogen. Ich erinnere mich, wie diese Kerle bei Partys zu viel soffen, sodass sie sich auf der Toilette übergeben mussten, und wie ihre Freundinnen ihnen das Punk-, Gothic- oder Metal-Haar, damit es nichts abbekam, zurückhielten, mitfühlend den Rücken tätschelten, sie nach Hause brachten und was weiß ich noch alles für sie taten. Ich erinnere mich daran, wie meine erste Freundin mir klarmachte, warum sie so viel mehr Ablagefläche im Bad benötigte: weil all diese Kosmetika und Pflegeutensilien ihr halfen, so auszusehen, wie die Gesellschaft es von ihr erwartete. Ich erinnere mich an die Beziehungen von »reiferen« Paaren in Königsdorf, Leipzig, Berlin, in deren Gesellschaft andere betreten wegguckten, wenn er ihr zig Mal ins Wort fiel oder sie verbesserte oder Vorträge hielt – was sie tolerierte, als leide er unter dem Tourette-Syndrom.

»Vielleicht hast du recht«, sage ich zu Saskya, weil ich nicht schon wieder sagen möchte: »Du hast recht.«

Auf der Buchmesse in Schardscha stellt mir bei einer Veranstaltung eine verschleierte Dame aus dem Publikum die Frage, ob meiner Meinung nach in Deutschland Frauen freier seien als in Indien. Die Art und Weise, wie sie ihre Frage formuliert, legt nahe, sie würde statt Indien eigentlich gerne die Emirate nennen (aber man weiß ja nie, wer zuhört).

Ich antworte, was ich auf solche Fragen üblicherweise antworte: dass ich – ein weißer, westlicher, im erzkatholischen Voralpenland aufgewachsener Mann – nicht die richtige Person bin, um das zu beurteilen. Eine Frau, die beide Länder kennt, wäre dazu viel eher in der Lage. Zum Beispiel meine Frau. Sie würde vermutlich erwidern, es gebe keine einfache Antwort auf diese Frage. Quantitativ gesehen, erfahren Frauen in Indien mehr Gewalt als in Deutschland. Jyoti Singh Pandey steht repräsentativ für Tausende von Mädchen, die verstümmelt, vergewaltigt oder abgetrieben werden. Aber Indien wäre nicht Indien, gäbe es nicht krasse Gegenbeispiele. Indira Gandhi wurde lange vor Angela Merkel erstes weibliches Staatsoberhaupt, ihre *italienische* Schwiegertochter Sonia Gandhi lenkte die Politik des Landes jahrelang hinter den Kulissen und Mayawati war vier Mal die Regierungschefin des bevölkerungsreichsten Bundesstaats Uttar Pradesh – obwohl sie eine *Dalit**ist, eine mittlerweile reiche und korrupte zwar, aber dennoch eine Dalit. Drei der mächtigsten Managerinnen weltweit sind Inderinnen. Vierzehn Prozent der Führungspositionen in der indischen Wirtschaft sind mit Frauen besetzt, in Deutschland kommen wir nur auf zwölf Prozent. Wenn wir über die Situation der Frau in Indien sprechen, hängt die Einschätzung sehr davon ab, welche Gesellschaftsschicht wir ins Auge fassen. Jemand wie Prianka hat es um so vieles leichter als Urmila – und selbst sie konnte sich immerhin damit durchsetzen, als Christin und aus Liebe einen Hindu zu heiraten, den sie zudem durchfüttert.

Auch bin ich mir nicht sicher, ob Frauen in Deutschland wirklich so frei sind, wie gern behauptet wird. Auf allen meinen Reisen, in Usbekistan, den USA, in Israel, Spanien, China oder Russland, bin ich nie auf eine ähnliche Verteufelung der arbeitenden Mutter gestoßen wie in Deutschland. In Indien ist es ganz normal, dass eine Mutter Geld verdienen geht. Wenn die Kinder noch klein sind, kommen sie entweder mit oder sie bleiben bei der Familie. Beide Optionen fallen für eine deutsche Mutter oft weg. Entscheidet sie sich trotzdem für den Job, und in der Konsequenz gegen mehr Zeit mit ihren Kindern, gilt sie, dafür haben wir in Deutschland eigens ein Wort, schnell als Rabenmutter.

Als Mann habe ich mehr Freiheiten. Verdiene ich den Unterhalt für meine Familie, wird das respektiert, wähle ich dagegen die Kindererziehung, dann heißt es, ich sei »einer von den Guten«.

Meine Eltern erwarten von meiner Schwester mehr als von mir, dass sie für die Familie (also meine Eltern) da ist. Ein Dutzend Mal

---

* Angehörige der unteren Kasten Indiens, die in weiten Teilen des Landes noch immer einen niedrigen gesellschaftlichen Rang bekleiden.

täglich ruft unsere Mutter sie an. Auch wenn Anna fünfzehn Stunden lang am Set steht. Bei mir versucht unsere Mutter es höchstens ein oder zwei Mal – ich bin immer kurz angebunden. Wenn aber Anna sich entzieht, wird das mit Sorge wahrgenommen. Zwar behaupten weder mein Vater noch meine Mutter, sie habe sich mehr zu kümmern, weil sie eine Frau ist. Die offiziellen Gründe sind stets andere: Anna ist jünger als ich, in keiner festen Beziehung, im Privatleben weniger organisiert als in ihrem Job. Das Argument lautet folglich, Anna brauche die Anbindung an die Familie. Das ist vielleicht gar nicht falsch. Verschwiegen wird dabei, dass die Familie vor allem die Anbindung an Anna braucht. Mit mir verhält es sich kaum anders. Nur bin ich freier darin, Distanz zu wahren. Niemand wirft mir das vor. Im Gegenteil. Verbringe ich mehr Zeit mit der Familie, was ich dank Saskyas Ermutigung verstärkt mache, wird das mit Freude aufgenommen und meine Mutter lobt mich: »Du bist einer von den Guten.«

In Zukunft sollte ich auf Fragen wie die von der Dame in Schardscha am besten antworten: In Indien, wie auch an allen anderen Orten, sind Frauen nicht frei genug – und selbst wenn sie relativ frei sind, dann noch lange nicht so sehr wie wir Männer.

Wenn sie freier sein wollen, werden sie sich diese Freiheit erkämpfen müssen. Im Heimatland der Schwerter schwingenden Rachegöttin Kali passiert das längst. Die großen Proteste nach der Gruppenvergewaltigung 2012 waren ein medienwirksames Spektakel. Aber der wahre Kampf wird schon viel länger im Kleinen geführt. In den Bussen Delhis dreschen bucklige Mütterchen auf Männer ein, die Frauen befummeln; auf den Straßen, besonders im Süden des Landes, steuern Frauen die Roller, mit denen sie ihre Familie transportieren; in den Palästen der Königsfamilie von Bikaner (der ich bald begegnen werde) herrschen drei Generationen Monarchinnen; im Fernsehen stellt der freimütige Bollywood-Star Kangana Ranaut vor Millionen Zuschauern die Verhältnisse klar: »If a woman is sexually active, she's called a whore«, und ist sie »super-successful, she's called a psychopath«; im Khan Market führt unsere Freundin Smriti ein mexikanisches Restaurant, in dem ihr manche Kunden nicht glauben wollen, wenn sie sich als Besitzerin vorstellt; in den Neubauten Gurugrams lässt sich Prianka endlich von ihrem Rohan scheiden; und in unserer Nachbarschaft widersetzt sich Mohita nach kurzer Liebespause dem Familienverdikt und trifft sich wieder mit Ben.

## Mächtige Männer

Auch meine Schwiegermutter gehört zu den Frauen, die sich ihren Weg bahnen müssen. Das war bereits so, als sie mit Jyotindra und ihren Kindern in Gujarat lebte, und das ist noch immer so in Delhi.

Jutta ist es längst gewohnt, dass Männer sie anstarren, wenn sie bemerken, dass eine weiße Frau den Maruti steuert. Ihr fließendes Hindi irritiert beim Feilschen so manchen Händler. Am Eingang zu Museen und Sehenswürdigkeiten muss Jutta insistieren, damit man von ihr nicht den erhöhten Ausländerpreis für ein Ticket verlangt.

All das toleriert sie mit Gelassenheit und einem ironischen Lächeln. Auf ähnliche Weise bestreitet sie lange Arbeitstage an der deutschen Botschaft.

Chanakyapuri heißt das Botschaftsviertel, das in den Fünfzigerjahren nach der indischen Unabhängigkeit unter Premierminister Jawaharlal Nehru geschaffen wurde. Es grenzt direkt an einen der prominentesten Teile der Hauptstadt an: Lutyens' Delhi, benannt nach dem britischen Architekten, der für das Empire das Regierungsviertel bauen ließ. Lutyens sträubte sich dagegen, sich der lokalen Architekturtradition anzupassen. Das kann man seinen ersten Entwürfen entnehmen. Auf einem davon steht: »They want me to do Hindu – *Hindon't* I say!« Aber nach den Erfahrungen aus der indischen Rebellion im 19. Jahrhundert verfügte die britische Regierung, man müsse größere politische Sensibilität an den Tag legen, um weitere Aufstände zu vermeiden: Also wurden hinduistische und muslimische Elemente mit klassisch imperialen Konstruktionen aus rotem Sandstein fusioniert. Ahnte Lutyens, der 1944 starb, die wirkliche Bestimmung seines architektonischen Erbes? Falls dem so ist, war er in den letzten Monaten seines Lebens nicht sehr glücklich. Nach dem Abschluss der Bauvorhaben kamen die Briten nicht mehr lange in den Genuss der Gebäude. Die indische Unabhängigkeit bahnte sich an.

Auf vielen Wegen in die Tiefe der Stadt durchqueren wir diese Gegend. Ich mag die breiten Straßen, auf denen Verkehr leichter abfließt und über denen sich Bäume die Äste reichen und ein Blätterdach bilden. Hinter den Mauern, auf denen Makaken wandern, heben sich weiße Bungalows vom Grün der sie umgebenden Gärten ab. Wer hier wohnt, arbeitet mit hoher Wahrscheinlichkeit für die Regierung. Nicht weit von hier führte Jyotindra das Crafts Museum, während Saskya als aufmüpfiger Dreikäsehoch auf ihrem dunkelroten Fahrrad durch Kaka Nagar jagte und das Schwänzen des Religionsunterrichts verteidigte, indem sie die Obernonne darauf hinwies, als gute Christin müsse sie Saskya alle Sünden vergeben.

Rund ums India Gate halten Touristen ihre Kameras im Anschlag und wehren Verkäufer ab, die ihnen Luftballons oder Zuckerwatte andrehen wollen. Vor dem Monument gibt es eine der wenigen Ampeln Delhis, die Fahrer respektieren müssen, wenn sie nicht von der Polizei angehalten werden wollen. Auf dem Rajpath, der Paradestraße zwischen India Gate und Rashtrapati Bhavan, dem Sitz der indischen Regierung, finden jährlich die Festivitäten zum Republic Day statt – der Tag, an dem die Verfassung der Republik Indien in Kraft trat. Militärs auf Kamelen, Elefanten und Pferden, Raketenabschussfahrzeuge, Akrobaten auf Motorrädern, Panzer, tanzende und marschierende Gruppen in üppigen Gewändern, Festzugwagen, die unterschiedliche Regionen des Landes repräsentieren.

Natürlich lag es für die junge und arme Republik damals nahe, die nagelneuen britischen Regierungsgebäude zu übernehmen. Gleichzeitig sind sie ein Symbol dafür, dass Indien nicht ohne Weiteres seine Kolonialisierung hinter sich lassen kann. Britische Geister hausen in diesen Gemäuern. In der Hinsicht haben sie eine gewisse Ähnlichkeit mit dem Palast der Republik in Berlin. Hatten. Auch wenn ich von seinem Äußeren nie sonderlich hingerissen war, so bedaure ich doch, dass heute nichts mehr an ihn erinnert. Er war ein zentraler Ort deutscher Geschichte.

Vielleicht war es die richtige Entscheidung, die Bauwerke der einstigen Kolonialherren in Delhi nicht abzureißen und auf den Trümmern etwas Neues zu errichten. Möglicherweise verhindert das ein baldiges Vergessen. Die britischen Geister müssen sich jetzt indischen Herren unterordnen.

Einer der mächtigsten lebt in direkter Nachbarschaft. Nach einem rauschenden Wahlsieg im Frühjahr 2014 hat Narendra Modi 7, Lok Kalyan Marg bezogen. Er ist der neue Vater der Nation. (Gehört also, obwohl ich ihm noch nie persönlich begegnet bin, in gewisser Weise zu meiner indischen Familie.)

Vor seinem Amtssitz verläuft eine Hauptverkehrsader. Jeder Delhiite kennt das, wenn man beim Vorbeifahren mitten im Telefonat abgeschnitten wird, weil auf diesem Streckenabschnitt kein Empfang herrscht. Eine Sicherheitsmaßnahme.

Sicherheit. Ein wichtiges Thema, wenn es um Modi geht. Der Premierminister sollte eigentlich uneingeschränkt beliebt sein. Er stammt aus einer niedrigen Kaste, hat seine Karriere als *Chaiboy*, Teejunge, begonnen, seinen Heimatstaat Gujarat wirtschaftlich auf Vordermann gebracht und die korrupte Gandhi-Familie (diese ist, wie gesagt, nicht die Familie von *dem* Gandhi) vom Thron gestoßen. Der Mann mit dem getrimmten weißen Vollbart und dieser undurchschaubaren Miene, der sich rein vegetarisch ernährt, weder Alkohol noch Tabak konsumiert und zwar verheiratet ist, aber nicht mit seiner Ehefrau lebt, vermittelt die Autorität eines selbstbewussten Anführers.

Trotzdem ist er umstritten. Als er noch Chief Minister von Gujarat war, fand dort ein Anschlag von Muslimen auf einen Zug mit hinduistischen Pilgern statt. Danach kam es zu gewaltsamen Ausschreitungen zwischen Hindus und Muslimen. Zwar verhängte Modis Regierung eine Ausgangssperre, aber sie verhinderte nicht, dass die Situation eskalierte. Auf beiden Seiten starben Hunderte Menschen, ein Großteil von ihnen Muslime.

Humanitäre Organisationen klagten die Regierung danach an, nicht ausreichend gegen die Gewalt vorgegangen zu sein. Unklar ist bis heute Modis Beteiligung. Niemand weiß, wurde er von den Ereignissen überrascht oder hat er weggesehen, als in den Straßen das Töten begann? Genau darum geht es bei der Kritik an Modi oft: was er nicht tut.

Er verurteilt es nicht öffentlich, als in einem Dorf ein Muslim von einem Mob gelyncht wird, weil er Rindfleisch gegessen und zu Hause aufbewahrt haben soll. Modi bricht ein Interview mit CNN ab, als man ihn zu den Ausschreitungen befragt. Er distanziert sich als Staatsoberhaupt und Repräsentant aller Volksgruppen Indiens – unter anderem einer Minderheit von immerhin rund hundertsiebzig Millionen Muslimen – nicht vom rechten Rand seiner Partei.

Die BJP gilt als konservativ und nationalistisch. So eine Art CSU für Indien. Sie steht der RSS* nahe. Auch wenn die Anhänger der radikal-hinduistischen Organisation mit ihren schwarzen Käppchen, weißen Hemden und kurzen Khakihosen Ähnlichkeit mit in die Jahre gekommenen Pfadfindern haben, sollte man nicht unterschätzen, mit welcher Inbrunst sie ihre kulturelle, rassistische und völkische Definition eines Hindu-Staates verfolgen. 1948 wurde die RSS sogar für kurze Zeit verboten, nachdem ein ehemaliges Mitglied Mahatma Gandhi wegen seiner Appeasement-Politik ermordet hatte.

Modis Regierung fordert wiederholt die liberalen Kräfte des Landes heraus. Und nicht nur die.

Eindeutig zu weit gehen sie, als sie über achthundert Internet-Pornoseiten sperren lassen. Die öffentlichen Reaktionen sind so heftig,

---

* Rashtriya Swayamsevak Sangh: die »Nationale Freiwilligenorganisation«.

dass die Regierung sich gezwungen sieht, den sogenannten »Porn-ban« in wesentlichen Teilen wieder aufzuheben.

Ein anderes Mal fördert Modi den Korruptionsverdacht gegen ihn, als sein Antlitz eines Morgens auf den Frontseiten der auflagen-stärksten Zeitungen des Landes prangt, nicht als Teil eines journa-listischen Beitrags, sondern als Werber für das größte Privatunter-nehmen des Landes.

Noch mehr Aufruhr verursacht er in einer Amtsansprache mit der Ankündigung, Geldnoten mit höherem Wert, also 500- und 1000-Rupien-Scheine, seien nur noch bis Mitternacht gültig. Jeder müsse sein Bares melden. Die Idee dahinter: Schwarzgeldbesitzer aus der Reserve zu locken und so der Korruption Einhalt zu bieten. Nur widerspricht dieser Intention, dass die Regierung in Zukunft 2000-Rupien-Scheine drucken will. Denn, so die Regel: Je höher der Wert von Bargeld in einer Volkswirtschaft, desto anfälliger ist diese für Korruption.

An Modi und seiner maßgeschneiderten Khadi-Garderobe prallt solche Kritik ab. Der rüstige Bollywood-Star Amitabh Bachchan könnte die Rolle des unantastbaren Führers nicht besser spielen als Modi selbst. Ein Großteil der Bevölkerung hält ihm die Treue. Trotz stundenlanger Warteschlangen vor Geldautomaten, schleichendem Wirtschaftswachstum und seiner Nähe zur Geldelite. Eins muss man ihm lassen: Der Mann versteht es, die Massen zu begeistern. Darum lässt sich die Linke in ihrer Kritik auch zu undifferenzierten Hitler-Vergleichen hinreißen. Seine Befürworter halten ihm zugute, dass er China und Pakistan die Stirn bietet. Man ist stolz auf diesen Mann, der so viel mehr Zuversicht und Stärke ausstrahlt als sein ge-brechlicher Vorgänger Manmohan Singh. Modi steht für die wach-sende Macht des Subkontinents.

## Deutscher Subkontinent

Michael Steiner herrscht über ein bedeutend kleineres Territorium. Der deutsche Botschafter ist der einzige andere mir bekannte Bayer in Delhi.

Vor Jahren machte Steiner Schlagzeilen als Teil von Schröders Delegation in Moskau. Damals verzögerte sich die Weiterreise, woraufhin Steiner den deutschen Luftwaffensoldaten zugerufen haben soll, sie möchten doch Kaviar servieren, wenn man schon zu nächtlicher Stunde so lange warten müsse. Im darauf folgenden Wortduell verwendete Steiner mehrfach die Bezeichnung »Arschloch«. Die ›Bild‹-Zeitung griff die Geschichte auf und machte daraus eine Hetzkampagne gegen ihn. Steiner trat von seinem Posten als außen- und sicherheitspolitischer Berater des Kanzlers zurück. Seine Karriere verlief danach aber durchaus erfolgreich. An ihrem Ende stand der Posten in Delhi.

Dort möchte er mit einem Paukenschlag in den Ruhestand gehen. Er plant ein Konzert in der Krisenregion Kaschmir. Hundert Musiker des Bayerischen Staatsorchesters sollen unter Dirigent Zubin Mehta vor eintausendfünfhundert Gästen Beethoven und Haydn zum Besten geben. Das Ganze in der Hauptstadt Srinagar, also in jenem Gebiet, um das sich Indien und Pakistan seit 1947 streiten. Große Sicherheitsvorkehrungen sollen garantieren, dass es nicht zu Zwischenfällen kommt. »Dieses Konzert ist den Menschen in Kaschmir gewidmet«, sagt Steiner. Er beschreibt es als »wunderbare kulturelle Verbeugung vor Kaschmir und seinen warmherzigen, gastfreundlichen Menschen«.

Jedoch werden die meisten von ihnen nicht daran teilnehmen können. Die Botschaft lässt verlauten, Steiner habe »inklusiv« ausgewählt. Man sei »auf alle Gesellschaftsschichten Kaschmirs zugegangen«. Aber die Gästeliste wird nicht öffentlich gemacht. Die Vermutung liegt nahe, dass einiges an Prominenz aus Politik und Bollywood auf ihr zu finden wäre.

Kritische Journalisten in Indien fragen sich, warum dieses aufwendige und kostspielige Konzert überhaupt stattfindet. Man riskiert, das empfindliche Gleichgewicht der Krisenregion zu stören. Drei Atommächte – Indien, China, Pakistan – reklamieren ein Anrecht auf Kaschmir. Viele der Kaschmiris wünschen sich zumindest mehr Autonomie. Das Engagement der Deutschen könnte so interpretiert werden, dass Deutschland, welches sich bisher neutral gezeigt hat, das umkämpfte Gebiet offiziell als indisch anerkennt.

Steiner weist das mit dem Argument zurück, nicht die deutsche Regierung lade ein, sondern er und seine Frau, es kämen keine höherrangigen Politiker und man werde keine Nationalhymnen spielen.

Das klingt diplomatischer als es ist. Immerhin wird auf Kosten deutscher Steuerzahler und initiiert durch den deutschen Botschafter das Bayerische Staatsorchester eingeflogen. Wie soll man da nicht den Eindruck gewinnen, die deutsche Regierung sei beteiligt?

Das Konzert findet statt. Wesentlich mehr Zuhörer als angekündigt erscheinen.

Zur selben Zeit werden nur fünfzig Kilometer entfernt vier Menschen erschossen, als sie eine Polizeistation überfallen. Alltag in Kaschmir.

»Das Konzert war ein Traum«, resümiert Steiner später.

Bevor er in Ruhestand geht und Delhi endgültig den Rücken kehrt, produziert er noch ein besonderes Schmankerl: ein achtminütiges Musikvideo. Es ist ein Remake des Songs ›Kal Ho Naa Ho‹*aus dem gleichnamigen Blockbuster. Der 65-jährige Steiner übernimmt den Part des herzkranken idealistischen Jünglings – im Original dargestellt von Shah Rukh Khan – und tanzt, singt Playback, ergeht sich in theatralischen Gesten. Die Finanzierung sei dank PR-Mitteln der Botschaft möglich gewesen. Mindestens zwölftausend Euro.

---

* »Lebe jetzt und denke nicht an morgen«.

Laut Steiner ist das »Public Diplomacy«, moderne Öffentlichkeitsarbeit. Da das Musikvideo auf allen Fernsehsendern in Indien läuft, sei es eine »spottbillige Werbekampagne« für Deutschland. So wird er es zumindest in einem späteren Interview formulieren.

Die Frage ist nur, was – und vor allem: wen – hat man beworben?

Javed Akhtar, der den Text von ›Kal Ho Naa Ho‹ verfasst hat, kommentiert: »Ich habe immer geglaubt, dass Politiker und Diplomaten Schauspieler sind. Der Clip beweist das.«

Heute arbeitet Jutta nicht mehr für die Botschaft, um sich noch mehr ihrer wissenschaftlichen Berufung zu widmen, unter anderem einem Buch über deutsche Forschungsreisende auf dem Subkontinent.

In Jutta sehe ich nicht nur ein wichtiges Mitglied meiner Familie in Delhi, dank ihr wird auch die Verbindung zu meiner Muttersprache lebendig gehalten, der Sprache, in der ich schreibe. Ich profitiere davon, dass bei Jains daheim viele Unterhaltungen auf Deutsch geführt werden. Im Kreis meiner indischen Familie decke ich so meinen täglichen Grundbedarf.

Nie hätte ich gedacht, wie viel es mir bedeutet, mit jemandem Deutsch zu sprechen. Dieses Deutsch stellt eine Vertrautheit her, die es mir erlaubt, Fremdes zu verdauen. Auf Deutsch, und nur auf Deutsch, vermag ich Saskya bei Diskussionen Paroli zu bieten. Auf Deutsch kann ich Besserwisser, Außenseiter, Schriftsteller und Bayernimitator, kann ich präzise, grober, akzentfrei, direkt sein, all das, was ich auf Englisch nicht sein kann. Im Deutschen fühle ich mich zu Hause – so zu Hause wie an einem Weihnachtsabend mit meiner streitsüchtigen, herzlichen, ignoranten, großzügigen deutschen Familie.

Mit ihnen bleibe ich per Skype in Kontakt. Meine Mutter klagt über Rückenschmerzen, die sie wie einen Kriegsversehrten humpeln lassen, aber wenn ich sie bitte, einen Arzt zu konsultieren, weicht sie jedes Mal aus und schimpft lieber über gierige Gäste am Frühstücksbüfett im Hotel oder »den Alten«. Mein Vater dagegen antwortet auf

»Wie geht es dir?« mit »Es muss« und erzählt mir, dass er seit Neuestem an seinen Memoiren werkelt, in denen er sich seinem eigenen Leben widmet, aber auch dem seiner Frau, seiner Tochter und seines Sohnes.

Gegen Ende unserer Gespräche wischt sich meine Mutter Tränen von den Wangen und mein Vater verabschiedet sich mit den Worten »mein lieber Christopher«. Sie vermissen mich und ich vermisse sie. Früher bekam ich einen Satz wie »Hab euch lieb« kaum über die Lippen, heute verwende ich ihn gerne, weil mir wichtig ist, dass sie das wissen.

Neben unseren Skype-Konferenzen kommentiert mein Vater fast jeden meiner Facebook-Einträge oder wir schreiben uns E-Mails. Die Nachrichten meines Vaters klingen nach ihm, aber die kurzen, selbstironischen, mit feiner Ehrlichkeit und beinahe Sensibilität verfassten Botschaften meiner Mutter lassen mich manchmal ernsthaft daran zweifeln, ob sie wirklich von ihr stammen.

Wir würden es vorziehen, nicht über Monate hinweg eine Internetbeziehung führen zu müssen. Die Entfernung zwischen ihrem Leben in Berlin und meinem in Delhi macht es schwer, sich einander nah zu fühlen. Die Distanz zwischen uns ist nicht nur geografisch. Es entzieht sich mir, Ärger über die um 14 Uhr – Ruhezeit! – staubsaugenden Nachbarn im Stockwerk über ihnen zu empfinden oder ihre Entrüstung angesichts der Wahlergebnisse bei den Berliner Landtagswahlen zu teilen. Ihr Alltag fühlt sich für mich nicht besonders dringlich an, auch wenn ich wünschte, dem wäre so. Ähnlich muss es ihnen gehen, wenn ich ihnen aus Delhi berichte. Sie kennen den Subkontinent nur ansatzweise, was sagt ihnen das schon: Kejriwal hat die Wiederwahl gewonnen. Oder: Bei einer Party wurden wir dem Schauspieler Irrfan Khan vorgestellt. Oder: Bengalische »Deviled Eggs« stehen nach einer tumultuösen Bauchschmerzen-Nacht von nun an auf dem Spitzenplatz meiner Liste der darmgefährdenden Gerichte.

Es gibt so viel, über das wir reden, aber so wenig, das wir teilen.

Bevor wir auflegen, sagt mein Vater: »Man muss sein Kind gehen lassen.« Trotz des pixeligen Bildes sehe ich, er ist gerührt. »Finden wir gar nicht so schlimm, wenn du dich nicht meldest. Dann wissen wir immer, dass es dir gut geht.«

*Gar nicht so schlimm.* Was bedeutet, schlimm ist es schon.

Das tut mir leid. So anstrengend die Zeit mit ihnen sein kann, ich würde gerne mehr davon haben. In Delhi plagt mich das schlechte Gewissen, dass ich nicht in Berlin bin. Aber auch Saskya vermisst ihre Eltern und wird von ihnen vermisst, sobald wir nicht in Delhi sind.

Ich kann mich nicht dazu durchringen, meinem Vater zu antworten: »Ihr habt keine Ahnung, wie wichtig ihr für mich seid.«

Meine Eltern gehören zu der Sorte von Eltern, die zu viel sein können. Als ich meiner Mutter mit sechzehn erklärte, ich würde von nun an meine Schmutzwäsche selbst waschen, sie müsse sich nicht länger darum kümmern, erlitt sie einen Nervenzusammenbruch. Ihre Kinder sind das Großprojekt ihres Lebens. Diese Frau, die wegen eines Knicks in der Gebärmutter eigentlich nicht in der Lage hätte sein sollen, schwanger zu werden, ist eine Übermutter. Sie kennt keine Grenzen, wenn es um ihre Sprösslinge geht. Wagte es jemand in einem Restaurant oder auf einem Flug, meine Schwester und mich auch nur zu kritisieren, stürzte sich unsere Mutter wie ein Berserker auf die Person, bot ein beeindruckendes Vokabular an Schimpfwörtern dar und drohte mit zornerfüllter Miene: »Ich schlag dich grün und blau!« Mein Vater steht ihr, was die Elternliebe betrifft, in nichts nach. Einmal bekannte er, wäre das Leben seiner Kinder bedroht, würde er vor Mord nicht zurückschrecken.

Ich sollte mich nicht beschweren, dass meine Eltern manchmal zu viel sind. Was zählt, ist allein, dass sie immer für mich da sind. Auch wenn sie nicht in Delhi sind. Sollte ich nur andeuten, dass ich sie brauche, würden sie noch am selben Tag ins Flugzeug steigen. Ich bin froh, mit ihnen sprechen zu können. Ihre Liebe wirkt selbst aus der Ferne und überträgt sich beim Skypen trotz Zeitverzögerung, verzerrten Stimmen und abrupten Unterbrechungen wegen Stromausfalls. Sie erinnern mich daran, wo ich herkomme, und sind gleichzeitig das Herzstück meiner Familie in Indien.

# 9

## Jenseits von Delhi

Rumg'roaste
Bikaner
Mumbai
Pataudi
Wo auch immer ich lebe

# Rumg'roaste

Dank Juttas Forschungsarbeit erfahre ich, Alexander von Humboldt hatte sich immer gewünscht, »das Land am Ganges« zu erleben. Doch er galt als kritischer Beobachter. 1799 bis 1804 hatte er zwar mit der spanischen Krone kollaboriert, um die Kolonien Lateinamerikas bereisen zu können, gleichzeitig aber in seinem Reisetagebuch festgehalten: »Die Idee der Kolonie selbst ist eine unmoralische, diese Idee eines Landes, das einem anderen zu Abgaben verpflichtet ist, eines Landes, in dem man nur zu einem bestimmten Grad an Wohlstand gelangen soll, in welchem der Gewerbefleiß, die Aufklärung sich nur zu einem bestimmten Punkt ausbreiten dürfen.« Und weiter: »Den Indios geht es wie den Afrikanern: Werden sie nicht gerade totgeschlagen, heißt es, es gehe ihnen gut.«

Solch negative PR wollten die Briten tunlichst vermeiden. Sie erteilten ihm keine Reisegenehmigung.

Humboldt nutzte jedoch seinen Einfluss, damit andere Deutsche den Weg auf den Subkontinent fanden.

Etwa die bayerischen Schlagintweit-Brüder, welche Indien und Zentralasien drei Jahre lang erforschen durften, eine Vielzahl wissenschaftlicher Erkenntnisse erlangen konnten und heute in kaum einem Geschichtsbuch zu finden sind.

Ebenso Prinz Waldemar von Preußen. Dieser wahrscheinlich erste kaiserliche Tourist auf Staatsbesuch in Indien geriet prompt in kriegerische Auseinandersetzungen zwischen den Sikhs und der East India Trading Company. Der Prinz war nicht allein Soldat, sondern auch künstlerisch talentiert. Hunderte von Zeichnungen und Gemälden dokumentieren seine Odyssee. Nur mit der Darstellung von einem Organ wie dem Elefantenrüssel tat er sich offensichtlich schwer.

Die deutschen Herrschaften begaben sich damals auf Reisen, von denen sie mit hoher Wahrscheinlichkeit nicht zurückkehren würden. (Einer der Schlagintweits verlor auf der Seidenstraße sein

Haupt, weil er für einen russischen Spion gehalten wurde.) Ihre Neugier, ihr Geltungsbedürfnis, ihre Sehnsucht nach der Ferne muss enorm gewesen sein, so enorm, dass sie allen Risiken und Unannehmlichkeiten trotzten.

Was für ein lausiger Abenteurer ich dagegen bin. Ich beklage mich ja schon über achtstündige Flüge mit der Lufthansa, auf denen meine Sitznachbarn im Akkord furzen, ein lebloser Käfer als Fleischbeilage meine vegetarischen Tortellini ergänzt und anhaltende Turbulenzen mich an meinem Atheismus zweifeln lassen.

Ganz zu schweigen davon, wie beschwerlich mir der Alltag in Delhi manchmal erscheint.

Saskya und ich unternehmen weitaus bequemere Reisen als Prinz Waldemar oder die Schlagintweits. Gemeinsam erweitern wir den Radius meiner neuen Heimat. Sie zeigt mir die unterschiedlichen Ecken des Landes – oder lernt sie gemeinsam mit mir kennen. Aus dem Zug'roasten wird ein Rumg'roaster. Diese Reisen machen mir deutlich, was es bedeutet, wenn ein Land gleichzeitig ein Subkontinent ist. Vor ein paar Jahren dachte ich noch, in Indien seien Speisen recht ähnlich, alle Sprachen miteinander verwandt, Temperaturen stets hoch und Leute nur von dunkler Hautfarbe.

Ich hatte ja keine Ahnung.


## Bikaner

Am Bahnsteig in Delhi warten Jutta, Jyotindra, Saskya und ich darauf, in unseren Zug, den Super Fast Express, nach Bikaner steigen zu dürfen. Er wird noch gereinigt. Die tief stehende Morgensonne strahlt in orangem Pink. Es riecht nach Staub und in Öl frittierten Snacks. Museumsreife Transportkisten werden von sehnigen Arbeitern aufgestapelt. In der Mitte des Bahnsteigs offeriert ein *book-stall* Literatur auf Englisch und Hindi. Etliche Reisende tragen blütenweiße Kurtas und Hosen, auf denen ich nicht einen einzigen Fleck ausmachen kann. Die digitale Uhr über unseren Köpfen verrät uns, dass wir noch etwas Zeit haben.

Wir trinken aus kleinen Pappbechern schwarzen Tee, der zu viel Milch und Zucker enthält und gerade deshalb so gut schmeckt. Mein Leben lang mochte ich keinen Tee. Daran sind die Ordensschwestern im Königsdorfer Kindergarten schuld. Aber in Indien bin ich auf den Geschmack von Chai gekommen. Ein Schlückchen zwischendurch schrumpft Probleme, senkt den Lärmpegel, regt zum Lächeln an. Solange man seinen Chai schlürft, geht die Welt nicht unter.

Ein Bahnangestellter schreitet den blau-weißen Zug entlang und klopft prüfend mit einem Holzstab gegen die Waggons. Die Fenster machen mir Sorgen. Sie sind vergittert. Bei Zugunfällen kam es schon vor, dass Menschen verbrannten, weil sie vor den Flammen nicht fliehen konnten.

Saskya beruhigt mich. Wir fahren in der zweiten Klasse. Da gibt es Glasfenster.

Es war nicht leicht, an Tickets zu kommen. Und das im Land der Zugreisen. Die meisten sind schon Monate im Voraus ausverkauft. Online-Buchungen sind aufwendig. Wir haben das Glück, dass unsere Gastgeberin am Reiseziel Bikaner einen gewissen Einfluss besitzt. So konnten wir doch vier Tickets erwerben.

Siddhi ist nicht nur die Prinzessin der Region im nördlichen Rajasthan, sondern zudem eine aufsteigende BJP-Politikerin. Meine erste Begegnung mit ihr: als sie Saskya und mich bei unserer Hochzeit in Delhi mit Rosenblättern bewarf. Ein paar Wochen später lud sie uns zu einem Sushi-Dinner ein, bei dem ich in den Genuss von viel Sake kam – zu meiner Verteidigung muss ich vorbringen, dass es wirklich schwierig ist, Siddhis Großzügigkeit zurückzuweisen, ohne sich unhöflich vorzukommen. Ich möchte behaupten, ich habe vor allem aus Anstand getrunken.

Wir steigen in den Zug. Die liebevolle Ausstattung der Waggons – Stoffvorhänge und mit Kunstleder bezogene Bänke, die sich zu Schlafgelegenheiten ausklappen lassen – erinnert an den Charme einer Zeit, die längst vergangen scheint. Wir atmen den süßen, schweren Geruch vieler Reisen. Ein kahlköpfiger Herr mit Hemd und Pullunder gesellt sich zu uns. Pullunder habe ich seit meiner Kindheit nicht mehr gesehen. (Abgesehen von Filmen, in denen Golfspieler vorkommen.) In Indien erfreut er sich weiterhin großer Beliebtheit bei Männern gehobenen Alters.

Der Pullunderherr hält an seinem Sitzplatz fest und möchte nicht mit einem von uns tauschen, damit wir vier zusammensitzen können. Das heißt aber nicht, dass er für sich sein möchte. Noch bevor wir losfahren, beginnt er eine Konversation übers Wetter. Als sich dieses Thema erschöpft, zückt er sein Blackberry und führt den Dialog mit der Verwandtschaft fort.

Der Zug setzt sich zur exakten Abfahrtszeit in Bewegung. Leise klickende und quietschende Geräusche sind das Begleitkonzert unserer Reise, die nur wenige Stunden dauern wird. Bikaner und seine Prinzessin kämpfen noch immer darum, dass die Stadt einen Flughafen bekommt. Bis dahin ist der Zug das bevorzugte Verkehrsmittel. (Was es in Indien bedeutet, Distanzen mit dem Auto zurückzulegen, werde ich bald am eigenen Leib zu spüren bekommen.)

In Delhi rollt der Zug an Slums vorbei. Die Eingänge mancher Hütten sind nur einen Schritt von den Gleisen entfernt. Das sind keine vorübergehenden Behausungen. Holztüren, Satellitenschüsseln, Blechdächer, Lehmwände. Frauen kneten Teig für Frühstücks-*Rotis*. Die Bewohner bewegen sich so entspannt nahe der Gleise, als wäre der tonnenschwere Zug gar nicht da.

Als wir die Stadt verlassen, nimmt das Grün ab und Rostbraun erobert die Landschaft. Weites Agrarland. Senffelder.

Der Zug beschleunigt. Etwas. Er bewegt sich zwischen fünfzig und hundert Stundenkilometer schnell. Ein in die Jahre gekommener Riesenmetallwurm. Man möchte ihm nicht zu viel zumuten.

An Bahnhöfen steigen Männer mit Teekanistern und heißem Essen zu. Wir teilen uns ein Mittagsmahl, besser als jede Speise in jedem indischen Restaurant Berlins. Aber das Chutney lasse ich lieber weg. Man weiß ja nie.

Auf die Minute genau erreichen wir Bikaner. Dort erwartet uns einer von Siddhis Assistenten. Sie kennen Jyotindra gut. Er hat für die Prinzessin ein kunsthistorisches Museum aufgebaut, das zu den beliebtesten Sehenswürdigkeiten der Stadt gehört und ihr ein stolzes Einkommen sichert. Das ist inzwischen einige Jahre her. Vor Kurzem hat Siddhi Jyotindra gebeten, nach dem Rechten zu sehen. Eine Gelegenheit für mich, Rajasthan abseits der Touristenströme kennenzulernen.

Wir werden im Karni Bhawan Palace untergebracht. Dort lebte einst Siddhis Großvater Maharadscha Karni Singh – Doktor der Philosophie, olympischer Sportschütze, Mitglied im Lok Sabha[*] und der letzte Maharadscha Bikaners. Sein früheres Zuhause wird, wie viele Paläste der königlichen Familie, heutzutage als Hotel verwendet. Sonst könnte die Familie es sich kaum leisten, diese zu erhalten. Der Karni Bhawan Palace ist kein protziges Schloss Neuschwanstein, vielmehr eine geräumige Art-déco-Villa. Da er, zumindest im Kontext von Palästen, bescheiden wirkt, frequentieren ihn nicht viele Touristen. Wir sind derzeit die einzigen Gäste. Saskya und ich beziehen ein Zimmer, in das unsere ganze Berliner Wohnung passen würde. Mobiliar aus den Fünfzigern, dorische Säulen, Buntglasfenster, purpurrote Vorhänge, Kristallkronleuchter. Der Frühstücksbereich war ursprünglich ein Raum für Filmvorführungen.

Besondere Aufmerksamkeit verdienen die gerahmten Fotografien an den Wänden. Ohne Jyotindras scharfen Kunsthistorikerblick hätte ich sie nicht weiter beachtet. Er fordert mich auf, sie genauer in Augenschein zu nehmen. Als ich näher herantrete, sehe ich, dass die subkontinentalen Landschafts- und Architekturbilder mit nackten und halb nackten Frauen gespickt sind.

Es klopft an der Tür. Hotelpersonal serviert uns frische Früchte, Käsetoast und Tee. Ich frage mich, ob sie sich der entblößten Damen auf den Fotos bewusst sind.

---

[*] Parlamentarisches Unterhaus Indiens.

Im Prachina Museum, benannt nach Siddhis verstorbener Schwester, treffen wir die Prinzessin. Wie immer trägt sie ihr Haar zu einem straffen Pferdeschwanz gebunden. Ihre Kleidung ist traditionell, Kurta und *Dupatta,* ein schleierartiger Schal. Zu Hause, in Bikaner, kann sie nichts anderes anziehen, erzählt sie uns, aber wenn sie in Mumbai ist, trägt sie am liebsten »modern«. Damit meint sie Jeans, kurze Röcke, Designerblusen. Es sei schlimm, sagt sie, wie oft sie sich zum Shoppen hinreißen lasse. »But I like nice things«, erklärt sie, »everybody likes nice things, no?« Letzteres »o« spricht sie indisch/deutsch aus und dehnt es.

Wir werden durchs Museum geführt und Jyotindra berät Siddhi sowie einige Angestellte, was man noch verbessern könnte. Die Prinzessin ist die kleinste in der Gruppe, aber ihre ernsthafte Aufmerksamkeit, die mich an die stille Prima einer Schulklasse erinnert, lässt sie größer erscheinen. Die Ausstellung widmet sich vor allem der Geschichte der königlichen Familie: opulente Gewänder, europäische Weingläser mit dem königlichen Siegel, Porträts ehemaliger Herrscher. Viele der Gegenstände verstaubten jahrelang in irgendeinem Palastkeller. Bis Siddhi die Idee hatte, sie für ein Museum zu verwenden. Sie suchte Jyotindra in Delhi auf und überzeugte ihn mit ihrer leidenschaftlichen Art, Bikaner einen Besuch abzustatten.

Nach der Tour lässt Siddhi im Café des Museums auftischen. »Just a snack«, sagt sie. »Please, you *must* have something.« Den Snack würde man in anderen Ländern als umfangreiches Mahl bezeichnen. Obwohl ich keinen Appetit verspüre, kann ich ihre Offerte wieder einmal nicht ablehnen. Wir sitzen in einem beschaulichen Garten, dessen sandige Umgebung ihn noch paradiesischer wirken lässt. Um uns flatternde Schmetterlinge konkurrieren miteinander in einem Schönheitswettbewerb. Wenige Schritte entfernt erhebt sich das im sechzehnten Jahrhundert errichtete Junagarh Fort aus rotem Sandstein. Ein steter Touristenstrom fließt hinein und heraus.

Jyotindra und Jutta ziehen sich bald zurück. Saskya und ich bleiben noch mit Siddhi. Sie beteuert, wie sehr sie sich über unser Kommen freut. An Höflichkeitsfloskeln bin ich längst gewöhnt. Aber Siddhi meint es ernst. Sie ist froh, dass wir da sind. Wir gehören nicht zu ihrem gewohnten Umfeld. Mit uns kann sie über Dinge sprechen, die sie nur mit wenigen anderen zu teilen wagt.

Nachdem Siddhi die Kellner weggeschickt hat, die steten Nachschub an Speisen auftischen, die wir unmöglich verzehren können, fällt Anspannung von ihr ab. Sie fläzt sich auf ihrem Stuhl und ihre Stirnfalten verschwinden. »Tell me, what's new?«, fragt sie mit einem schelmischen Lächeln. Wir berichten ein wenig vom Klatsch und Tratsch in Delhi, stellen ihr die gleiche Frage. Darauf hat sie gewartet. Siddhi sehnt sich nach Mumbai. Dort sei das Leben »much more glamorous«. »Glamorous« ist eine ihrer Lieblingsvokabeln. Es beschreibt all das, wovon sie in Bikaner nicht viel bekommt: Großstadtluft, internationales Parkett, extravagante Partys mit Cricket- und Bollywood-Stars. In ihrer Heimatstadt ist sie zuallererst die Prinzessin. Ihre Mutter und ihre Großmutter legen Wert darauf, dass sie die Familie würdig repräsentiert. Keine Männergeschichten bitte!

Aber ein Leben ohne Männergeschichten? Siddhi zeigt uns Fotos auf ihrem Smartphone. Gut aussehende Männer mit Grübchenkinn, Dreitagebart und einnehmendem Lächeln. Sie sind gut darin, glücklich auszusehen. Siddhi lässt nicht durchblicken, ob sie ihnen nahesteht. Einzig ihr glucksendes Lachen, bei dem sie den Kopf senkt und die Augen niederschlägt, lässt Vermutungen zu.

Wegen dringender Verpflichtungen müssen Jutta und Jyotindra schon am nächsten Tag wieder abreisen. Saskya und ich dagegen unternehmen einen Abstecher in die Provinz Rajasthans. Ein Taxi soll uns zum Khimsar Fort bringen, einer weiteren royalen Immobilie, die in ein Hotel umgewandelt wurde. Die Autoreise dauert nur ein paar Stunden. Und dann noch ein paar Stunden. Und dann bloß noch eine Stunde. Nach einer Weile verwandle ich mich in die mürrische Dame aus ›Drive me crazy‹. Eigentlich hatte ich vor zu lesen, aber ich muss wie gebannt durch die Windschutzscheibe nach vorn blicken, wo ich unser frühzeitiges Lebensende wähne. Bunt bemalte Lastwagen sind die Rabauken der Straße. Sie halten sich an keine Geschwindigkeitsbegrenzung, fahren links wie rechts, brettern suizidal und fanfarenhafte Melodien trötend geradeaus und überholen, wie es ihnen beliebt. Kleinere Fahrzeuge, die sich weiter unten in der Hackordnung befinden – unseres zählt dazu –, müssen sich fügen. Soll heißen: mit Karacho von der Straße abfahren und zwischen Sträuchern, Schrott, Sanddünen und Schlaglöchern abbremsen. Das Gängeln lässt sich unser Fahrer allerdings nicht bieten. Er weicht immer erst in letzter Sekunde aus. Mein Leben zieht an mir vorüber. Mehrmals. Selbst Saskyas wiederholte Bitten, einen Gang runterzuschalten, halten den Fahrer nicht von seiner rebellischen Attitüde ab. Wir können nicht einschätzen, ob er nicht versteht oder nicht verstehen will. Es kann durchaus sein, dass er nur Rajasthani spricht. Dennoch antwortet er jedes Mal mit Kopfnicken und »Ji«.

In einem Dorf müssen wir vor herabgelassenen Schranken die Durchfahrt eines Zuges abwarten. Die ersten drei Fahrzeuge formen eine Schlange auf ihrer Straßenseite. Die nachkommenden Fahrer nehmen es nicht so genau. Ich muss an die Anstehtaktik am Flughafengate denken. In kurzer Zeit drücken von links und rechts Rikschas, Trucks, Autos, Fahrradfahrer so nah wie möglich an die Schranken heran. Das geschieht auf beiden Seiten. Als der Zug vorbeigefahren ist und die Schranken sich heben, führt das zu einem absehbaren Dilemma: Niemand kommt voran. Langsam, ganz langsam, Zentimeter um Zentimeter, schieben sich einzelne Fahrzeuge aneinander vorbei. Niemand schreit sich an. Ich lese keine Wut in den Mienen der Fahrer. Alle sind nur darauf bedacht, jeden kleinsten Raumgewinn zu nutzen.

Es dauert eine ganze Weile, bis sich der Stauknoten gelöst hat. Gleich danach tritt unser Fahrer wieder frohen Mutes aufs Gas.

Wir legen nur eine Pause ein. Für den Karni-Mata-Tempel, benannt nach einer Inkarnation der Göttin Durga. Ich wurde vorgewarnt: Das sei keine hygienische Angelegenheit. Bevor wir eintreten, müssen wir unsere Schuhe ausziehen und bei einem Stand abgeben.

Barfuß überqueren wir einen Marktplatz, auf dem der Wind mit Plastikmüll spielt. Körniger Schmutz bleibt an meinen Fußsohlen kleben. Ich sehe lieber nicht nach. Als wir endlich den Tempel betreten, sind meine Füße gewiss nicht mehr sauber. Aber darum geht es letztendlich auch nicht. Das Ausziehen der Schuhe ist eine symbolische Geste.

Im Tempel erwarten uns dessen Bewohner: Ratten. Tausende. Wenn sie einem über die Füße laufen, teilt Saskya mir grinsend mit, bedeutet das Glück. Mit einem Mal bin ich mir sicher, bereits mit ausreichend Glück gesegnet zu sein. Ich habe nichts gegen Ratten, habe mich nie vor ihnen geekelt. Aber ich muss keine körperliche Beziehung mit ihnen eingehen. In manchen Ecken liegen tote Nager und verwesen. Die Ratten trinken aus Metallbottichen mit Wasser oder auch Milch. Eine Frau in einem einfachen Gewand füllt eine Plastikflasche mit Wasser ab. »Sie wird doch nicht daraus trinken?«, frage ich Saskya. »Nicht nur sie«, sagt Saskya. »Sie bringt das wahrscheinlich ihrer Familie mit.« – »Werden sie nicht alle krank davon?« – »Bisher ist hier keine Krankheit ausgebrochen. Die Leute glauben, das liegt daran, dass die Ratten heilig sind.«

Kontakt mit einer seltenen weißen Ratte aufzunehmen, verspricht besonderes Glück. Als Jutta und Jyotindra das letzte Mal hier waren, hat man extra für sie eine aufgespürt und zu ihnen gebracht. Auch eine Form, das Glück zu erzwingen. Saskya und ich halten Ausschau nach einem weißen oder vermutlich eher schmutzig grauen, herumwuselnden Pelzknäuel.

Aber wir haben kein Glück. Diese Ratte bleibt uns verborgen.

Im Khimsar Fort wissen die Angestellten, dass wir Siddhis Freunde aus Delhi sind. Saskya sprechen sie mit »Hukum« an. Eine Respektsbezeugung, die so viel heißt wie »zu Ihren Diensten«.

Das im sechzehnten Jahrhundert errichtete und heute sanierte Fort mit seiner Blütenpracht, den Oldtimern, seinen Pavillons und der erhaltenen Ruine, in der man dinieren kann, ist die weichgespülte Idee eines Wüstenabenteuers. Also genau richtig für mich. In diesem Arrangement komme ich mir sicher vor. Besucher beschreiben so einen Ort gerne als *märchenhaft*. Das ist er auch: ein Märchen. Eine Geschichte, die mit fantastischen Elementen spielt, um wahrhaftiger zu wirken.

Von den begehbaren Mauern aus kann man die nahe Thar-Wüste sehen und sich vom heißen Wind Tränen in die Augen treiben lassen. Ein Pfau schreit theatralisch wie eine beleidigte Diva. Die Dachspitzen des Forts piksen in die untergehende Sonne. Raben posieren auf Zinnen für atmosphärische Fotos. Eine britische Touristengruppe belagert den Poolbereich. Saskya und ich senken den Altersdurchschnitt um mindestens zwanzig Jahre. Die Touristen sind sich nicht bewusst, dass sie zur Sehenswürdigkeit werden. Das Hotelpersonal beobachtet die Damen in ihrer knappen Schwimmkleidung. Diese Jungs kommen aus einem Dorf in der Umgebung. So etwas Exotisches wie die käsehäutigen Britinnen sehen sie nur im Khimsar Fort.

Beim Abendessen bedienen Rajasthanis in Livree samt Turbanen weiße Männer, deren Sonnenbrand Hautkrebs nahelegt. Zwar kann ich mich über die Briten lustig machen, aber es ändert nichts daran: Ich bin einer dieser weißen Männer.

Nach einer tollkühnen Rennfahrt zurück nach Bikaner, auf der unser Fahrer offensichtlich einen Rekord brechen will, begleiten wir Siddhi in die Altstadt. Diese liegt auf einem Hügel und erstaunt uns mit ihrer Sauberkeit. Wer Old Delhi kennt, muss Old Bikaner beneiden. Es ist eine Plastiktüten-freie Zone. Vielleicht liegt das an den Feierlichkeiten anlässlich eines lokalen Festtags. Auf einem Tempelgelände streifen wir wieder unsere Schuhe ab und waschen unsere Hände. Die Wachen am Eingang fordern mich als Einzigen auf, auch meine Füße zu waschen. Dabei bin ich der Einzige, der geschlossene Schuhe trägt.

Im Inneren ist es deutlich wärmer. Mit anhaltender Intensität werden Gebete gesungen. Die Stimmen hallen in den Gemäuern. Meine Nase ist damit überfordert, die Gerüche von Menschen, Blumen und verbrannten Substanzen zu unterscheiden. Überall safranfarbene Gewänder. Ich bekomme einen Happen Essen gereicht. Das war leicht. Und wahrscheinlich köstlicher als der Leib Christi bei katholischen Messen, in dessen Genuss ich nie gekommen bin. Siddhi grüßt alle Pandits mit *Namaste*. Saskya und ich folgen ihr unauffällig. Aber einem Herrn falle ich doch auf. »No photos here!«, ermahnt er mich. Er wirkt aufgebracht. »No photos!«, wiederholt er mehrmals. In seinen Augen lodert Zorn. Es muss des Öfteren vorkommen, dass Touristen das Schauspiel abfotografieren. »No photos«, bestätige ich. Er packt meinen Arm und will mir mein Mobiltelefon, das ich in der Hand trage, abnehmen, um zu überprüfen, ob ich die Wahrheit sage. Ich wehre mich. Doch wie soll er wissen, dass dieses Gerät viel zu alt ist, um in Innenräumen zu fotografieren; selbst wenn ich Fotos geschossen hätte, würde man nichts darauf erkennen. Ein Assistent Siddhis geht dazwischen und kann den Mann auf Rajasthani beruhigen. Wir verlassen den Tempel und schlüpfen in unsere Schuhe. Ich sehe mich noch ein paar Mal um. Der Mann folgt uns nicht. Seine Augen werde ich so schnell nicht vergessen.

Immer wieder erkennen Menschen Siddhi, treten an sie heran und begrüßen sie, wollen ihre Füße berühren, wovon Siddhi sie abhält. Ein besonders hartnäckiges Damentrio weist sie darauf hin, dass es in ihrer Nachbarschaft zu vielen Stromausfällen kommt. Sie als Politikerin solle etwas dagegen unternehmen. Siddhi verspricht mehrmals, sich der Angelegenheit zu widmen. Als die Damen sich zufrieden abwenden, flüstert Siddhi uns zu, dieser Stadtteil gehöre gar nicht zu ihrem Regierungsbezirk. Siddhi seufzt. Aber was soll's. Sie bittet ihren Assistenten, der Sache mit den Stromausfällen nachzugehen.

Wir folgen einer düsteren Gasse zu einem weitläufigen Platz. Unter unseren Füßen knirscht getrockneter Vogeldreck. Über uns spannt sich ein Sternenzelt. Trotz all der festlichen Lichter. Wir legen unsere Köpfe in die Nacken und schweigen. Nur Saskya sieht eine Sternschnuppe.

Am späten Abend suchen wir den Lallgarh Palace auf. Dieser ist nicht nur Siddhis Zuhause. In zwei Flügeln des Palastes hausen Touristen. Nach der Urlaubsreise werden sie erzählen können, in den ehemaligen Räumen des Maharadschas genächtigt zu haben. Für sie wird ein Volkstanz aufgeführt, der so authentisch wirkt wie die »Bavarian Brezels« in amerikanischen Freizeitparks. In einem Aufenthaltsraum mit massiven Sesseln und dem Flair distinguierter Herrenclubs zieren Tigerfelle, Gazellen- und Büffelköpfe die Wände. Die Mitglieder von Siddhis Familie waren nicht nur Sportschützen und die Schützen waren nicht nur Männer. Siddhis Tante gewann bereits mit sechzehn Jahren Auszeichnungen bei Schießwettbewerben.

Mit Siddhi essen wir im Innenhof zu Abend und sie überbietet sich selbst in der Zusammenstellung der *Thalis*, sodass ich den ganzen nächsten Tag keinen Hunger verspüren werde. Danach ziehen wir uns in ihre Gemächer zurück. Mich überrascht, wie karg und klein ihr Zimmer ist. Ein paar schwere, dunkle Holzmöbel, lichtundurchlässige Vorhänge, ein Spiegel.

Kurz schaut eine Frau vorbei, heißt uns willkommen, wechselt einen Blick mit Siddhi, bittet uns, Saskyas Eltern Grüße auszurichten, und verschwindet wieder.

»Das war Siddhis Mutter«, flüstert Saskya mir zu, »die Maharani von Bikaner.«

Einer Truhe, die ein Requisit in einer Piratengeschichte sein könnte, entnimmt Siddhi eine Flasche Rotwein, die ihr jemand geschenkt hat. Sie füllt zwei Gläser für uns. Ob sie nicht auch einen Schluck möchte, frage ich. »No«, sagt sie wieder indisch/deutsch. »I can't.« Ihre Blicke huschen zum Flur. Alle paar Minuten kommt ein Angestellter vorbei, sieht nach dem Rechten, reinigt, teilt ihr etwas mit. Siddhis Mutter und Großmutter würden sofort davon erfahren. Das möchte sie vermeiden. »Come visit me in Mumbai«, sagt sie. Wir stoßen auf Bikaner an. Siddhi soll uns in Berlin besuchen, meint Saskya. Die Prinzessin sagt sofort zu und wirkt trotzdem zögerlich, fast schüchtern. Sie reist ungern allein, besitzt keine Kreditkarte, kennt sich mit öffentlichen Verkehrsmitteln nicht aus. Ein Trip nach Berlin flößt ihr mehr Respekt ein als eine Rede vor dem Parlament Rajasthans.

Vor unserer Abreise am darauffolgenden Tag haben wir eine Audienz bei Siddhis Großmutter Sushila Kumari. Wir folgen einem Assistenten eine Treppe nach oben und gehen vorbei an handgemalten gerahmten Bildern von kunterbunten Weltraumraketen, wie sie durch Kinderfantasien fliegen. Die Stücke verweisen aber alle auf einen bedeutend älteren Urheber: den ehemaligen Maharadscha. Seine Witwe empfängt uns in einem Aquarium. So fühlt sich das quadratische Zimmer mit den türkisfarbenen Wänden jedenfalls an. Sushila Kumari verlässt es nicht mehr oft. Immerhin wird sie bald neunzig. Trotzdem hat die Rajmata wenig an Eleganz eingebüßt. Sie bleibt zwar sitzen, als wir den Raum betreten, begrüßt uns aber hochachtungsvoll wie vertraute Staatsgäste, nimmt unsere Hände in ihre. Jede ihrer Bewegungen wirkt einstudiert. Sie hält das Kinn aufrecht und faltet die Hände im Schoß so, als sei dies die einzig mögliche Art und Weise. Ihr Verhalten strahlt eine solche Makellosigkeit aus, dass mir meine Atemzüge zu laut vorkommen. Für uns wurden zwei türkisfarbene Plastikstühle vor ihrem Sessel positioniert. Sie bittet uns, Platz zu nehmen. Ihre Beine sind in mehrere Lagen Wolldecken gewickelt. Der Ventilator an der Decke ruht, es ist kühl im Aquarium. Auf dem Doppelbett räkelt sich ein gigantischer weißer Plüschteddybär, der in seinen Pranken ein Herz hält, auf dem steht: *I love you!*

Sushila Kumari fragt nach Saskyas Eltern. Sie nennt Jyotindra »Professor Jain« und bedankt sich überschwänglich für seine Unterstützung beim Aufbau des Prachina Museums. Die Familie habe sich früher ernsthafte Sorgen um Siddhi gemacht. Dieses Museum habe sie gerettet. Saskya nimmt ihre Freundin in Schutz: Siddhi habe aber auch viel dazu beigetragen. Die Rajmata nickt, Professor Jain habe ausgezeichnete Arbeit geleistet.

Hat sie Saskya nicht verstanden oder absichtlich ignoriert? Königliche Großmütter sind so undurchschaubar wie alle Großmütter.

Die Rajmata lenkt die Konversation zu unschuldigen Themen. Sie mustert mich und fragt, wie ich das Essen und die Wüste vertrage. Ich sage ihr die Wahrheit: Saskya beschützt mich erfolgreich.

Das adelt die Rajmata mit einem Schmunzeln. Eine längere Pause entsteht. Über was redet man mit einer Königinmutter? Unser Gesprächsstoff erschöpft sich bald. Aber wir müssen noch sitzen bleiben. Es ist nicht genug Zeit verstrichen, um bereits Abschied zu nehmen. In der Stille wächst die Anspannung. Mein Plastikstuhl scheint mir mit einem Mal recht wackelig. Die Rajmata lässt sich nichts anmerken. Ich wüsste gern, ob sie auch wie eine Statue sitzt, wenn sie allein ist. Selbst dem Schweigen dieser Dame wohnt Anmut inne. Ich weiche ihrem Blick aus und muss mich dem ihrer Verwandtschaft und Gurus stellen. Deren Porträts erstrecken sich über die hohen Wände und sind mit Ringelblumenketten geschmückt. Viele der Bilder sind schwarzweiß, Fenster in eine längst vergangene Zeit. Die Abgebildeten beobachten uns und wachen über die Rajmata.

## Mumbai

Von Bikaner hatte ich vor unserer Reise keine Vorstellung.

Aber von Mumbai durchaus. Die größte Stadt Indiens ist für mich wie ein entfernter Verwandter, über den ich diverse Geschichten gehört und von dem ich mir, obwohl ich ihm noch nie begegnet bin, ein Bild gemacht habe.

Ich erkundete in Suketu Mehtas ›Maximum City‹ die mafiöse Unterwelt und begleitete in Katherine Boos ›Behind the Beautiful Forevers‹ eine Kindergärtnerin, die über einen Slum herrscht. Ich las mehrmals eine Statistik, wonach jedes Jahr über dreitausend, ja, *dreitausend* Passagiere der Lokalzüge Mumbais einen vor allem unnatürlichen Tod sterben. Ich zollte dem gebürtigen Bombay-Buben Jyotindra Respekt in der Anekdote des Professors Jyotindra dafür, dass er dem Lehrer an seiner miserablen Schule mitteilte, er werde eines Tages am renommierten St. Xavier's College studieren. Ich entfaltete mit Irrfan Khan subtile Liebesbriefe in ›Lunchbox‹. Ich hetzte in Chandrahas' Erzählung an seiner Seite durch die Straßen, als am Tag der ersten Ausstellung seiner Exfreundin Terroristen ein Blutbad anrichteten. Es ist an der Zeit, dass ich mir mein eigenes Bild von Mumbai mache.

Erstmals begegne ich der Stadt auf dem Rajiv Gandhi Sea Link. Saskya und ich überqueren die Brücke auf der Fahrt vom Flughafen nach South Mumbai. Die Sprungfedern der Rückbank, auf der wir sitzen, lassen uns auf und ab hopsen. Ich muss den Kopf neigen, um nicht anzustoßen. Das schwarze Taxi mit gelbem Dach, ein Premier Padmini, wurde nicht für einen langen Lulatsch aus Bayern produziert. Und auch nicht für einen langen Lulatsch aus dem Punjab, der sich tief in den Fahrersitz drücken muss, damit er und sein himmelblauer Turban unters Dach passen.

Ich kurble das Fenster herunter. Feuchtwarmer Wind zerzaust unser Haar. Es riecht nach Salzwasser. Vor uns grüßt die Metropole, die alle Bombay nennen, aber seit 1996 offiziell Mumbai* heißt. Wie Manhattan legt sie Wert auf jeden Zentimeter Platz, die Gebäude drängen sich, als fürchteten sie das Wasser. Wenn der Monsun kommt, regnet es von oben und von unten, wie man in Indien sagt. Die Häuser, deren Mietkosten sich auf Londoner oder Pariser Niveau befinden, sind von der Zeit und den Güssen gezeichnet, ihr Antlitz ähnelt dem in die Jahre gekommener Damen mit verlaufenem Make-up. Wir folgen der Hauptstraße, die uns zur Südspitze führt. Wie ein Bach schlängelt sie sich vorbei an Kolonialbauten, einem Sandstrand und entlang von Wolkenkratzern durch Hindernisterrain. Als wir bei unserem Hotel aussteigen, verlangt der Fahrer den Preis, den der Taxameter anzeigt. Das sind wir nicht gewohnt. Wir kommen aus Delhi, wo einen Schlitzohren kutschieren, die

---

* Die lokale Partei Shiv Sena ersetzte den Namen der ehemaligen Kolonialherren aus Portugal durch eine Wortschöpfung: eine Kombination aus der Göttin Mumbadevi (Schutzpatronin der Stadt) und dem Marathiwort für Mutter, »Aai«. Auf Gujarati und Marathi hieß Bombay allerdings schon immer Mumbai.

häufig behaupten, ihr Taxameter sei kaputt, damit sie dreiste Geldsummen fordern können.

Umhüllt von Algengeruch schlürfen Saskya und ich eine Kokosnuss am Gateway of India, das errichtet wurde, um an den ersten Besuch eines regierenden britischen Monarchen zu erinnern, das aber heute vielleicht noch mehr daran erinnert, wie hier 1948 die letzten britischen Truppen indisches Territorium verließen. Wir besteigen eine Fähre, die uns nach Elephanta bringt, vorbei an rostigen Schiffskuttern und Frachtschiffen, die im Nebel ankern und mich vom Bermudadreieck fantasieren lassen. Angekommen auf der Insel, steigen wir Treppe um Treppe nach oben, und ich wehre Wellen an Händlern ab, die heranbranden, um mir Andenken zu verkaufen, die daheim prima Staub fangen würden. Die aus dem Stein herausgeschlagenen Shiva-Skulpturen scheren sich nicht um die Touristen, sie lachen stumm und starr über unsere Sterblichkeit. Dass sie schon seit über tausend Jahren existieren, lässt sie selbst für Atheisten gottgleich erscheinen. Näher fühle ich mich den plündernden Makaken, die in Puck'scher Manier Touristen wie Händler schikanieren. Auf der Rückfahrt zum Festland atme ich die fischige Brise und bin erfüllt von dem beglückenden Touristengefühl, gesehen zu haben, was ich mir seit Langem zu sehen gewünscht hatte. Ich weiß nicht, ob ich jemals zurückkehren werde, aber ich nehme etwas von der Insel mit.

Wie schon die Portugiesen. Als sie die Elefantenplastik aus Basalt erblickten, der Elephanta – das eigentlich Gharapuri Island heißt – seinen Namen verdankt, beschlossen sie als propere Kolonialherren, die Statue mit nach Hause zu nehmen. Aber die Statue wollte nicht und stellte sich als zu schwer heraus. Also versenkten die Portugiesen sie im Meer. Heute wird sie im Dr. Bhau Daji Lad Museum in Mumbai ausgestellt.

Was ich von der Insel mitnehme, ist viel leichter und schwerer zugleich. Damit meine ich nicht ihre Historie, die im Reiseführer steht. Sie wird mir bald entfallen. Und die Fotos werden auf einer Festplatte darauf warten, dass ich sie irgendwann einmal zufällig anklicke. Nein, was ich mitnehme, ist eine Erinnerung, die ganz allein meine Erinnerung ist und die ich, so genau ich sie auch beschreibe, mit niemandem teilen kann, weil sie sich mit Worten allein nicht fassen lässt.

Die Tage in Mumbai fließen in die Nächte und lassen sich kaum voneinander unterscheiden. Wir lauschen dem Klang unserer Schritte auf den Marmorböden im Taj Mahal Hotel und bestellen uns, gegen plötzlichen Hunger, im dortigen Café das billigste Gericht auf der Speisekarte: mit Silberbesteck serviertes Pani Puri, das zehn Mal so viel kostet wie beim Sweetshop an der nächsten Straßenecke.

In der freundlich-blauen Knesset Eliyahoo Synagoge erzähle ich Saskya von meinem Großvater, der ein Achtel jüdisch war und trotzdem in die NSDAP eintrat, damit er als Theaterregisseur arbeiten durfte.

Auf dem Cross Maidan, wo sich ringsherum Palmen strecken und hochgewachsene Kolonialgebäude verbergen, weichen wir herumfliegenden Cricketbällen und ihnen nachhetzenden drahtigen jungen Männern in bunt gestreiften Hemden aus, die das Victory-Zeichen machen, als sie bemerken, dass Saskya filmt.

Unter einem verblichenen Werbeplakat – *Unverwechselbar: Pfister Sonne* – in der berühmten Parsi-Bäckerei Yazdani tunken wir Brötchen in Milch mit Tee.

In keinem Buchladen entkommen wir den Ausgaben von ›Mein Kampf‹.

Am Chowpatty Seaface in South Mumbai lassen wir die Beine von einer Mauer über dunkelgrauen Felsen baumeln, an denen das Meer anbrandet, und schlecken die beste Sorte (Sitaphal) der besten Eiscreme der Welt (Natural Ice Cream), die sich landesweit solcher Beliebtheit erfreut, dass sie zu Hochzeiten extra eingeflogen wird.

An den Verkaufsständen nahe des Bahnhofs Mumbai CST verlangsame ich mehrmals das Schritttempo, weil ich zwischen den DVD-Raubkopien, Handventilatoren, Strümpfen, goldenen Uhren, goldenen Feuerzeugen und goldenen Sonnenbrillen ein Gerät ausmache, von dem ich, weil ich Vorurteile noch immer wie überflüssige Pfunde mit mir herumschleppe, nicht gedacht hätte, dass es hier in aller Öffentlichkeit angeboten wird: ein Vibrator.

Am Juhu Beach verführen mich die Düfte von öligem, aber dafür umso köstlicherem *Pav Bhaji* dazu, ein paar Happen des stark gewürzten Gemüsegerichts zu kosten (für die sich, wie ich in der darauffolgenden Nacht feststellen werde, mein Darm weniger begeistern lässt), und weiche im Sonnenuntergang Kindern aus, die mit Geschicklichkeit und den scharfen Schnüren ihrer weit über uns fliegenden Papierdrachen versuchen, die Schnüre anderer Drachen zu durchtrennen, während Saskya mir erzählt, dass ihr Vater in den Fünfzigern nur wenige Straßen entfernt von hier in Vile Parle aufwuchs und dort einst mit einem bayerischen Pfarrer befreundet war, der Wert auf modisches Äußeres legte.

Jeden Herbst findet Mumbais Literaturfestival, »Tata Literature Live!«, statt. Dieses Jahr ist auch Touché eingeladen, der gute Freund, oder vielmehr, wie wir einander nennen, Bruder. Im Rahmen des Festivals sind er, Saskya, Chandrahas und ich neben vielen anderen zu Gast auf einer Party des britischen High Commissioners. Kellner manövrieren artistisch Tabletts mit Whisky und Gin durch die Schar aus Schreiberlingen und kehren mit den leeren Tabletts in die Küche zurück. Durch die Wohnung wuseln Autoren aus allen Ecken der Welt. Die kurze Willkommensrede des High Commissioners wird getragen von einer Prise Selbstironie und englischer Tiefstapelei, gepaart mit einer gehörigen Portion Selbstbewusstsein. Später wird sich niemand an seine Worte erinnern. Aber jeder wird denken: Er war unterhaltsam.

Vom Balkon aus hat man einen uneingeschränkten Blick auf Antilia. So heißt das kostspieligste Einfamilienhaus der Welt. Dieses vermittelt seinen Wert durch megalomanische Ausmaße, nicht durch Stil. Ein Lego-Konstrukt, welches von einem hektischen Kind, das unter narzisstischer Störung leidet, zusammengesteckt wurde. Der Unternehmer und Multimilliardär Mukesh Ambani ließ es errichten und lebt auf den etwa 37.000 Quadratmetern mit seiner Frau und drei Kindern. Das in einer Stadt, in der sich nur wenige Meilen entfernt einer der größten Slums Asiens befindet, Dharavi.

Ich lasse mich noch immer von dem, wie Siddhi es nennen würde, Glamour dieser literarischen Stelldicheins blenden. Schriftstellergötter, wohin das Auge blickt! Da drüben unterhält Vikram Seth mit scharfsinnigen Witzen seine Entourage. In einer stillen Ecke führt Kiran Nagarkar ein Gespräch mit einem aufdringlichen Fan, dessen Fragen er allesamt geduldig beantwortet. Und, oh, eben ersucht Richard Price Saskya, ihm ein paar Reiseempfehlungen zu Jain-Tempeln zu geben.

Seit meiner ersten Erfahrung mit der indischen Literaturszene in Jaipur sind noch ein paar hinzugekommen. Die beeindruckendste davon war Saskyas Buchpremiere. Über hundert Gäste erschienen im Saal des Goethe-Instituts* in Delhi, Saskya leuchtete in ihrem Sari, und ihre Eltern saßen gespannt und stolz in der ersten Reihe. Saskya gab uns Einblicke in eine unheimliche Gefängniszelle in Haryana, das einfache Gemüt eines liebenswerten Jungen aus Bihar und die fehlgeleitete Schlafzimmerpragmatik einer prekären Beziehung in New York. Der Applaus färbte ihre Wangen rosa. Ich übte mich in einem Dauerlächeln. Die ganze Zeit musste ich denken: *Das ist meine Frau, diese beeindruckende Frau ist meine Frau.* Später am Abend feierten wir im Garten des Instituts. Jeder hatte den gleichen Tanzpartner, ein Exemplar von Saskyas Roman.

Das ist die eine Seite der indischen Literaturszene. Die andere Seite zeigt sich, als ein Mann im Publikum bei einer von Saskyas Lesungen fragt, ob sie schreibt, weil sie als Frau ihren emotionalen Ballast loswerden muss. (Wir versuchen, das positiv zu deuten: Immerhin hat sich der Typ freiwillig in eine Lesung begeben.) Oder wenn ein Herr im Publikum bei einer von Chandrahas moderierten Dis-

---

* In Indien nur bekannt als Max Mueller Bhavan, benannt nach dem deutschen Sanskritforscher.

kussion mehr Zeit für einen Kommentar beansprucht als die Autoren auf der Bühne; und dieser Herr sich, als Chandrahas ihn bittet, sich knapp zu fassen, sich empört und als Meister des Jugaad entpuppt, da er kurzerhand ein mitgebrachtes Mikrofon zückt, um den Saal mit Raunen und einer mäandernden Aussage zu erfüllen, die irgendetwas mit ihm und seinem Leben zu tun hat. Oder wenn man in die Fänge eines bestimmten Lyrikers gerät, der berüchtigt dafür ist, menschliche Beute in sein prächtiges, geerbtes Haus zu locken, das mit seinen Kompositionen aus Federkielen, Andenken, Urkunden und gerahmten Porträts an die in Museen umgewandelten Wirkungsstätten längst verstorbener Dichterfürsten erinnert; der seinem jeweiligen Opfer dann guten Rotwein in Strömen einflößt, seine Lyrikbände auf dessen Schoß platziert und es beobachtet, während über Lautsprecher die Stimme des Hausherrn ebendiese Gedichte vorträgt.

Am frühen Morgen winkt Chandrahas eine Rikscha herbei. Er setzt sich mit einer halben Pobacke neben den Fahrer. Touché, Saskya und ich passen gerade so auf die Rückbank. Der warme Fahrtwind umschmeichelt uns und wir rauschen die Küste entlang. Das Klima lässt mich vergessen, dass ich einen Bandscheibenvorfall habe. Jede Bremsschwelle erinnert mich wieder daran. In Malabar Hill gehen wir zu Fuß weiter, bis wir einen großen Stufenbrunnen erreichen, den Banganga. Im tiefgrünen Wasser waschen sich *Sadhus,* »heilige Männer«. Ich will nicht hinstarren und doch kann ich mich nicht davon abhalten. Die grauen langen Haare, die in sich versunkene Ernsthaftigkeit, die einstudierten Gesten. Auf den obersten Stufen legen eine Handvoll Touristen Rast ein und tun beim Fotografieren so, als würden sie nicht fotografieren. Aus einem Tempel kommen metallische Klänge. Ein Motorradfahrer bahnt sich den Weg durch eine schmale Gasse, wie man es eigentlich nur aus Bollywood-Action-Streifen kennt. Kinder mit geschorenem Haar betrachten uns, ohne ein einziges Mal zu blinzeln. Das Meer ist ganz nah, wir können es nicht sehen, aber hören und riechen. Durch den Stufenbrunnen schneidet der rechteckige Schatten eines Hochhauses, das wie ein Botschafter die Ankunft der Stahlriesen ankündigt, die in den kommenden Jahren in der Nachbarschaft entstehen und die Blechhütten des nahen Slums verdrängen werden.

An unserem finalen Abend als Quartett sind wir die einzigen Gäste einer Dachgartenbar in South Mumbai, wo es viel selbstverständlicher ist auszugehen als in Delhi, dessen Nachtleben sich eher im Privaten abspielt. Die schläfrige Bedienung bringt uns milchige Gläser und eine 650-ml-Flasche Kingfisher, die wir uns teilen. Hohe Luftfeuchtigkeit verwandelt das Bier in schaumloses, warmes, stilles, gelbstichiges Wasser mit bitterem Geschmack. Trotz einer leichten Brise ist die Luft so drückend, dass ein Schluck Whisky ausreichen würde, um mich k.o. zu schlagen. Ich trage einen Schweißfilm auf der Haut wie eine zusätzliche Kleidungsschicht.

Unsere letzten gemeinsamen Stunden verbringen wir mit Geschichten aus unserem Leben, die wir nur mit wenigen Menschen teilen. Wir reichen uns gegenseitig zerbrechliche, kostbare Mosaikstückchen von uns selbst, im Vertrauen darauf, dass die anderen behutsam damit umgehen werden. Als ich an der Reihe bin, erzähle ich, wie so oft, von meinen Eltern. Weil sie mehr als ich erlebt haben und auch immer mehr erlebt haben werden, da ich ängstlicher bin und mich lieber schreibend oder lesend auf Abenteuer begebe.

Der näher rückende Moment des Abschieds lässt die Stunden über Mumbais Dächern romantisch flimmern. Nachdem wir das letzte Kingfisher geleert haben, will keiner von uns aufbrechen. Solange wir sitzen bleiben, wird die Nacht andauern und uns vor dem *Goodbye* bewahren.

Chandrahas, Touché und ich haben uns kennengelernt bei einem dreimonatigen Aufenthalt im Nukleus des Nirgendwo: in Iowa City, wo ich für eine kurze Phase auch dem Mysterium Lindsay verfiel. Bevor ich zum International Writing Program reiste, dachte ich, Menschen aus so anderen Ländern müssten ziemlich anders sein. Aber dank Touché und Chandrahas wurde mir klar, dass ich Brüder in Israel und Indien habe, von denen ich nichts geahnt hatte. So unterschiedlich wir auch aussahen, so gegensätzlich unsere Leben verlaufen waren, so widersprüchlich unsere Meinungen zu (fehlendem) Musikgeschmack oder (fehlgeleiteter) Mode ausfielen – wir fanden doch zueinander. Wir sind Zueinandergereiste. Ich glaube, weil wir uns in einer Sache einig sind: dass man, wenn man liebt, großzügig lieben muss. Uns blieb gar keine andere Wahl, als eine von tiefer Zuneigung geprägte Freundschaft zu beginnen, von der ich, auch wenn ich mit Aussagen über die Zukunft vorsichtig bin, weiß, dass sie unser Leben lang bestehen wird. Wir haben in New York geweint, als wir uns das erste Mal auf unbestimmte Zeit trennten. Wir haben in Berlin auf Saskyas und meiner Hochzeit bis zur Erschöpfung getanzt. Wir haben im Schwarzwald so etwas wie einen Berg bestiegen. Wir haben in Mumbai gelacht, bis es wehtat. Wenn wir zusammen sind, scheint mir die Welt klein, leicht und mit einem Happy End gesegnet. In der Nähe dieser Freunde und seiner Frau hat der Landjunge, der es früher nicht einmal wagte, am ersten Mai seine Kreuzberger Wohnung zu verlassen, keine Angst vor dem Moloch Mumbai.

Am nächsten Morgen nehmen Saskya und ich eine lange Reise auf uns: Wir fahren nach Borivali, ein Ortsteil im Norden der Stadt. Ein Kurzstreckenflug ist von ähnlicher Dauer. Mumbai zieht sich über so viele Kilometer und wir passieren so viele Menschen, dass es frevelhaft scheint, als Teil der Menge »ich« zu sagen.

In einer gepflegten Zweizimmerwohnung in Borivali leben Jyotindras Schwestern Divya und Lavleena. Divya, die sich einst als Journalistin einen Namen machte, pflegt Lavleena, bei der als Kind das Down-Syndrom diagnostiziert wurde. Die Ärzte prognostizierten, sie würde höchstens Mitte dreißig werden. Inzwischen hat sie die sechzig überschritten. Die Schwestern sind miteinander alt geworden. Wenngleich der Eindruck nicht trügt, dass Lavleena ohne die aufopferungsvolle Fürsorge ihrer Schwester niemals dieses Alter erreicht hätte, so gibt doch auch Lavleena ihrer Schwester etwas, ohne das Divyas Leben ärmer wäre. Das kann man ihrem Blick entnehmen. Selbst wenn sie ihre Schwester anherrscht, sie solle Ruhe geben oder müsse sich waschen. Divya ist nicht nur verärgert, sondern auch in Sorge. Sie hängt an ihrer Schwester wie ihre Schwester an ihr. Obwohl Lavleena sich dessen vermutlich nicht bewusst ist, passt sie auf Divya auf. In Lavleenas Lächeln und Weinen ist Divya zu Hause.

Wir haben Lavleena Luftballons mitgebracht. Lavleena liebt Luftballons. Sie schmiegt ihre Wange daran und kost sie wie ein Küken. Dann erhebt sie sich, hält die Ballons in der einen Hand, in der anderen indische Papierfähnchen und macht Signale, als würde sie auf einem Flugplatz einem gelandeten Düsenjet eine Parkposition zuweisen. Sie genießt Saskyas Streicheleinheiten und spielt mit mir Verstecken hinter ihren Händen.

Am Nachmittag begleiten wir Divya zum Einkaufen, während eine Hausangestellte bei Lavleena bleibt. Sobald wir das Haus verlassen, fällt die Anspannung von Divya ab. Sie erzählt uns, dass sie Lavleena kaum ein paar Minuten lang allein lassen kann; sie weiß nicht, wo ihr Leben aufhört und das ihrer Schwester beginnt.

Die mittelständische Nachbarschaft lässt mich vergessen, dass wir uns in einer Weltstadt befinden. Das Leben der Menschen hier läuft parallel zur Bollywood-Sphäre weiter südlich. Divya besucht eher mal einen anderen Teil des Landes als South Mumbai.

In der Umgebung wohnen viele Gujaratis. Entsprechend ist der Supermarkt ausgestattet. Bis zur Decke gestapelte Snacks, eingelegte Chilis und Mangos, lila Schokolade nicht von der Kuh, sondern von Cadbury. Gujarati-Tanten sind berüchtigt dafür, in der Fastenzeit keine Speisen zu verzehren – außer ein paar frittierten, würzigen Knabbereien hier und da. So erklärt sich die Körperfülle fastender Damen.

Zu Hause bereitet uns Divya ein Festmahl zu. Wie so oft erschmecke ich nicht alle Zutaten des Gerichts, das mir als *Patra* vorgestellt wird, aber die Gesamtkomposition mundet mir dermaßen, dass ich, zu Divyas Freude, drei Teller leere. Lavleena nimmt kaum einen Happen zu sich und wird dafür von Divya gescholten. Darauf blickt sie müde und elend drein. Divya drückt sie grob an sich, herzt sie. Bald nickt Lavleena ein. Im Schlaf sieht sie jung und gleichzeitig sehr alt aus. Sie erinnert mich an einen Mann, der winters wie sommers jeden Morgen noch vor Sonnenaufgang an der Bushaltestelle in Königsdorf stand, während ich auf meinen Schulbus wartete. Als Kind war ich fasziniert von ihm, weil er jedes vorbeifahrende Fahrzeug grüßte. Mich beeindruckte das, ich dachte, dass er all die Leute kannte. Lange Zeit habe ich mich nicht getraut, ihn anzusprechen. Ob er heute wohl auch viel älter ist, als die Ärzte prognostiziert haben?

Am frühen Abend müssen wir uns von den Schwestern verabschieden. Der erweiterte Teil der Familie weiß, dass wir in der Gegend sind. Und da sie das wissen, können wir nicht umhin, sie zu treffen. Saskyas Cousine Megha holt uns mit ihrem Jeep ab. Eine lebendige Frau mit bunter Brille, die ohne Schwierigkeiten steuert, ihr Smartphone bedient und sich wortreich mit uns unterhält. Ihre Fertigkeiten als selbstbewusste Fahrerin lassen darauf schließen, man sollte sich nicht mit ihr anlegen. Ein Fehler, den ihr Mann begeht. Er kann ja nicht wissen, dass sie sich in zwei Jahren von ihm scheiden lassen wird. Aber noch lebt die Familie in scheinbarer Eintracht in einem Betontempel.

Wir lassen das Auto im Parkhaus des Wolkenkratzers zurück und nehmen einen Aufzug. Es dauert, bis wir oben ankommen. Selbst in der luftigen Höhe des zweiundzwanzigsten Stockwerks sind im Flur keine Fensterscheiben installiert. Windstöße scheuchen die schwüle Luft vor sich her. Die Wohnung hat eine gewisse Ähnlichkeit mit dem Apartment meiner Eltern in Miami Beach in den Neunzigern. Jeder Aspekt der Inneneinrichtung soll Modernität unterstreichen. Weiße Bodenfliesen, weiß gestrichene Wände, weiße Rollos. Großflächige Fenster. Auf dem weichen Sofa sinke ich tief ein. Weitere Familienmitglieder kommen zu uns und ich verliere schnell den Überblick, wer jetzt wie mit wem verwandt ist. Sie alle suchen Saskyas Nähe. Denn sie hat in Amerika studiert, sie lebt im Ausland, sie ist eine Autorin. Und sie hat diesen Mann da geheiratet, der sich bemüht, Konversation zu führen, während ihn als Einzigen Moskitos triezen. Saskya und ich müssen ein halbes Dutzend Mal ablehnen, bekocht zu werden, und wir entschuldigen uns, dass wir nicht lange bleiben können. »Next time you stay with us!«, lautet die wiederholte Aufforderung. Für mich klingt sie ein bisschen nach einer Drohung. Die Familie zeigt uns die Wohnung. Sie leben so, wie sie sich vorstellen, dass man als aufstrebende Klasse im 21. Jahrhundert zu leben hat. Die Klimaanlagen laufen auf Hochtouren. Die Plastiklämpchen im Bad leuchten mannigfarben neon. Das kreisrunde Elternbett aus weißem Lederimitat, für das der Mann extra nach China gereist ist, wo derlei Ausstattung günstiger ist, dreht sich auf Knopfdruck und verfügt über eingebaute Lautsprecher. Jedes Kind ist mit einem Smartphone ausgerüstet. Wir demonstrieren, dass wir beeindruckt sind, wir staunen, weil sie sich das von uns erhoffen.

Eines der Mädchen, Meghas Tochter, liebt Bücher. Sie sieht in Saskya ein Vorbild und trägt ein T-Shirt mit dem Aufdruck *I* ♥ *dreams*. Wir bestärken sie darin, weiterhin viel zu lesen. Lies, sagen wir zu ihr, lies immer und überall, lies, was das Zeug hält, und höre nie damit auf.

Auf dem Balkon rücken wir zusammen, es werden Fotos für die Ewigkeit oder zumindest die nächsten paar Tage geschossen. Wer mich kennt, kann auf ihnen Panik in meinem Blick ausmachen. Ich war noch nie gut darin, so zu tun, als wäre alles in Ordnung, wenn nicht alles in Ordnung ist. Angst drückt sich in mein Herz. Ich weiß nicht, wie viele Meter über dem Boden wir uns befinden, aber ich weiß mit Gewissheit, es sind zu viele.

Im Süden erstreckt sich die Stadt, so weit ich ohne Fernglas sehen kann. Im Norden grenzt sie nur wenige Häuserblocks entfernt an dichten Dschungel. Aus diesem unternehmen nachts Leoparden Vorstöße in die Stadt, reißen ahnungslose Ferkel und fallen auch mal, wenn es sich ergibt, über Menschen her.

In Mumbai lässt sich nie so genau sagen, wo eine Welt endet und die nächste beginnt.

# Pataudi

Sharmila Tagore wagte es 1967 als erste Schauspielerin Bollywoods, sich in einem Bikini ablichten zu lassen. Diese Aufnahmen – dafür stehe ich ein, schließlich habe ich als Jugendlicher in prä-Internet-Zeiten gewissenhaft Unterwäschekataloge für Damen studiert – haben bis heute kein bisschen von ihrem Wow-Effekt eingebüßt.

Sharmila ist die Witwe von Mansoor Ali Khan, Spitzname Tiger, dem letzten Nawab* von Pataudi und charismatischen Cricketstar, den sie aus Liebe geheiratet hat, für den sie in einer Zeit, in der das äußerst ungewöhnlich war, vom Hinduismus zum Islam konvertierte und mit dem sie drei Kinder bekam. Wegen dieser Eheschließung ist Sharmila die Begum of Pataudi, auch wenn Adelstitel in Indien offiziell seit Anfang der Siebziger nicht mehr anerkannt werden. Aber Sharmila brauchte nicht Tigers Ruhm, um berühmt zu werden. Das erreichte sie durch ihre Rollen in Satyajit Rays ›The World of Apu‹**, ›An Evening in Paris‹ oder ›Aradhana‹. Noch heute kann sie sich nicht ohne Aufsehen zu erregen, in der indischen Öffentlichkeit zeigen.

Saskya wurde schon in ihrer Jugend bei verschiedenen Anlässen Sharmila Tagore vorgestellt, wobei sie einander nie wirklich kennenlernten. Dann aber stattete Sharmila vor ein paar Jahren New York einen Besuch ab, als Saskya dort lebte. Jyotindra setzte sie miteinander in Kontakt. Sharmila stieg im The Plaza ab, wo meine Schwester und ich einst einen Kronleuchter um ein paar Glaskristalle erleichtert hatten. Dorthin machte sich Saskya auf, in der Annahme, es würde ein förmliches Treffen werden. Doch als Sharmila ihr die Tür öffnete, trug sie legere Alltagskleidung. Binnen Minuten waren die beiden mitten in einem angeregten Gespräch, das sie bei einem Spaziergang fortsetzten. Auf der Straße wurde Sharmila von jedem

---

\* Muslimischer »Fürst« oder »Prinz«.
\*\* Nach dem der Simpsons-Charakter benannt wurde.

New Yorker erkannt, der eine Verbindung zu Südasien hatte. Sharmila zögerte, als Saskya vorschlug, die Subway zu nehmen. »Is it safe?« Saskya argumentierte, in New York fahre jeder, wirklich jeder mit der Subway. Also betraten sie die Rolltreppe und kauften zwei MetroCards. Sie waren kaum bis zur nächsten Station gefahren, da sprach ein Obdachloser Sharmila mit kryptischen Worten an. Saskya wollte Sharmila zu Hilfe eilen. Doch die Begum of Pataudi wusste mit der Situation umzugehen. Sie führte mit dem Obdachlosen auf vornehme, respektvolle Weise eine Konversation, als befänden sie sich auf dem roten Teppich einer Filmpremiere in Cannes.

An all das denke ich, als ich mit Saskya und ihren Eltern zu einem Ausflug nach Pataudi aufbreche. Sharmila hat uns eingeladen, Kalu bringt uns. Er rast über die Landstraßen, und es gelingt ihm nicht in jedem Dorf, das wir durchqueren, vorsichtig genug über die hohen Bremsschwellen aus Zement zu steuern. Der Wagen sitzt auf. Bis auf Kalu müssen alle aus dem Maruti steigen. Erst nach ein paar spannungsgeladenen Minuten, in denen wir um unsere Pünktlichkeit fürchten, kann es endlich weitergehen.

An einer Hütte am Straßenrand einer Allee legen wir Rast ein und trinken Chai. Lkw und Transporttrikschas brausen vorüber. Hinter der Hütte dehnt sich ein Senffeld aus. Während einer Verkehrspause scheinen wir, wenn man vom *Chai-Wallah* absieht, allein zu sein. Ein befremdliches Gefühl in Indien – das prompt widerlegt wird. Selbst in dieser Einsamkeit schälen sich Menschen aus der Umgebung. Da schlurft jemand durchs Feld, dort hockt jemand hinter einem Baum, hier verlässt jemand die Hütte. Manchmal scheint mir, als würde sich in diesem Land überall ein Jemand befinden, als müsste ich eine willkürliche Stelle, wie die Abbildungen des »Magischen Auges«, nur lange genug betrachten, um ihn zu erkennen.

Sharmilas Ausstrahlung nimmt mich sofort für sie ein. Noch während wir bei unserer Ankunft in Pataudi aufeinander zugehen. Ich bin ihr schon auf unserer Hochzeit begegnet, aber damals wusste ich nicht, wo mir der Kopf stand. Jetzt kann ich Sharmila meine ganze Aufmerksamkeit schenken und weiß endlich, was Siddhi mit dem Glamour Mumbais meint. In Sharmilas Nähe verlangsamt sich die Zeit. Jeder Geste, jeder Aussage, jedem Atemzug wird mehr Wert beigemessen. Wenn sie mir in die Augen sieht, während ich etwas sage, fühle ich mich verstanden. Erliege ich einem Schauspielertrick? Ich denke nicht. Als Sohn eines Vollblutschauspielers wurde ich darin trainiert, zwischen echt und inszeniert zu unterscheiden.

Sharmila bittet uns in den Garten. Das Gras ist gestutzt wie das Grün eines Golfplatzes. Ashokabäume wurden so zurechtgeschnitten, dass sie die Form von Dönerspießen haben. Im Schatten eines Baldachins sitzen wir auf weiß bezogenen Sofas. Ich bin ein wenig geblendet von Sharmilas Aura. Diese Wirkung hat sie auf ihr Gegenüber: Man möchte ihr gefallen. Was nicht daran liegt, dass sie prominent ist. Es gibt so viel Prominenz, der ich nicht gefallen möchte. Vielmehr liegt es daran, dass sie zwar berühmt ist, sie einen das aber nicht spüren lässt.

Sie hat, glaube ich, Ähnlichkeit mit der Frau, die meine Großmutter Lola einmal war. Ich habe sie nur als kraftlose, blinde Frau in Erinnerung. Mein Vater sagt immer, sie wäre stolz gewesen zu erfahren, dass ihr Enkel ein Autor geworden ist. Sie besaß viel Wertschätzung für die Künste. Wenn wir sie in ihrem Altenheim in Karlsruhe besuchten, wo die badischen Ordensschwestern die Rentner ähnlich streng behandelten wie die bayerischen Ordensschwestern den Königsdorfer Kindergarten geführt haben, bat mein Vater mich, ihr etwas auf dem Klavier vorzuspielen. »Die Oma würde sich so freuen!« Ich weigerte mich oft. Nicht, weil ich der Oma keine Freude machen wollte. Ich wollte einfach nicht gezwungen werden, etwas zu demonstrieren, worin ich nicht gut war. Damals sagte mein Vater einen seiner schlimmsten Sätze zu mir: »Das werde ich nicht vergessen.« Selten tat etwas so weh wie die Enttäuschung meines Papas, der doch eigentlich immer an mich glaubte. Ich würde ihn gerne fragen, ob er sich daran erinnert. Aber ich traue mich nicht. Heute verstehe ich, er wollte seiner alten Mutter nur zeigen, dass etwas von ihr weitergegeben wurde. Mein Vater selbst hatte nie Klavierspielen gelernt und war lieber mit zentnerschweren Fahrrädern durch Nachkriegsdeutschland gesaust. Mit mir wollte er das wiedergutmachen. Wenn ich für sie Klavier spielte, war das ein wenig so, als würde er selbst die Tasten anschlagen.

Seine Erzählungen von »der Frau Mama« unterfütterte er mit ihren Porträtfotos und Theaterkritiken zu ihren Auftritten, die sorgfältig ausgeschnitten und in ein Album geklebt waren. Ich entnehme ihnen, dass Lola eine majestätische, stolze Frau war, die ziemlich genau wusste, was sie wollte, und wie sie es, mit einem feinen Lächeln, bekommen konnte.

Genau diese Art von Lächeln beherrscht Sharmila. Beschreibe ich anderen meinen Vater, vergleiche ich ihn gerne mit dem Puck aus dem ›Sommernachtstraum‹. Wenn das die Rolle seines Lebens ist, dann gibt Sharmila die Königin der Nacht.

Sharmila zeigt uns den leeren Pataudi Palace. Einer ihrer Angestellten eilt voraus, reißt Türen und Fensterläden auf. In jedem Saal empfängt uns stehende Luft. Wir stören Tauben beim Ausbrüten. Ein feiner Staubfilm überzieht alle Flächen. Die Geister der Vergangenheit feiern an diesem Ort opulente Feste.

Früher lebten hier die Ahnen von Sharmilas Mann. Aber die Erhaltungskosten erwiesen sich als zu hoch. Der Palast wurde an eine Hotelkette verpachtet, die sich dadurch profiliert, historische Stätten in Luxushotels umzuwandeln. Ein Deal, der sich als Fehler herausstellte. Hotelgäste, ebenso wie Hotelinvestoren, sind nicht unbedingt bekannt für ihre Sensibilität im Umgang mit Privateigentum. Inzwischen hat Sharmilas Sohn Saif Ali Khan, der Bollywood-Star, Filmproduzent und, laut ›Times of India‹, »most desirable man«, den Palast in den Familienbesitz zurückgeführt. In Zukunft sollen ihn wieder die Nachfahren der Nawabs von Pataudi mit Leben erfüllen.

Eine zweiflügelige Treppe führt uns in den ersten Stock. Von der Terrasse aus lassen sich die Gärten Pataudis bewundern. Rosenbeete, Springbrunnen, Palmen. Irgendwo dazwischen wird bald ein deutscher Schauspielersohn in der Abenddämmerung joggen und bei jeder Umrundung des Palastes von den Gärtnern aufs Neue gegrüßt werden und zurückgrüßen.

Am Abend machen sich Jutta und Jyotindra auf den Heimweg. Aber Saskya und ich werden über Nacht bleiben, in einem der flachen Bungalows, die für Gäste errichtet wurden. Eine spontane Entscheidung. Saskyas Erfahrung mit Sharmila in New York wiederholt sich. Die gegenseitige Sympathie will noch etwas länger ausgekostet werden. Sharmila mag mich und ich mag Sharmila. Manchmal kann das Leben so einfach und gut sein.

Neben dem Palast liegt ein einstöckiges Haus mit hohen Decken, wo Sharmila wohnt, wenn sie aus Delhi zu Besuch ist. Die Räumlichkeiten strahlen die Gravität eines barocken Museums aus. Schnörkelige Bilderrahmen, schwere Vorhänge, Wandteppiche.

Wir essen bei Kerzenlicht zu Abend und rücken am Ende einer Tafel zusammen. Danach hüllen wir uns in Baumwolldecken, kauern uns vor den Kamin und halten unsere Handflächen dem Feuer entgegen. Nach Einbruch der Nacht wird es kalt in Pataudi und am kältesten in den Steingebäuden. Sharmila sieht aus, als würde sie für ein Ölgemälde Porträt sitzen: In einen thronartigen Sessel gelehnt, krault sie im Schein der Flammen eine Promenadenmischung, die sie von der Straße aufgelesen hat.

Fotos von Tiger leisten uns Gesellschaft. Er war mein ganzes Leben, sagt sie und wirkt mit einem Mal kleiner in ihrem Sessel. Er war mein bester Freund, sagt sie und eine Sehnsucht schleicht sich in ihre Stimme. Er wird sehr vermisst, sagt sie.

Das klingt, als würde sie ihn, wie das einsame Menschen gelegentlich tun, rückwirkend in einem besseren Licht darstellen. Aber sie meint es von Herzen. Sharmila spricht von ihrem Tiger wie meine Großmutter von ihrem Mann, dem Paps, gesprochen hat.

In dieser Nacht finde ich keinen Schlaf. Mein Kopf lässt sich nicht abschalten. Vereinzelte Insektengeräusche betonen die Stille umso mehr. Ich gehe zum Fenster und starre in die schwarze Luft Pataudis.

Auch wenn es immer noch besser ist, schlaflos in Saskyas Nähe zu sein, als allein tief zu schlafen, habe ich Angst. Die Angst, jemanden zu verlieren, der mir viel bedeutet. In dieser Nacht fühlt sich jene Angst größer als sonst an. Ich denke daran, wie weit entfernt meine Eltern sind und dass wir zu wenig Zeit miteinander haben und wie viel uns noch bleibt. Mit einem Mal weine ich. Davon wacht Saskya auf. Sie tröstet mich und das lässt mich noch mehr weinen, weil ich ihrer Ernsthaftigkeit entnehme, dass meine Angst nicht unbegründet ist. Wir liegen stumm nebeneinander. Alles, was es zu diesem Thema zu sagen gibt, haben wir schon gesagt. Saskya empfindet ähnlich, wenn wir nicht in Delhi sind. Ich will sie meine Angst nicht spüren lassen, da ich weiß, sie fühlt sich sonst dafür verantwortlich, dass ich nicht in Berlin bin. Einer von uns wird immer mehr vermissen und der andere immer ein Stück weit dafür verantwortlich sein. Das werden wir nie ändern können. Darum müssen wir einander helfen, mit der Angst umzugehen. Am besten lässt sie sich so bekämpfen: Ich spüre Saskyas Herzschlag und sie spürt meinen. Langsam passt sich meiner ihrem an. Und kurz bevor Pataudi erwacht, schlafe ich ein.

## Wo auch immer ich lebe

Es folgen noch viele andere Reisen. Manchmal kurze innerhalb Delhis, manchmal lange im Land, manchmal nicht so kurze innerhalb Delhis. Mit jeder weiteren verstehe ich den Subkontinent ein wenig besser, und ich verstehe noch besser, dass ich den Subkontinent nie ganz verstehen werde. Aber gerade das gefällt mir an ihm. Er wird mich immer wieder überraschen. Was kann ich mir mehr von einer Heimat wünschen?

Auf den Teeplantagen von Coonoor beobachte ich, wie der Nebel über die grünsten Hügel der Welt rollt, und koste in einer Fabrik Tee, der nach Japan und England exportiert wird, aber in Indien nicht erhältlich ist.

Im Restaurant eines Resorts in Hyderabad schlage ich eine Speisekarte auf und werde von einer Kakerlake begrüßt, woraufhin mein Gegenüber, der geschätzte Urs Widmer, so großzügig lacht, dass ich keine Gelegenheit habe, mich zu ärgern.

In Pondicherry bin ich Zeuge eines *Puja*, das mit Flammen und Räucherstäbchen allen Sauerstoff aus dem Raum verbannt und mir mein erstes indisches High verschafft.

Auf einer Dachterrasse in Chennai wende ich einem Deutschen den Rücken zu, der sich über die Verzögerungen beim Bau des regionalen Flughafens mokiert und eifrig nickt, als ich erwidere, die Tamilen sollten sich mal ein Beispiel an den Berlinern nehmen.

Und in Bengaluru (Bangalore) gründe ich meine zweite indische Familie; zu ihr gehören Arshia, die rauchige Stimme des Widerstands und Gründerin des Lekhana Literaturfestivals, auf dem wir Texte von Perumal Murugan lesen, der auf den öffentlichen Druck von rechts das Schreiben aufgegeben hat; Maureen, das still schmunzelnde Gedächtnis Bengalurus, die immer jemanden kennt und, sollte dies ausnahmsweise nicht der Fall sein, stets jemanden kennt, der jemanden kennt; Christoph, Leiter des Goethe-Instituts, dessen Begeisterungsfähigkeit, Großmut und Bescheidenheit Saskya und mich vom ersten Tag an für ihn einnehmen; und Vivek, der ein Theaterstück von mir über einen Bayern in Polen mit Schauspielern aus Karnataka inszeniert, mir mit seinem Zorn ebenso viel Respekt einflößt wie mit seinem Humor und der mir abseits gelegene *watering holes* zeigt, in denen wir uns den lokalen Sitten anpassen, indem wir schon um zwölf Uhr mittags scharfem Whisky frönen.

Miss Lou, eine jamaikanische Lyrikerin, war bekannt für ihre Aussage: »Any which part mi live – Toronto-o! London-o! Florida-o! – a Jamaica mi deh!«[*]

Ich bin nicht indisch und werde es nie sein, aber ich kann Miss Lous Worte nachvollziehen. Je mehr Indien zu meinem Zuhause

---

[*] Wo auch immer ich lebe – in Toronto, London, Florida –, bin ich in Jamaika.

wird, desto mehr wird die Welt zu meinem Zuhause. Ich suche in der Ferne nie die Nähe von Deutschen. Ich vermeide sogar Kontakt. Vielleicht, weil ich nicht daran erinnert werden möchte, wo ich herkomme. Lieber knüpfe ich an meine indische Heimat an. So kann ich mich zumindest der Illusion hingeben, dass ich dazugehöre und mehr weiß (wenig), als ich früher wusste (nichts).

Wo auch immer ich hinreise, bin ich ein bisschen in Indien. Ich unterhalte mich mit Touché über den aus Gujarat stammenden Pfleger seiner Eltern in Israel. Ich schüttle nach einer Sonntagsmesse nahe Windsor Castle der Queen die Hand und habe kurz Blickkontakt mit Prinz Philip, dessen Onkel Louis Mountbatten der letzte Vizekönig Indiens war. Ich betrete in London Tayyabs und befinde mich mit einem Mal in Nordindien. Ich betrete in Frankfurt am Main Saravana Bhavan und befinde mich mit einem Mal in Südindien. Ich erfahre von meinem Fahrer aus Tamil Nadu auf der Buchmesse in Schardscha, dass er nicht nur als Bodyguard für den Sultan arbeitet, sondern während meines Aufenthalts auch für meine Sicherheit zuständig ist (und dafür, dass ich nirgendwo allein herumstreune). Ich mache auf meiner Lesereise mit der US-Ausgabe von ›Meistens alles sehr schnell‹, unserem Verlobungsbuch, halt in Nashville, wo ich mir nach einer Überdosis Countrymusic ein bisschen Heimatgefühle in einem Indian-Fusion-Restaurant verabreiche. Ich laufe über Monate hinweg wieder und wieder an einer Statue auf dem Union Square in New York vorbei, ehe ich eines Tages stehen bleibe, sie genauer betrachte und erstaunt feststelle, das ist Gandhi.

# 10

## Person anderer Herkunft

Salma & Shakila
Libanesen nebenan
Burgenbauer & Zug'roaste

## Salma & Shakila

Ich darf mich nun als »Person indischer Herkunft« bezeichnen. Ein Nebeneffekt meiner Heirat. Dank dem neuen Status kann ich visumfrei nach Indien reisen und dort so ziemlich alles tun. Außer wählen. In Indien, wo Abkürzungen und Verballhornungen noch weiter verbreitet sind als in den USA, bin ich eine PIO – eine »Person of Indian Origin«. Früher erhielten tatsächlich nur Personen indischer Herkunft die PIO, doch inzwischen wurde der Kreis erweitert und die Bezeichnung durch »Overseas Citizenship of India« abgelöst.

Nicht immer fällt es mir leicht, in Indien zu leben. Aber es war leicht, die Erlaubnis dafür zu bekommen. Ich musste nur ein Jahr lang mit einer umwerfenden Frau eine Ehe führen. Für sie empfinde ich große Wertschätzung, die PIO dagegen schätze ich viel zu wenig.

Bis ich Salma begegne.

Die Modedesignerin ist als Flüchtling nach Delhi gekommen. In ihrer Heimat Kabul war sie mit einer Modenschau zu erfolgreich. Die wurde live übertragen. So erregte Salma viel Aufmerksamkeit. Die schlechte Sorte Aufmerksamkeit. Ihr wurde mit Mord gedroht. Salma fürchtete um ihr Leben, sie konnte nicht länger in Kabul bleiben. Da sie wusste, wie schwer und gefährlich es war, als Afghanin in den Westen zu flüchten, wo man ihr am Ende womöglich nicht einmal Asyl gewähren würde, kam sie nach Delhi.

Indiens Geschichte der Flüchtlinge reicht weit zurück. Menschen aus Pakistan, Bangladesch, Tibet, Sri Lanka und Afghanistan suchen dort schon seit Langem Zuflucht. Die meisten von ihnen sind Muslime. Obwohl die Regierung unter Modi nicht müde wird zu betonen, dass Indien ein Land der Hindus, das einzige Land für Hindus auf der Welt ist, toleriert man die Flüchtlinge und schickt sie nicht in ihr Herkunftsland zurück. Wobei viele von ihnen kein indisches Visum bekommen, damit der Staat wenig Verantwortung für sie übernehmen muss. Für sie wäre eine PIO-Karte ein Hauptgewinn.

Saskya und ich haben Salma auf typische Delhi-Weise kennengelernt: bei einem Dinner. Rahaab Allana, der Kurator eines großen Fotoarchivs, lud uns ein.

Nur wenige Menschen schaffen es, dass ich Tränen lache. Rahaab ist einer von ihnen. Er war früher bestimmt kein Chorknabe. Aber seine selbstironischen Anekdoten ließen schon bei unserer ersten Begegnung keinen Zweifel daran, dass er von jungen Jahren an gelernt hatte, sich mit Humor einen Lebensweg zu bahnen. Eine Freundschaft war unausweichlich.

Ein weiterer Gast dieses Abends war Farzana Wahidy. Sie zählt zu den bedeutendsten Fotografinnen Afghanistans. Ihre Arbeiten, die sich vor allem den Frauen und Mädchen ihrer Heimat widmen, wurden in der neuesten Ausgabe von ›Pix‹ präsentiert. Ein Magazin für Fotografie, das Rahaab herausgibt. Farzana erzählte uns Geschichten über ein Land, das nur wenig mit dem Afghanistan zu tun hat, welches wir aus den Nachrichten kennen. Sie wurde begleitet von ihrer Freundin Salma. Eine Frau, deren Enthusiasmus uns imponierte.

Nachdem wir Salma ein paar Mal zu uns eingeladen haben, insistiert sie, wir müssten nun endlich einmal sie besuchen. Salma und ihre Mitbewohnerin teilen sich ein Barsati im Viertel Bhogal, wo etliche Flüchtlinge aus Afghanistan leben. Dort treffen wir zur Abenddämmerung ein. Die vielen engen Straßen führen uns wiederholt in Sackgassen. Vor offenen Garagen schweißen Männer an Autoskeletten. Ein Markt quillt über vor frischem Gemüse. Der Muezzin ruft.

Salmas Zimmer ist in verwaschenem Rosa gestrichen. In einer Ecke beanspruchen ein klobiger Kühlschrank und auf ihm ein noch klobigerer Fernseher Platz. Ein Bett und ein Tisch und ein paar Stühle. Im Winter sinken die Temperaturen hier auf fünf Grad Celsius, im Sommer verwandelt sich das Barsati in eine Sauna. Eine schwere Metalltür, die einer Schiffsluke gleicht, ist das Einzige, was vor der Welt da draußen schützt.

Im Zimmer nebenan wohnt eine Afghanin mit ihren zwei Söhnen. Sie sucht dringend nach Arbeit. Vor Kurzem dachte sie, eine Anstellung als Übersetzerin gefunden zu haben. Ein Mann, ebenfalls ein Flüchtling aus Afghanistan, vermittelte ihr einen Kontakt zum Krankenhaus. Dort, sagte er, bräuchte man gute Übersetzer wegen all der Flüchtlinge, die weder Englisch noch eine indische Sprache beherrschen. Salmas Mitbewohnerin freute sich über die Gelegenheit. Sie begleitete den Mann zum Krankenhaus. Dort wurde sie einem Arzt vorgestellt und mit ihm eingesperrt. Er verlangte von ihr andere Dienste.

Salmas beste Freundin heißt Shakila. Auch sie ist ein Flüchtling. Shakila trägt einen Kopfverband, der ihr teilweise entstelltes Gesicht verbirgt. Sie kann nur auf einem Auge sehen. In Afghanistan schlug ihr Mann sie mit einem Gürtel. Bis sie es nicht mehr aushielt und nach Delhi floh. Ihr Lächeln wird nie mehr wie früher sein. Und trotzdem lacht sie ausgelassen. Salma ebenso. Sie bekämpfen ihren Schmerz mit Lachen, scheint mir. Aber Shakila und Salma wirken nicht unglücklich (oder sind zumindest gut darin, dies zu verbergen). Sie strahlen einen Mut aus, wie ich ihn selten erlebt habe. Die Frauen klagen nicht über ihre Erfahrungen, sie erzählen davon, als wären es gewöhnliche Hürden, und erst später wird mir bewusst, genau das sind diese Übel für sie: gewöhnliche Hürden.

Nach einem Treffen in der Stadt, das bis tief in die Nacht hinein ging, wollen wir Salma mit unserer Rikscha nach Bhogal bringen. Sie lehnt das ab und will zu Fuß gehen.

»Here?«, sage ich zu ihr, »at night?«

Wir befinden uns an einer dieser weiträumigen Straßenkreuzungen. Der Nebel pirscht sich von allen Seiten heran. Streunende Hunde wühlen im Müll. Ab und zu rasen Autos mit aufgeblendeten Scheinwerfern vorbei.

In Delhi, sagt Saskya zu Salma, sollte sie nachts nicht allein unterwegs sein.

Salma lacht ihr wunderbar gutturales Lachen, das ich am liebsten in Flaschen abfüllen möchte, um mir damit in schwierigen Zeiten Mut einzuflößen.

In Kabul, erzählt Salma uns, bestanden ihre Brüder immer darauf, dass sie ein Messer bei sich trug. Weil sie als Frau keine Straße überqueren konnte, ohne angefasst zu werden. In Delhi hatte sie noch nie Probleme. Wenn ihr ein Typ zu nahe kommt, schlägt sie ihn einfach und schreit. Sie braucht nicht einmal ein Messer! »This is safe, I am safe«, sagt sie und spaziert davon.

Als Flüchtlinge, und besonders als weibliche Flüchtlinge aus Afghanistan, müssen die Frauen sich ein Leben erstreiten. Die afghanische Botschaft bietet wenig Unterstützung. Wir stellen Salma Mohitas Freund Ben vor. Die beiden wechseln kaum ein Wort miteinander. Später flüstert Ben mir zu, die Flüchtlinge würden der Botschaft einen Haufen Probleme bescheren, weil sie allerhand Illegales treiben. Als ich Salma darauf anspreche, widerspricht sie nicht. In der Tat verdienen die Flüchtlinge ihren Unterhalt selten auf legale Weise. Aber ihnen bleibt auch nichts anderes übrig. Da sie kein indisches Visum erhalten, können sie nicht offiziell angestellt werden oder studieren.

In ihrem Barsati entwirft Salma Blusen in einem Stil, der mir fremd und zugleich bekannt vorkommt. Weder wirken sie der gegenwärtigen Mode angepasst noch traditionell. In einem Geschäft in Brooklyn könnte sie dafür Unsummen verlangen. Sie häkelt auch Lesezeichen mit christlichen Motiven wie Weihnachtsbäumen, Potbelly-Nikoläusen oder Engeln aus Baumwolle, die sie auf dem Basar zur Weihnachtszeit verkauft. Sie spart Geld, damit sie eines Tages ihren Traum verwirklichen kann: die Gründung eines eigenen Modelabels.

Shakila dagegen möchte in den Vereinigten Staaten einen Neuanfang wagen. Mithilfe der UN Refugee Agency erhält sie einige Monate später ein Visum. Doch sie reist nicht gleich ab. Sie will warten, bis ihre Mutter und Schwester gleichfalls eine Bewilligung erhalten, damit sie zu dritt ein neues Leben beginnen können.

Shakila lebt noch immer in Delhi.

## Libanesen nebenan

Als im selben Jahr Hunderttausende nach Europa flüchten, bin ich in Delhi. Ungläubig sehe ich Nachrichten und lese in Berichten über Deutsche, die Flüchtlinge an Bahnhöfen empfangen. Proteste der Konservativen und Rechten habe ich erwartet, die Willkommensgesten weniger. Ich bin verblüfft und wäre gerne in Berlin. Aber vielleicht ist es gut, dass Saskya und ich nicht dort sind. So kann Hassan für ein paar Monate in unsere Wohnung einziehen. Er kam vor einem Jahr aus Syrien nach Deutschland und musste feststellen, dass seine Herkunft nicht hilfreich ist beim Finden einer Bleibe. Für die Möglichkeit, bei uns zu wohnen, ist er so dankbar, dass es mich beschämt.

Ich hätte nicht gedacht, dass eine Bundeskanzlerin der CDU sich eines Tages für offenere Grenzen einsetzen würde. Das macht sie mir sympathisch.

Die Begeisterung meiner Eltern für diese Politik ist zurückhaltender. Sie haben ihre eigene Meinung zu Personen anderer Herkunft. Wenn wir früher in Miami Beach ein paar Tage verbrachten und der Jetlag uns mitten in der Nacht aus den Betten trieb, pflegten wir die Tradition, gemeinsam auf unserem Balkon im zwölften Stock auf den Sonnenaufgang zu warten. Vom South Point Tower aus konnten wir beobachten, wie Kreuzfahrtschiffe in den Hafen einliefen und das Meer die Farbe wechselte. Für spezifischere Details verwendeten wir ein Fernglas: Liebespaare, die sich in den Sanddünen wälzten. Oder Männer, die erschöpft dem Meer entstiegen. Sie waren von den Containerschiffen, die am Horizont vorbeiglitten, bis ans Festland geschwommen. Oft wartete bereits eine Polizeistreife am Strand auf sie. Meine Eltern erzählten mir, das seien Drogenkuriere. Diese Version der Wahrheit hatten sie von Freunden in Miami, die einst aus Ungarn nach Amerika immigriert waren und sich nun über all die Ausländer aus Kuba beschwerten. Waren diese Drogenkuriere immer Drogenkuriere? Oder waren unter ihnen manchmal auch Flüchtlinge, die ihr Leben aufs Spiel setzten, um ein besseres in den USA zu gewinnen? Und wie oft waren der Drogenkurier und der Flüchtling ein und dieselbe Person?

In Königsdorf fanden sich unter unseren Nachbarn Bauern, eine Töpferin und noch mehr Bauern. In Berlin-Tiergarten teilen meine Eltern seit ihrem Umzug ein Stockwerk mit einer Familie aus dem Libanon.

»Die haben neun Kinder, aber alle sind sauber und gepflegt«, sagt meine Mutter. Sie meint das als Kompliment. Ich weise darauf hin, wenn sie das so sagt, könnte das anders gedeutet werden. Sie entrüstet sich, sie habe doch nichts gegen Libanesen. Ihr sei einfach aufgefallen, wie herausgeputzt die Kinder sind.

Zum Geburtstag der libanesischen Mutter sind auch meine Eltern eingeladen. Bei der Begrüßung busselt meine Mutter die Frau ab und deutet auf meinen Vater: »Er würde ja auch gern, aber das geht bei euch nicht, oder?«

»Doch!«, sagt die Frau und umarmt meinen Vater lachend.

Ich beneide meine Mutter um ihre Direktheit. Damit räumt sie Missverständnisse und Vorurteile besser aus dem Weg als ein Diplomat.

Gleichzeitig ist ihr scharfes Hausfrauenauge unerbittlich.

»Der Alte hockt den ganzen Tag vor der Glotze und guckt nur, wie die um die Kaaba kreisen, während sie den Haushalt schmeißt.«

Durch unsere Nachbarn wird meine Mutter, die den Großteil ihrer Ehe in archetypischem Rollenverhältnis verbracht hat, zur Feministin.

Die Nachbarn fragen meine Eltern, ob sie sich deren Elektrobohrer leihen können. Mein Vater und meine Mutter offerieren ihre Hilfe inklusive. Diese wird gerne angenommen. An der Decke im bescheidenen Schlafzimmer der Nachbarn soll ein ausladender Kronleuchter angebracht werden. Der Mann kriegt das nicht hin. Seine hochschwangere Frau will auf die Leiter steigen und es selbst erledigen. Meine Mutter geht dazwischen: »Lass ihn das ruhig machen.« – »Aber er schwitzt schon«, sagt die Nachbarin. – »Das tut ihm gut«, erwidert meine Mutter. Niemand wagt zu widersprechen. Ist meine Mutter in Fahrt, sollte man sich ihr nicht in den Weg stellen. Wenn sie die Nachbarskinder dabei erwischt, wie sie Bonbonpapiere im Hausflur fallen lassen oder krakeelend durchs Treppenhaus flitzen, schreitet sie ein.

Mein Vater dagegen, der als Nachkriegskind mit Böllern Briefkästen sprengte, hat ein weicheres Herz für Kinder.

Eines Nachmittags hält das älteste Kind der Nachbarsfamilie, der Mann, neben ihm auf der Straße. Er hat ein neues Auto. Mein Vater beglückwünscht ihn und fragt, wann sie mal eine Runde zusammen drehen. Der Nachbar fordert ihn auf einzusteigen. Gemeinsam kurven sie durch den Kiez.

»Wir sollten einen Film zusammen machen«, sagt der Nachbar. Er weiß, dass mein Vater früher Produzent war.

»Was für einen Film?«, fragt mein Vater.

»Einen Pornofilm«, sagt der Nachbar.

»Einen Pornofilm?«, fragt mein Vater.

Der Nachbar nickt. Er meint das ernst.

»Dann musst du aber mein Bodydouble sein«, sagt mein Vater ernst, ohne das so zu meinen, »ich kann nur mein Gesicht zeigen.«

»Hm«, sagt der Nachbar, dessen Körper Beweis für die reichhaltige Kochkunst seiner Frau ist, »vielleicht machen wir doch was anderes.«

Der Austausch meiner Eltern mit ihren Nachbarn setzt sich fort wie eine Fernsehserie mit aufklärerischem Anspruch.

Das ändert sich am 19. Dezember 2016. Anis Amri tötet auf dem Weihnachtsmarkt in Charlottenburg elf Menschen und verletzt etliche. Wenige Tage später reißt ein Knall meine Eltern mitten in der Nacht aus dem Schlaf. Sie gucken durch den Türspion: Polizisten mit Skimasken stürmen die Wohnung ihrer Nachbarn. Einer von ihnen hält mit Sturmgewehr Wache. Vor dem Haus parken drei Mannschaftswagen. Die Straßenbeleuchtung wurde ausgeschaltet.

Die Beziehung meiner Eltern zu ihren Nachbarn kühlt danach

ab. Seit der Razzia verhalten sich die Bewohner des Hauses leise und abwartend. Offenbar frequentierte der Nachbar dieselbe Moschee wie Anis Amri. Meine Eltern teilen mir mit, sie hätten einem Artikel im Internet entnommen, die Nachbarn seien gar nicht aus dem Libanon. Das behaupteten sie nur, um nicht abgeschoben zu werden.

Als die AfD an Zulauf gewinnt, frage ich meine Eltern, was sie von der Partei halten. Die Frage treibt mich schon seit Längerem um und ich fürchte ihre Antwort. Ich will es nicht, muss es aber wissen.

»Äußerst wenig«, sagt mein Vater und fügt hinzu: »Im Gegensatz zu unseren Nachbarn.«

»Inwiefern?«

»Die stört, dass Merkel so viele Flüchtlinge ins Land gelassen hat. Darum wollen alle Teile der Familie, die schon eine deutsche Staatsbürgerschaft haben, bei der Bundestagswahl AfD wählen.«


## Burgenbauer & Zug'roaste

Eine »Nation der Burgenbauer« nannte ein Freund Deutschland einmal. Ich dachte, die Willkommensgesten an den Bahnhöfen hätten ihn widerlegt. Jetzt bin ich mir da nicht mehr so sicher. Allerdings hätte ich nie erwartet, dass ausgerechnet Zug'roaste beim Burgenbau helfen würden.

Saskyas Erfahrungen in Berlin tragen ihren Teil zu meinen Eindrücken bei. Die deutsche Kolonialgeschichte und die postkoloniale Debatte wurden lange vernachlässigt. Flüchtlingsheime werden angezündet. Menschen brüllen auf offener Straße: »Geh dahin zurück, wo du herkommst.« Die Nachrichten nähren die Angst vor Personen anderer Herkunft: »If it bleeds, it leads«, sagt man auf Englisch.

Ich bin ein ängstlicher Mensch und doch will ich mich dieser Angst nicht beugen. Ich bin mir bewusst, dass Menschen von woanders Deutschland verändern und dass ich, wie so viele Deutsche, nicht jede dieser Veränderungen einfach so akzeptieren kann, weil sie aus etwas Vertrautem etwas Neues machen, mit dem ich mich erst auseinandersetzen muss, um es zu begreifen (und in der Folge vielleicht auch zu mögen oder abzulehnen). Aber wenn mir das Leben an Saskyas Seite etwas gezeigt hat, dann, dass Menschen von woanders enorm helfen können zu verstehen, wer man ist und sein kann.

Ob das Zusammenleben dann klappt, das ist noch einmal eine ganz andere Frage.

Bevor wir allerdings verhandeln, wie dieses Miteinander gestaltet werden kann, sollten wir erst einmal das Stigma des Fremden ablegen. Ständig heißt es, jene kämen von woanders, gehörten deshalb nicht dazu. Aber wenn wir in der Zeit weit genug zurückgehen, müssen wir uns eingestehen, dass wir alle Zug'roaste sind. Wer ist schon wirklich von hier. Ich bin es jedenfalls nicht. Manchmal wäre ich es gerne. Oh, nicht nur manchmal. Wie oft wünsche ich mir, ich wäre aus Delhi oder zumindest so richtig aus Bayern. Das hätte mir, bilde ich mir ein, vieles erleichtert. (Dabei hatte ich es als weißer deutscher Junge schon verdammt leicht.) Aber selbst wenn ich die Möglichkeit hätte, noch einmal von vorn zu beginnen, würde ich kein anderes Leben wollen. Nur so konnte ich mich verlieben. In meine Frau, in Indien und nicht zuletzt in all die einmaligen Personen anderer Herkunft.

# Epilog

## WIE ES SEIN WIRD

Und nun warten wir auf dich.

Mit dir beginnt eine neue Liebesgeschichte. (Deine Mutter würde an dieser Stelle anmerken, ich neige zu Sentimentalität. Sie hat recht.)

Wie sie verlaufen wird?

Wir haben viele Hoffnungen.

Eins ist sicher: Du wirst mit einer Heimat und noch einer Heimat aufwachsen. In beiden, wünschen wir dir, wirst du dich zu Hause fühlen. Ich gehe davon aus, dass du bald mein Hindi und mein Englisch korrigieren wirst. Es wird nicht das Einzige sein, was ich von dir lernen werde. Natürlich werde ich dir das eine oder andere beibringen können, aber ich habe so eine Ahnung, dass ich von dir noch mehr lernen werde als von deiner Mutter, von der ich so viel gelernt habe und immer noch lerne.

Meine neueste Lektion: Delhi vermissen. Ich habe im vergangenen Jahr zu wenig Zeit dort verbracht. Auch wenn ich viele Schwierigkeiten mit dieser Stadt verbinde, fehlt sie mir. Vielleicht ist das eine gute Definition von Heimat: ein Ort, den man, trotz allem, vermisst.

Ich freue mich darauf, Delhi und Bayern und Berlin gemeinsam mit dir zu vermissen.

Unser Leben zwischen hier und dort wird uns zweifellos vor mehr Probleme denn je stellen. Aber obwohl ich jemand bin, der sich wegen allem sorgt, mache ich mir keine Sorgen. Ich denke nur an dich und deine Mutter und das Glück, dieses größte Glück, diese neue Liebesgeschichte mit euch erleben zu dürfen.